Eva Reuys / Hanne Viehoff

Feste kreativ gestalten

1000 Ideen für Kindergruppen

Don Bosco Verlag

Die Deutsche Bibliothek – CIP-Einheitsaufnahme

Reuys, Eva:
Feste kreativ gestalten : 1000 Ideen für Kindergruppen / Eva Reuys ; Hanne Viehoff.
– 7. Aufl. – München : Don-Bosco-Verl., 1998
   ISBN 3-7698-0615-8
NE: Viehoff, Hanne:

Zeichnungen: Hanne Viehoff, München

7. Auflage 1998 / ISBN 3-7698-0615-8
© by Don Bosco Verlag, München
Umschlag: Felix Weinold, Schwabmünchen
Notengrafiken: Michael Hartmann, Breitenbach am Herzberg
Gesamtherstellung: Salesianer Druck, Ensdorf

Gedruckt auf chlorfrei gebleichtem, umweltfreundlichem Papier

Inhalt

Einführung 7

Kindergeburtstag 9
Fastnacht 36
Ostern 75
Muttertag 104
Pfingsten 124
Sommerfest 131
Erntedank 189
St. Martin 207
Nikolaus 230
Advent und Weihnachten 245
Dreikönigsfest 295

Literaturempfehlungen 305
Stichwortregister nach Sachgruppen 311

Einführung

Zur Entstehung dieses Buches

Die Idee zu diesem Buch entwickelte sich aus den vielfältigen Anregungen und Erfahrungen, die wir in unserer langjährigen sozialpädagogischen Tätigkeit mit Kindern, Jugendlichen und Erwachsenen gewonnen haben.
Aus der Praxis wurde vielfach der Wunsch geäußert, ergänzend zur vorhandenen Literatur eine Sammlung zu erstellen, die Vorschläge für die Gestaltung des Jahresablaufs mit seinen Festen enthält.
Ausgangspunkt für unsere Überlegungen ist die ganzheitliche Erziehung des Kindes: das Kind kann seine Persönlichkeit entfalten in Spiel und Sport, im musischen und kreativen Tun; es kann soziale Erfahrungen sammeln, Interessen und Fähigkeiten entdecken und entwickeln sowie Möglichkeiten erfahren, seine Freizeit sinnvoll zu gestalten.
Unser Buch ist als Arbeitsmittel sowohl für den Berufsanfänger als auch den langjährig Erfahrenen gedacht. Für den einen ist es wichtig, daß genaue Angaben zur Vorbereitung und Durchführung von Aktionen und Angeboten gemacht werden und er eine Fülle von Anregungen erhält; der in der Kinderarbeit Erfahrene bekommt neue Impulse und findet in seiner bisherigen Tätigkeit Bestätigung. Wir hoffen, damit allen Gruppenleitern eine wertvolle Hilfe für die Gestaltung der Erziehungspraxis zu geben.

Das Besondere dieses Buches

Auf dem Büchermarkt findet der Interessierte heute eine große Anzahl von Lieder-, Spiel-, Werkbüchern u. a., die ihm wertvolle Anregungen für die praktische Arbeit geben.
Diese Sammlung ist systematisch und übersichtlich aufgebaut; sie erleichtert dem Gruppenleiter die Vorbereitung und Planung der Jahresfeste.

Unsere Schwerpunkte sind:
— Informationen über geschichtliche Entwicklung, Brauchtum und religiösen Sinngehalt der Feste im Jahreskreis,
— detaillierte Vorschläge für die Planung und Organisation,
— methodische Hinweise für die Durchführung von erprobten Angeboten,
— vielfältige Anregungen an Liedern, Tänzen, Spielen, Werkarbeiten, Kochrezepten u. a.,
— Materialangaben,
— Skizzen, die die Arbeitsvorgänge veranschaulichen,
— Literaturangaben zum jeweiligen Thema.

EINFÜHRUNG

Zur Handhabung

Im Text wird einheitlich der Begriff „Gruppenleiter" verwendet. Da es in der pädagogischen Praxis mehrere Berufsbezeichnungen gibt, steht dieser Begriff für alle Betreuer von Kindern im schulischen und außerschulischen Bereich.
Die Handhabung des Buches wird durch Symbole erleichtert.

Die Themenkreise gliedern sich in:

- Informationen für den Gruppenleiter

- Festgestaltung

- Gespräche, Geschichten, Märchen, Verse, Texte

- Werken, Bildnerisches Gestalten

- Spielen und Darstellen, Aktionen

- Singen, Musizieren, Tanz

- Kochen und Backen

- Literatur

Einige Themen enthalten eine Vorschlagsliste für Aktivitäten; die im Anschluß daran ausgeführten sind im Text mit einem ∗ gekennzeichnet.
Zu den einzelnen Angeboten werden bewußt keine Altersangaben gemacht, da die Kinder sich sehr stark hinsichtlich ihrer Erfahrungen und Interessen unterscheiden. Ebenso fehlen Angaben zur Gruppengröße. Nur der Gruppenleiter selbst kann entscheiden, ob er mit der gesamten Gruppe oder mit einigen Kindern ein Angebot durchführen will.
Unsere Anregungen verstehen sich nicht als unveränderliche Rezepte. Die Angebote sind immer der jeweiligen Gruppensituation anzupassen.
Einige Aktivitäten können sowohl unter dem einen als auch unter einem anderen Thema verwendet werden. In solchen Fällen erfolgt die Zuordnung zu einem bestimmten Themenkreis. Das alphabetische Stichwortverzeichnis S. 305ff. gibt hier einen Überblick.

Kindergeburtstag

KINDERGEBURTSTAG · Planung

GEBURTSTAG – EINE ALTE SITTE?

Der Geburtstag hat noch keine lange Tradition. Er hat sich erst seit 1900 allgemein eingebürgert.
Vor allem bei den Protestanten wurde er gefeiert, während in katholischen Gegenden der Namenstag (Kalendertag des Namensheiligen) eine größere Bedeutung hatte.
Heute hat der Geburtstag die gleiche Wertschätzung bei den evangelischen und den katholischen Christen.
Im Frühchristentum wurde der Geburtstag für eine heidnische Sitte gehalten. Er wurde bis ins 4. Jahrhundert als Festtag abgelehnt.

GEBURTSTAG – EIN FREUDENTAG FÜR KINDER?

Für das Kind ist sein Geburtstag ein Höhepunkt des Jahres. Es ist sein Tag: Heute steht es im Mittelpunkt, die anderen denken sich aus, womit sie ihm eine Freude machen können, es ist ein Jahr älter geworden. Dieser Tag bringt auch einige Privilegien mit sich.
Für die Entwicklung des Kindes ist es wichtig, daß es ab und zu im Mittelpunkt steht. Dies bedeutet, nicht nur einer unter anderen zu sein, sondern etwas Einmaliges und Unverwechselbares. Dies stärkt sein Selbstvertrauen.
Wie groß das Glücksgefühl des Tages für den einzelnen ist, hängt nicht unwesentlich davon ab, wie die Geburtstage gestaltet werden.

Planung

Bei einer Gruppe von 20 und mehr Kindern sind ebensoviele Geburtstage im Jahr zu feiern.
Der Gruppenleiter sollte sich bewußt sein, daß bei aller Gewöhnung jedes Kind nur einmal dran ist und es sich lohnt, das Besondere an diesem Tag spürbar werden zu lassen.
Wenn zwei Kinder am gleichen Tag Geburtstag haben, sollte beiden Kindern das Gefühl vermittelt werden, einen Ehrentag zu haben. Dies geschieht dadurch, daß zwar zusammen gefeiert, aber jedes Kind und sein Wunsch gesondert beachtet wird.
Die Geburtstagsfeier läuft meist nach einem gewissen Schema ab. Dies ist gut so, da Kinder Traditionen lieben. Überlegungen zur Neugestaltung sollten gemeinsam mit der Gruppe getroffen werden.
Die finanziellen Mittel erlauben nur einen bescheidenen Rahmen. Aber gerade die kleinen Gesten, die kleinen Überraschungen sind es, die einen solchen Tag verschönern und ihn zu etwas Besonderem machen. Der Gruppenleiter hat sich zu ent-

scheiden, ob Geschenke gebastelt oder gekauft werden. Es ist auch zu überlegen, welchen Beitrag die Eltern leisten können.
Ein Problem stellt oft die Zeitknappheit dar. Schulkinder müssen Hausaufgaben machen, wollen sich aber auch draußen in der frischen Luft austoben. So verbleibt meist nur eine halbe Stunde für die Feier. Einige Gruppenleiter sind dazu übergegangen, am hausaufgabenfreien Freitagnachmittag Geburtstage zu feiern.
Geburtstagsfeiern sollten Spaß machen – es sollte keine lästige Pflicht sein. Nur so wird der Gruppenleiter neue Möglichkeiten für die Gestaltung finden.
Für eine Geburtstagsfeier mit Kindern bieten sich verschiedene Gestaltungsmöglichkeiten an:

- Der Gruppenleiter sammelt mit den Kindern Vorschläge für eine Geburtstagsfeier. Praktikable Ideen werden auf einem Blatt notiert. Aus dieser Liste darf sich das Geburtstagskind einige Tage vor der Feier eine Aktion bzw. das Geburtstagsessen wählen.
  Beispiele für Aktionen:
  – Ausflug, z. B. in den Tierpark,
  – Puppenspiel, z. B. Kasperltheater,
  – Geschichte oder Märchen,
  – Gesellschaftsspiele nach Wunsch,
  – Musik hören,
  – Tanzen,
  – Disco.
  Beispiele für das Geburtstagsessen:
  – Würstchen mit Senf und Semmeln,
  – Popcorn herstellen (→ Sommerfest), *
  – Pizza,
  – Eis,
  – Kuchen, Gebäck, *
  – Getränke nach Wahl (Früchtetee, Kinderbowle, Kakao, Milchmixgetränke). *

- Das Geburtstagskind läßt sich von der Gruppe mit einem Geschenk überraschen. Dies verlangt von der Gruppe einiges an Beobachtungsgabe und Einfühlungsvermögen.
  Das Geburtstagskind verläßt während der Vorbesprechung den Raum. Die Kinder überlegen, womit sie eine Freude machen könnten. Ihnen wird so die Bedeutung des Schenkens und Beschenktwerdens deutlich. Sie erfahren, daß Präsente auch ideeller Art sein können.
  Beispiele:
  – Glückwünsche originell verpacken, *
  – ein Ständchen oder ein Geburtstagslied vortragen, *
  – ein Bild oder ein Foto schenken, das für das Kind eine besondere Bedeutung hat (Erlebnis, Lieblingstier . . .),
  – ein Foto vom Jubilar (Sofortbildkamera), das in einen selbstgefertigten Rahmen kommt und an das Fest erinnert, *
  – Kochen oder Backen einer Lieblingsspeise,
  – Basteln einer Tischdekoration. Das Geburtstagskind darf seine Platzdekoration mit nach Hause nehmen. *

KINDERGEBURTSTAG · Festgestaltung

- Herstellen von kleinen Geschenken, z. B. Anstecker, selbstgegossene Kerze, Glasperlenkette . . .
- der Jubilar darf an seinem Festtag faulenzen. Einige Kinder erklären sich bereit, für ihn aufzuräumen.
Der Gruppenleiter hält für das betreffende Kind ebenfalls ein Geschenk bereit. Die kleinen Präsente werden in einer besonderen Schachtel (Schatztruhe) aufbewahrt. Entweder wählt der Gruppenleiter für das betreffende Kind das Geschenk aus, oder dieses sucht es sich selbst aus.

Geburtstagsfest

- Rechtzeitig vor dem geplanten Termin werden mit den Kindern notwendige Vorbereitungen getroffen (Verpacken der Geschenke, Einstudieren der Glückwunschverse und des Geburtstagsständchens, Besorgen der erforderlichen Lebensmittel, Backen des Kuchens . . .).
- Am Festtag selbst zeigt das Foto an der Tür oder an einem anderen gut sichtbaren Platz, wer heute Geburtstag hat. Das Foto ist umgeben von einem Rahmen oder auch von einem Blumenkranz. Darüber steht „Heute hat Geburtstag".   *
Ebenso gibt der Geburtstagskalender Auskunft darüber.   *
- Kurz vor der eigentlichen Feier verläßt das Geburtstagskind den Raum. Ein paar Kinder richten die Geburtstagstafel.
Der Ehrenplatz wird geschmückt mit:
Geburtstagstischdecke,   *
frischen Blumen oder gefalteten Tulpen,   *
Kerzen,
kunstvoll gefalteten Servietten,   *
Platzkarte (Segelschiffchen, Teelicht mit Tortendeckchen, Zapfenpüppchen . . .),   *
besonderem Geschirr, das nur für Geburtstage Verwendung findet, z. B. reich mit Gold verzierte Sammeltasse bzw. -teller.
Der Raum wird verdunkelt, Kerzen werden angezündet.
- Ein Kind übernimmt die Aufgabe, das Geburtstagskind hereinzuholen. Dieses nimmt als erstes Platz und bittet weitere Kinder seiner Wahl an seinen Tisch. Nun nehmen die übrigen Kinder Platz. Die Kinder singen das Geburtstagslied oder spielen ein Ständchen, gratulieren und überreichen die Geschenke.
- Das Geburtstagskind überlegt sich nun einen Wunsch und versucht, die Kerze(n) in einem Atemzug auszublasen. Nur so geht der geheime Wunsch in Erfüllung.
- Gibt es Kuchen oder Torte, so schneidet das Geburtstagskind den Kuchen an und verteilt diesen.
- Bleibt noch Zeit, so kann sich der Jubilar ein Spiel, einen Tanz, eine Geschichte oder anderes wünschen.

Glückwünsche · KINDERGEBURTSTAG

Glückwünsche

Wir wünschen dir von Herzensgrund:
Bleib immer fröhlich und gesund!

Liebe/r . . . . ., nimm als Gabe
diese bunten Blumen an.
Sie sind alles, was ich habe,
alles, was ich schenken kann.

Bewahr im Herzen Sonnenschein
und trag ihn überall hinein!

Bleib froh und gesund
zu jeder Stund'!
Ein langes Leben
soll Gott dir geben!

Wir wünschen dem Geburtstagskind viel Freude und viel Glück,
und geben ihm vom Kuchen hier das allergrößte Stück.

Bleib immer fröhlich und gesund,
jeden Tag, jede Stund'!

Wir wünschen heut' und jederzeit
viel Freude und Zufriedenheit.

Rosen, Tulpen, Nelken,
alle Blumen welken.
Nur dein Glück allein
soll stets blühend sein!

Gesundheit und ein froher Mut
sind besser als viel Geld und Gut.

In einer großen Gruppe ist es sicher nicht sinnvoll, daß jedes einzelne Kind einen Glückwunsch vorträgt; die Gedanken werden zu oft wiederholt. Der Gruppenleiter kann die Kinder in Kleingruppen teilen, jede Kleingruppe überlegt sich gemeinsam einen Wunsch und schreibt ihn auf. Jedes einzelne Kind kann mit seinem Namen unterschreiben.
Gegenstände oder Situationen, über die sich das Geburtstagskind freuen wird, können auf Papier gemalt werden.

Die einzelnen Vorschläge der Gruppen werden „verpackt":
– In einen großen Karton mehrere kleinere Schachteln ineinanderpacken, in der letzten, kleinsten Schachtel ist ein Glückwunsch.
– Zettel mit Glückwünschen in großen Abständen in ein Wollknäuel einknüpfen. Das Geburtstagskind darf nun während der Feier das Knäuel aufwickeln und die Wünsche entgegennehmen.
– Zettel mit Glückwünschen zu kleinen Röllchen formen, in einen Luftballon hineingeben, Luftballon aufblasen. Das Geburtstagskind muß nun den Luftballon zuerst zum Platzen bringen, bevor es seine Glückwünsche erhält.
– Glückwünsche in kleine Faltschachteln einpacken und im Zimmer verstecken. Das Geburtstagskind darf sie suchen, während die Gruppe mit „heiß" und „kalt" oder mit lautem und leisem Brummen begleitet.

KINDERGEBURTSTAG · Geburtstagskalender

- *Glückwunschkette:* Glückwunsch auf ein kleines Papierherz schreiben, Papierherzen auf der Rückseite mit Tesafilm oder einem bunten Band miteinander verbinden.
- *Glückwunschschlange:* Glückwünsche in eine Toilettenpapierrolle verpacken. Rolle mit buntem Kreppapier umwickeln, an den Enden mit einer Schleife abbinden, die zur nächsten Rolle führt.
- *Glückwunschleporello:* Ein langer, ca. 12 cm breiter Tonpapierstreifen wird zu einem Leporello (Ziehharmonika) gefaltet. Auf jede Seite wird ein Glückwunsch geschrieben.
- *Glückwunschscharade:* Ein Glückwunschvers wird ausgesucht und in einzelne Buchstaben zerlegt. Jeder Buchstabe wird nun in der Reihenfolge des Verses in ein Wort umgewandelt, das pantomimisch dargestellt wird, z. B. das Wort Glück:
G = gehen, l = lachen, ü = überlaufen, c = campen, k = kegeln usw.
Das Geburtstagskind darf mit ausgewählten Freunden den Sinn erraten.
- *Glückwunschbilderrätsel:* Ein Glückwunsch wird als Bilderrätsel dargestellt:

Geburtstagskalender

Im Gruppenraum wird zu Beginn des Schuljahres ein Geburtstagskalender angebracht. Er besteht aus zwölf Einheiten – für jeden Monat eine –, in die die Namen und Geburtsdaten der Kinder eingetragen werden. Noch anschaulicher ist der Kalender, wenn von jedem Kind ein Foto eingeklebt wird.
Auch der Gruppenleiter sollte sich mit seinem Geburtstagsdatum eintragen!
Alle Kinder, die zum Jahresende aus der Gruppe ausscheiden und mit der Einrichtung verbunden bleiben wollen, kommen in die „Ahnengalerie".

Anregungen für Geburtstagskalender
– Flugzeug mit zwölf Fenstern,
– Raumschiff mit zwölf Fenstern,
– Geburtstagsuhr,
– Geburtstagstorte mit zwölf Tortenstücken,
– Zwölf Zigeunerwagen, von Pferden gezogen,
– Zwölf Schiffe/Unterseeboote,
– Zwölf Rennwagen,

Geburtstagskalender · KINDERGEBURTSTAG

- Notenkalender, *
- Wolken als Mobile,
- Bonbonkette,
- Blumen in der Anzahl der Gruppenmitglieder,
- Jahreszeitenkalender, *
- Schattenporträts der Gruppe,
- Steckbrief. *

NOTENKALENDER

Die einzelnen Monatseinheiten bestehen aus Noten, die mit Notenschlüssel und -zeilen an der Wand angebracht werden.
Aus den Noten ergibt sich dann das Geburtstagslied, das zu jedem Geburtstag gesungen wird.

Pe - ter hat Ge - burts - tag, wir wün-schen ihm viel Glück!

Durchführung
Aus zwölf verschiedenfarbigen Tonpapierbögen werden die Noten hergestellt:
- ovale Form mit 40 cm „Durchmesser"
- Streifen für den Notenhals: 50 × 8 cm,
- beide Formen miteinander zu einer Note verbinden,
- in den Notenhals den Monatsnamen schreiben,
- in die Note Namen und Geburtstagsdatum eintragen,
- auf einem langen Streifen Papier Notenlinien einzeichnen,
- Notenschlüssel und Noten in der oben angegebenen Reihenfolge anbringen,
- den Kalender an der Wand befestigen.

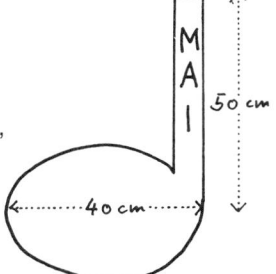

JAHRESZEITENKALENDER

Dieser Kalender besteht aus vier Einheiten: für jede Jahreszeit eine.

Material
Große Tonpapierbögen in verschiedenen Farben, Größe: DIN A 2 oder DIN A 1:
- Frühling: hellgrün,
- Sommer: gelb,

KINDERGEBURTSTAG · Geburtstagskalender

- Herbst: rot,
- Winter: weiß oder blau;
- Paßfoto von jedem Kind.

Technik
Mischtechnik/Collage;
Malen mit Filzstiften, Wachskreiden, Dispersionsfarben;
Ausschneiden und Aufkleben der eigenen Fotos.

Durchführung
- Alle Kinder, die in einer bestimmten Jahreszeit Geburtstag haben, gestalten ihre Collage gemeinsam.
- Motive entsprechend der jeweiligen Jahreszeit aufmalen, hierbei typische Aktivitäten der Jahreszeit darstellen:
  Frühling: Blumen pflücken, Ostereier suchen, spazierengehen usw.
  Sommer: schwimmen, Boot fahren, radfahren, wandern, Fußball spielen usw.
  Herbst: Kastanien und bunte Blätter sammeln, Drachen steigen lassen usw.
  Winter: Ski fahren, Schneemann bauen, lesen, basteln usw.
- Kopf der Paßfotos ausschneiden, den einzelnen Figuren zuordnen, aufkleben und in einen Spielgegenstand das Geburtstagsdatum eintragen.
- Alle vier Collagen an der Wand befestigen.

STECKBRIEF

Material
Von jedem Kind ein Foto; Tonpapier DIN A 4 in verschiedenen Farben; Reste von Goldpapier, Papierborten und Tortendeckchen; Filzstifte; Kleber und Schere.

Durchführung
- Das Foto auf die obere Hälfte des Tonpapiers kleben.
- Darunter mit Filzstiften in verschiedenen Farben schreiben und malen:
  ich heiße . . .
  ich habe Geburtstag am . . .
  ich bin . . . cm groß
  meine Lieblingsspeise ist . . .
  meine Hobbys sind . . .
  meine Lieblingsfarbe ist . . .
  meine Lieblingsmusik ist . . .
- Aus Papierborten, Spitzen von Tortendeckchen usw. einen Rahmen anfertigen, um den Steckbrief kleben.

Wechselrahmen für das Geburtstagsfoto · KINDERGEBURTSTAG

Wechselrahmen für das Geburtstagsfoto

RAHMEN AUS GEFALTETEM PAPIER

Material
Ein Tonpapier oder Goldpapier, 32 × 32 cm; ein dunkles Tonpapier oder Fotokarton, 16 × 16 cm, selbstklebender Bildaufhänger.

Faltvorgang
- Diagonale falten, 2 ×.
- Ecken zur Mitte falten, 4 ×.
- Faltform umdrehen und Ecken zur Mitte falten, 4 ×.
- Spitzen von der Mitte ausgehend nach außen falten, so daß ein ca. 2,5 cm breiter Rand entsteht.
- In das kleinere Tonpapier an den vier Ecken kurze Einschnitte machen, in diese Einschnitte das Foto hineinstecken.
- Foto in den Rahmen legen. Auf der Rückseite fertigen Aufhänger anbringen.
- Evtl. die herausstehenden Spitzen der Faltform anmalen oder mit der Aufschrift versehen: „Heute hat Geburtstag ..."

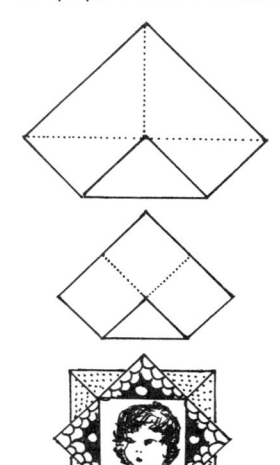

RAHMEN AUS STREICHHÖLZERN

Material
Mehrere Packungen Streichhölzer; Pappe, 23 × 29 cm; Papprahmen – äußere Maße: 23 × 29 cm, innere Maße: 14 × 20 cm; Kleber; selbstklebender Bildaufhänger.

Durchführung
- Streichhölzer anzünden, bis zur Hälfte abbrennen lassen.
- Auf den Rahmen Kleber auftragen, Streichhölzer in einem vorher überlegten Muster aufkleben.
- Rückseite des Rahmens auf drei Seiten gut mit Kleber bestreichen, auf die Pappe kleben (eine Seite muß offen bleiben).
- Durch den offenen Rahmenschlitz kann dann jeweils das Geburtstagsfoto geschoben und ausgewechselt werden.
- Über dem Rahmen eine Inschrift anbringen: „Heute hat Geburtstag ..."
- Auf der Rückseite des Rahmens fertigen Aufhänger anbringen.

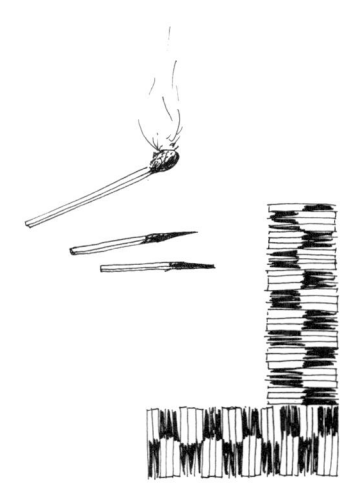

KINDERGEBURTSTAG · Geburtstagstischdecke

Geburtstagstischdecke

Als Material eignet sich eine weiße oder pastellfarbene fertige Tischdecke aus nicht zu grobem Baumwollstoff. Ein Bettuch, in der gewünschten Größe zugeschnitten und gesäumt, ist ebenfalls geeignet. Die Größe wird sich nach den Erfordernissen der Praxis richten. Das Blumenmotiv eignet sich sowohl für Platzdeckchen (32 × 50 cm) oder Mitteldecken (75 × 75 cm) als auch für Tischdecken der verschiedensten Größen.

Material
Eine Tischdecke; Seidenpapier; Bleistift; Kopierpapier; eine Rolle Küchenkrepp; Stoffmalfarben; Pinsel; Bügeleisen.

Durchführung
– Tischdecke mit 60° waschen, trocknen, bügeln.
– Blumenmotiv nach der Mustervorlage auf Seidenpapier übertragen.
– Kopierpapier auf den Stoff legen, Seidenpapier darüber legen, rechten Teil des Blumenmotivs auf den Stoff übertragen.
– Seidenpapier wenden, Kopierpapier unterlegen und linken Teil der Blumenranke auf den Stoff übertragen. Anstoßlinie in der Mitte beachten, evtl. später beim Malen ausgleichen.
– Küchenkrepp unter den Stoff legen.
– Motiv ausmalen, trocknen.
– Von links ausbügeln, Einstellung „Baumwolle".

Hinweis
Auf einer Mitteldecke kann das Blumenmotiv zu einem Kreis verdoppelt werden. Auf einem Platzdeckchen und einer Tischdecke ergibt es eine halbrunde Ranke, die den Platz des Geburtstagskindes schmückt.

Tischdekoration

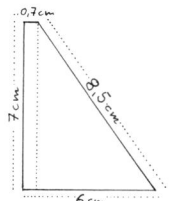

SEGELSCHIFFCHEN

Material pro Stück
Eine Walnußhälfte; ein Zahnstocher; Rest Seidenpapier; Kerzenwachs oder Knete; Kleber.

Durchführung
- Aus dem Seidenpapier ein Dreieck zuschneiden – Größe: s. Skizze.
- Seidenpapier bis zur gestrichelten Linie um den Zahnstocher rollen, ankleben.
- Namen des Gastes darauf schreiben.
- In die Walnußhälfte flüssiges Wachs oder Knete einfüllen, Zahnstocher senkrecht hineinstellen.

TORTENDECKCHEN MIT TEELICHT

Material pro Stück
Ein Teelicht; ein kleines Tortendeckchen; Plakafarben; Kleber.

Durchführung
- Teelichthülle mit Plakafarben bemalen.
- Mit Kleber in der Mitte eines kleinen Tortendeckchens befestigen.
- Name des Gastes darauf schreiben.

ZAPFENPÜPPCHEN

Material
Ein kleiner Kiefernzapfen; eine kleine Wattekugel; Filzrest; kleine Federn, Borten u. ä.; Tonpapierstreifen, 6 × 2 cm; Filzstifte; Kleber.

KINDERGEBURTSTAG · Tischdekoration

Durchführung
– Wattekugel auf den Kiefernzapfen kleben.

– Aus Filz einen kleinen Hut fertigen, Feder ankleben.

– Tonpapierstreifen mit Namen beschriften, ankleben.

– Gesicht ausmalen.

SERVIETTEN

Material
Papierservietten.

Faltvorgänge

1. Fächer
– Doppelt gelegte Serviette wie eine Ziehharmonika in 2 cm breite Streifen falten.

– In der Mitte falten, nach oben ziehen.

– Fächer in ein Glas stellen oder eine Kuchengabel durch den mittleren Bruch ziehen.

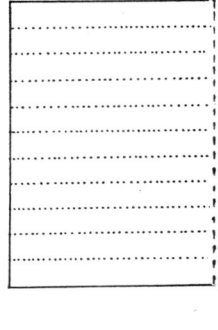

2. Tüte
– Diagonale falten.

– Seitliche Ecken nach hinten legen, ineinander stecken.

– Obere offene Spitze nach unten falten.

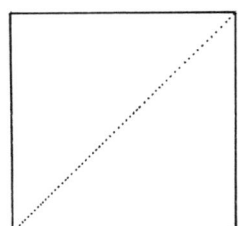

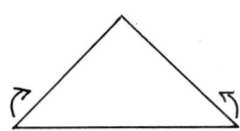 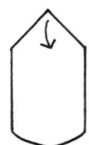 

Tischdekoration · KINDERGEBURTSTAG

TULPENSTRAUSS

Material
Faltpapier in Tulpenfarben, 15 × 15 cm; grünes Tonpapier; Stricknadel.

Faltvorgang
– Diagonale falten, 2 ×.

– Blatt wenden, zum „Buch" falten, 2 ×.

– Papier beidseitig hineinschieben, so daß ein Zelt entsteht.

– Rechte und linke Spitze zur mittleren oberen Spitze falten; auf der Rückseite wiederholen.

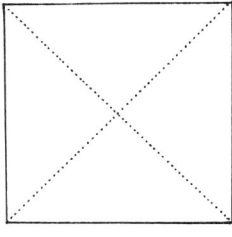

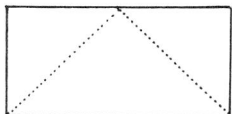

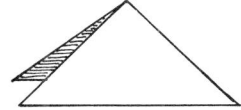 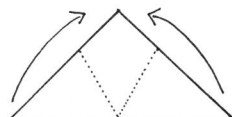

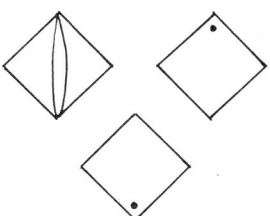

– Seiten so umklappen, daß Vorder- und Rückseite geschlossen sind (Hilfspunkt oben).

– Halbe Drehung (180°)
(Hilfspunkt unten); seitliche Ecken etwas über den Mittelbruch falten und einstecken; auf der Rückseite wiederholen.

offene 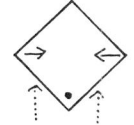 hineingreifen 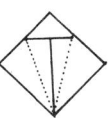  Öffnung
Seiten   aufblasen

– Im Zangengriff in die beiden Öffnungen greifen und aufblasen.

– Streifen (ca. ½ cm breit) von grünem Tonpapier schneiden und spiralförmig um eine Stricknadel zu einem Stengel rollen; Stricknadel herausziehen.
– Stengel in das Loch der Blüte stecken und evtl. mit etwas Klebstoff befestigen.
– Blätter ausschneiden und am Stengel anbringen.
– Blütenblätter der Tulpe nach außen falten.

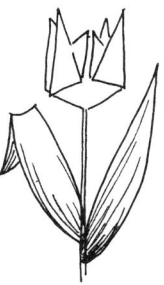

KINDERGEBURTSTAG · Spiele

Spiele

Das Geburtstagskind darf sich sein Lieblingsspiel aussuchen. Der Gruppenleiter achtet darauf, daß das Spieleprogramm möglichst ausgewogen ist. Bewegungsspiele und Spiele zum Austoben sollten sich mit ruhigen Spielen abwechseln. Das letzte Spiel dient der Sammlung und Beruhigung der Kinder. Wichtig ist, daß die Spiele Spaß machen und die Gruppe in Stimmung bringen. Spannung wird auch durch kleine Preise erzeugt.
Es ist ein Vorteil, wenn die Spiele der Gruppe bereits bekannt sind, da sie nicht lange erklärt werden müssen und ein rasches Erfolgserlebnis vermitteln.

KUNTERBUNT

Alle Spieler sitzen im Kreis, der Spielleiter steht in der Mitte. Für ihn ist kein Stuhl frei. Nun sagt er z.B.: „Alle Kinder, die im Januar geboren sind, wechseln die Plätze." Oder: „Alle, die ein blaues Kleid haben, wechseln die Plätze." Der Spielleiter sucht sich ebenfalls einen Platz. Wer übrig bleibt, kommt in die Mitte und beginnt das Spiel von neuem.

Weitere Vorschläge
Alle, die gerne Fußball spielen . . .
Alle, die gerne Spaghetti essen . . .
Alle, die braune Augen (Haare) haben . . .
Alle, die sich in der Gruppe wohl fühlen . . .

DAS ELEKTRISCHE GUMMIBÄRCHEN

Material: Gummibärchen, flacher Teller.

Der Spielleiter belegt einen flachen Teller mit ca. sechs Gummibärchen und stellt ihn in die Kreismitte. Ein Kind verläßt den Raum. Der Spielleiter oder auch ein Kind bestimmt, welches Gummibärchen „elektrisch" ist und nicht eingesammelt werden darf. Außerdem weist der Spielleiter die Gruppe darauf hin, daß bei Berührung dieses Gummibärchens die Kinder laut schreien sollen. Nun wird das Kind hereingerufen. Es darf nun Süßigkeit um Süßigkeit einsammeln, bis es das „elektrische Gummibärchen" berührt und die Gruppe laut schreit. Nun wird der Teller wieder aufgefüllt, und ein anderes Kind verläßt den Raum.

FLÜSTERGESCHENKE

Der Spielleiter fordert die Kinder auf, dem rechten Nachbarn ins Ohr zu flüstern, was er ihm schenkt, und anschließend dem linken Nachbarn ins Ohr zu flüstern, was er mit dem Geschenk anfangen kann. Nun erzählt jedes Kind, was es bekommen hat und was es mit dem Geschenk auf sich hat.

Dabei entstehen recht lustige Sachen, z. B.: „Ich bekomme einen Papagei, mit dem ich radfahren kann."

WUNDERKNÄUEL

Material: Würfel, Wollknäuel, kleines Geschenk.

Vorbereitung: Geschenk in Wollknäuel wickeln.

Jedes Kind darf der Reihe nach einmal würfeln. Fällt eine Sechs, darf dieses Kind den im Kreis liegenden Wunderknäuel abwickeln, bis die nächste Sechs gewürfelt wird. Welches Kind wird die Überraschung bekommen?

WER HAT DIE KAFFEEBOHNE?

Material: Kuchen mit eingebackenen Kaffeebohnen, Zettel mit Aufgaben.

Bevor der Geburtstagskuchen angeschnitten wird, erzählt der Spielleiter, daß in den Kuchen Kaffeebohnen eingebacken sind. Alle Kinder, die in ihrem Kuchenstück eine Bohne finden, bekommen später eine Aufgabe. Auf dem Tisch liegen die vom SL vorbereiteten Zettel mit der Schrift nach unten. Nun ziehen die betreffenden Kinder der Reihe nach einen Zettel und erfüllen die jeweilige Aufgabe.

Beispiele:
– Sage drei Kindern deiner Wahl etwas Nettes.
  Mache aus der drei Wörtern (. . . . .) eine Geschichte.
  Erzähle einen Witz.
  Mache zehn Kniebeugen.

WER FINDET DEN SCHATZ?

Material: Schachtel als Schatztruhe, Süßigkeiten oder kleine Geschenke, Basteleien als Schatz, zwei Tücher zum Verbinden der Augen.

Es werden zwei Mannschaften gebildet. Dann wird von jedem Team einer ins Rennen geschickt: auf allen vieren und mit verbundenen Augen. Beim ersten Durchgang und bei jüngeren Kindern wird die zu suchende Schatztruhe in ein paar Metern Entfernung auf den Boden gelegt, bevor den Kandidaten die Augen verbunden werden.
Beim zweiten Durchgang bzw. bei größeren Kindern muß erst gestartet werden. Dann wird die Schatztruhe irgendwo auf dem Boden plaziert. Beide Mannschaften versuchen nun, ihre „blinden" Teamgefährten durch Zurufe zur Truhe zu lotsen. Die Siegermannschaft teilt sich den Schatz. Damit alle Kinder bedacht werden, wird das Spiel in mehreren Durchgängen gespielt.

KINDERGEBURTSTAG · Spiele

MOHRENKOPF FÜTTERN

Material: Mohrenköpfe, Servietten, Tücher für die Augen.

Im Stuhlkreis sitzen sich zwei Kinder auf Stühlen gegenüber. Jedem Kind wird eine Serviette umgebunden, beiden werden die Augen verbunden. Jeder Spieler bekommt nun einen Mohrenkopf in die Hand. Die beiden „Blinden" versuchen sich nun gegenseitig zu füttern. Das ist sehr lustig, da es nicht einfach ist, auf diese Weise den Mund des anderen zu treffen. Braucht es da noch einen „Sieger"?

SCHWEINESCHWANZ

Material: Für jeden Mitspieler einen Schwanz aus Schnur; Tesakrepp, Tafel oder Packpapier, Kreide oder Filzstift, Tücher zum Verbinden der Augen.

Vorbereitung: Mit Kreide oder einem dicken Filzstift ein ungefähr 90 cm großes Schwein ohne Schwanz zeichnen. Schwanz mit Tesakrepp versehen.

Die Spieler stehen hinter einer Startlinie, die ungefähr 7–10 m von der Tafel entfernt ist. Jeder Mitspieler erhält einen Schwanz mit dem Klebeband. Mit verbundenen Augen muß nun nacheinander versucht werden, dem aufgezeichneten Schwein den Schwanz anzukleben. Schon das Beobachten des Anmarsches löst Heiterkeit aus, noch mehr das Ankleben selbst. Der Schwanz baumelt meistens dort, wo er nicht hingehört. Die Schwänze bleiben hängen, bis der letzte Spieler sein Glück versucht hat. Wer dem Schwanzansatz am nächsten kommt, hat gewonnen.

MEHL SCHNEIDEN

Material: Teller, Mehl, Messer, Praline oder Schokoladenrippe.

Auf einem großen flachen Teller wird das Mehl zu einem spitzen Berg aufgeschichtet. Oben auf die Bergspitze kommt das Pralinenstück. Ein Mitspieler nach dem anderen schneidet nun Teile von dem Berg ab, große oder kleine, ganz nach Belieben. Wichtig ist nur, daß die Praline dabei nicht herunterfällt. Wem das passiert, der „darf" die Praline mit dem Mund aus dem Mehl herausholen. Dabei müssen die Arme auf dem Rücken bleiben. Wenn die Kinder dabei lachen, muß der Pralinenesser sicher losprusten und wird ein lustiges Bleichgesicht.

Lieder

GEBURTSTAGSKANON

(T. und M.: Werner Gneist, aus: Susanne Stöcklin-Meier, Geburtstag hab' ich heut, Orell Füssli Verlag, Zürich/Cornelsen-Velhagen & Klasing, Bielefeld. Mündlich überliefert)

(mündlich überliefert)

* Name des Geburtstagskindes

GEBURTSTAGSKANON

(W. A. Mozart)

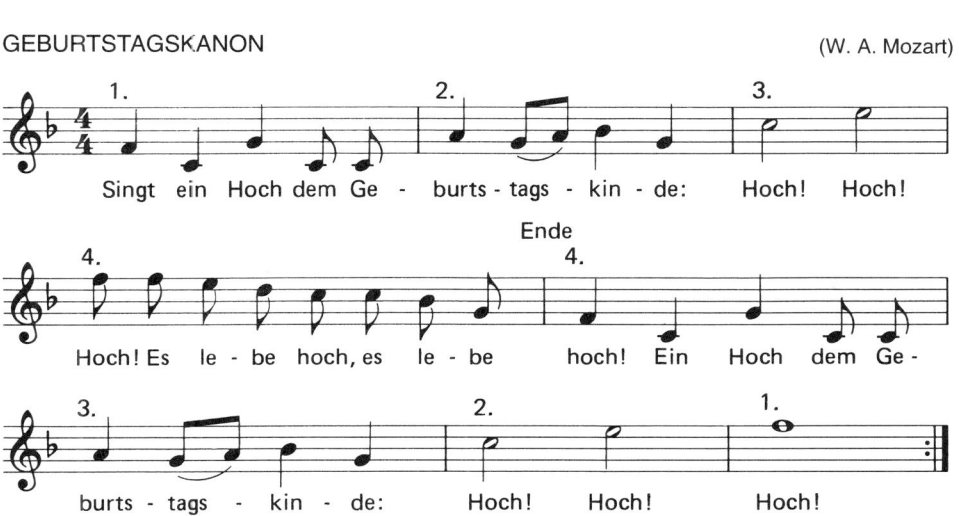

KINDERGEBURTSTAG · Lieder

GEBURTSTAGSMUSIK

2. Wenn ein Kind . . .
   auf dem Glockenspiel für dich.

3. Wenn ein Kind . . .
   das Metallophon für dich.

4. Wenn ein Kind . . .
   auf der Flöte nur für dich.

(T.: Lieselotte Holzmeister/Liselotte Rockel, M.: Liselotte Rockel, aus: Liselotte Rockel, Das zweite Liedernest, © Fidula-Verlag, Boppard/Rhein und Salzburg)

(Kanon aus dem 19. Jahrhundert)

(Aus: DIE MAULTROMMEL, © Fidula-Verlag, Boppard/Rhein und Salzburg)

Kalte Getränke

Beliebt bei Kindern und Erwachsenen sind Saftmischungen. Das Mischungsverhältnis kann 1:1 oder 2:1 betragen. Als Durstlöscher empfiehlt sich die Zugabe von Sprudel.

BEWÄHRTE SAFTMISCHUNGEN

Sauerkirschsaft/Apfelsaft,
Aprikosensaft/Apfelsaft,
Pfirsichsaft/Orangensaft,
Ananassaft/Orangensaft,
Schwarzer Johannisbeersaft/Orangensaft.

Tip: Originell ist es, Fruchtsaft in Eiswürfelbehältern einzufrieren. Noch praktischer sind spezielle Eiskugelbeutel. So haben z. B. Kirschsaftkugeln im Apfelsaft eine gute Wirkung.

APFELSAFTSCHORLE

Apfelsaft und Sprudel zu gleichen Teilen.

ROSA-LIMONADE

Zitronenlimonade mit Himbeersirup vermischen.

FRUCHTMILCH

(Mengenangabe für ca. zehn Kinder)

Zutaten
2 l Milch, gut gekühlt, ¾ l Fruchtsaft oder eine Tasse Fruchtsirup, Zucker oder Honig nach Bedarf, 2 Eßl. Zitronensaft.

Geräte/Zubereitung
Elektrischer Mixer oder Handrührgerät, Mixbecher, Zitronenpresse, Gläser, Strohhalme.
Zutaten im elektrischen Mixer oder mit Handrührgerät kräftig durchschlagen. In Gläser füllen und evtl. Gläserrand mit Zitronenspirale oder Minzezweig verzieren. Mit Strohhalm reichen.

Tip: Milch kann auch durch Buttermilch ersetzt werden.

KINDERGEBURTSTAG · Lutscher/Überraschungsspieße

Lutscher

Zutaten für ca. acht Lutscher
2 Eßl. weiche Butter oder Margarine, eine Tasse Zucker.

Geräte
Teller, kleiner Topf, Kochlöffel, 8 Eßlöffel, Tasse.

Material
Alufolie, 8 Schaschlikspieße, evtl. durchsichtige Folie, Geschenkband.

Zubereitung
– Alufolie unterlegen. Darauf die Eßlöffel legen und mit dem Stiel am Tellerrand aufstützen.

– Zucker und Butter in einem Topf bei Mittelhitze unter ständigem Rühren goldbraun und cremig werden lassen.
Zu dunkle Masse schmeckt bitter!

– Die Karamelcreme auf die Löffel verteilen und darin abkühlen lassen.

– Etwa drei Minuten später den Spieß hineinstecken. Wenn der Lutscher erkaltet ist, vom Löffel lösen.

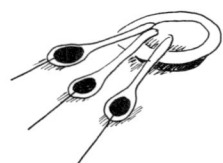

Tip: Wird der Lutscher verschenkt, wird er mit durchsichtiger Folie verpackt und mit einem Geschenkband versehen.

Hinweis: Die Masse wird sehr heiß! Die Lutscher mit zwei bis drei Kindern herstellen, auf Gefahren hinweisen und die Kinder nicht aus dem Auge lassen!

Überraschungsspieße

SPIESSE AUS BROT UND GEMÜSE

Zutaten
Eine große Scheibe Vollkornbrot, ein Eßl. Frischkäse mit Kräutern, Salatgurkenwürfel, Radieschen, Käsewürfel aus Emmentaler oder Gouda.

Zubereitung
Das Brot mit Kräuterfrischkäse bestreichen, zusammenklappen, in große Würfel schneiden und abwechselnd mit den Käsewürfeln und dem Gemüse auf Holzspieße stecken.

Drachenkuchen · KINDERGEBURTSTAG

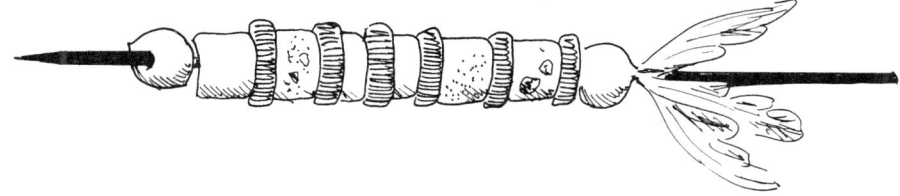

FRUCHTSPIESSE

Zutaten
Obst je nach Saison verwenden.

Zubereitung
Das Obst in Scheiben oder Würfel schneiden und abwechselnd auf einen Holzspieß stecken. Zum Schluß mit Zitronensaft beträufeln.

SCHOKO-FRUCHTSPIESSE

Zutaten
Obst je nach Saison. Es eignen sich Äpfel, Birnen, Weintrauben, Datteln, Bananen, Kiwis . . . Helle oder dunkle Kuvertüre.

Zubereitung
Obst waschen, gut abtrocknen bzw. abtupfen (Küchenkrepp). Früchte evtl. in Stücke schneiden und auf Spieße stecken. Kuvertüre im Wasserbad langsam schmelzen lassen. Die Früchte mit dem Guß überziehen und etwas antrocknen lassen.

Tip: Die Spieße in einen mit Sand gefüllten Blumentopf stecken; obenauf liegen in Alufolie gewickelte Steinchen. Eine weitere Möglichkeit ist es, die Spieße auf einem halbierten Kohlkopf bzw. einer Melone anzuordnen.

Drachenkuchen

Zutaten (Länge des Drachens ca. 40 cm)
500 g Mehl, ein Beutel Trockenhefe, ⅛ l Milch, 100 g Zucker, ein Päckchen Vanillezucker, eine Prise Salz, 100 g Butter oder Margarine, ein Ei, ein Eigelb zum Bestreichen, Eiweiß als Klebematerial, Rosinen oder Schokoladenraspel, Marshmallows, Zuckerguß.

KINDERGEBURTSTAG · Drachenkuchen

Geräte
Schüssel, Mehlsieb, elektr. Handrührgerät mit Knethaken oder Kochlöffel, Backpinsel, Waage, Meßbecher.

Material
Blech, Alufolie, Pappe, Schere, Messer.

Zubereitung
- Mehl in Schüssel sieben, Trockenhefe, Zucker, Vanillezucker und Salz untermischen.
- Lauwarme Milch und zimmerwarme Butter sowie das Ei dazugeben. Teig so lange abschlagen, bis er sich von der Schüssel löst und glatte, gleichmäßige Beschaffenheit hat.
- Rosinen oder Schokoladenraspel mit bemehlten Händen unterkneten.
- Teig an warmem Ort eine Stunde gehen lassen.
- Auf gefettetem Blech den Teig zu einem Drachen formen. Den Teig aufteilen:
  ⅔ für Körper und Beine,
  ⅓ für den Kopf.
Von der größeren Menge Teig für Beine abschneiden und beiseite legen. Körper formen und mit Hilfe von Daumen und Zeigefinger Zacken herausziehen. Für die Beine eine ca. 24 cm lange Rolle formen und diese in vier Teile aufteilen. Die Ansatzstellen der Beine mit Eiweiß bestreichen und diese am Körper anbringen. Die Enden etwas platt drücken und mit einem Messer einschneiden (Zehen).
Für den Kopf eine Kugel formen und etwas platt drücken. Mit einem Messer das Maul einschneiden.
Aus Pappe einen Kreis (in Größe einer Untertasse) ausschneiden und diesen mit Alufolie umkleiden. Den Kreis in der Mitte umknicken und in das Maul schieben; dies dient dazu, Ober- und Unterkiefer auseinanderzuhalten.
Ansatzpunkte mit Eiweiß bestreichen, Kopf anbringen.
- Drachen mit Eigelb bestreichen und nochmals ca. 20 Minuten gehen lassen.
- Backrohr auf 190° vorheizen, Backzeit ca. 30 Minuten.
- Nach dem Erkalten Zähne und Augen anbringen. Dazu eignen sich Marshmallows (für Zähne evtl. zerschneiden), die mit Zuckerguß angeklebt werden.

Hinweis: Bei doppelter Teigmenge müssen Körper und Kopf separat gebacken werden. Verwenden Sie eine Backmischung, so sind drei Pakete Hefekuchen erforderlich.

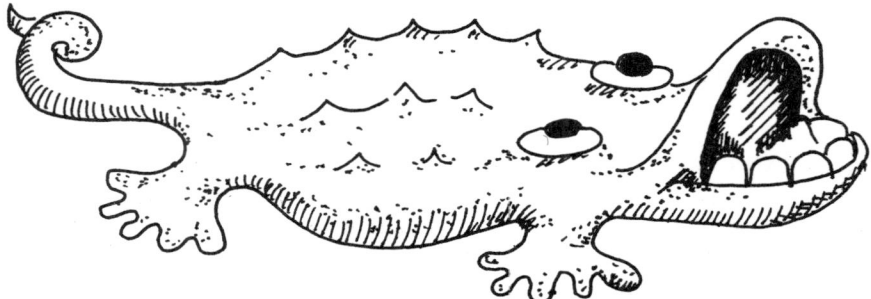

Schmetterlingskuchen

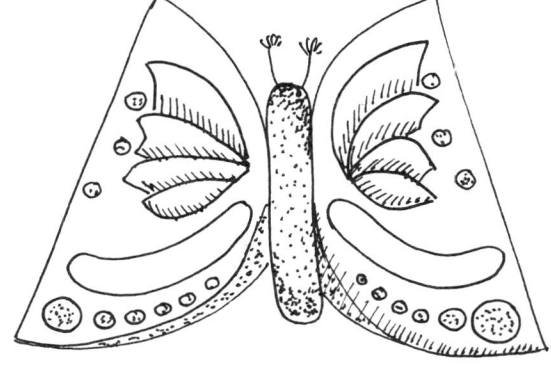

Zutaten
150 g Butter oder Margarine,
200 g Zucker,
3 Eier,
Zitronenschale oder Vanille,
eine Prise Salz,
ca. ⅛ l Milch,
300 g Mehl,
3 Teel. Backpulver.

Belag
Marmelade, Früchte, Marzipanbrot, evtl. Tortenguß, wenn der Kuchen erst am nächsten Tag gegessen wird.

Geräte
Springform (ca. 24 cm), Rührschüssel, Handmixer oder Kochlöffel, Mehlsieb, Messer, Teigschaber, Waage, Meßbecher, Teelöffel.

Material
Goldfolie, Schere.

Zubereitung
- Schaummasse herstellen: Butter schaumig rühren, abwechselnd Zucker und jeweils ein Ei nach und nach unterrühren. Masse soll sehr schaumig und locker sein.
- Geschmackszutaten zugeben.
- Mehl, mit Backpulver gemischt und gesiebt, abwechselnd mit kalter Milch unterrühren. Nur so viel Flüssigkeit zugeben, bis die richtige Teigbeschaffenheit erreicht ist, d. h., der Teig muß weich sein und schwer und breit vom Löffel reißen. Unnötiges Rühren vermeiden!
- Backform fetten und mit Mehl bestäuben.
- Backrohr auf 180° vorheizen und Kuchen ca. 45 Minuten backen.
- Den gebackenen und ausgekühlten Kuchen halbieren, Schnittflächen nach außen legen. Den Schmetterlingskörper mit einem Marzipanbrot markieren und auf die aneinanderstoßenden Flügel legen. Die Fühler werden aus Goldfolie hergestellt.
- Kuchenhälften mit Marmelade bestreichen und mit Früchten je nach Jahreszeit belegen.

Semmelschweinchen

Dieses Rezept ist als Alternative zu Kuchen und Torte gedacht.

Zutaten für ca. sieben Schweinchen
250 g Mehl, 200 g Magerquark, 6 Eßl. Milch, 6 Eßl. Öl, ein Päckchen Backpulver, ½ Teel. Salz.

KINDERGEBURTSTAG · Phantasievolle Brote

Für das Schweinchen:
Eiweiß, Wacholderbeeren.

Geräte
Schüssel, Kochlöffel, Eßlöffel, Teelöffel, Teigroller, Backbrett, Ausstechförmchen (2 cm ∅, Likörglas), Stricknadel, Fettpinsel, Backblech, Waage.

Zubereitung
– Quark mit Öl, Milch und Salz verrühren.
– Die Hälfte des mit Backpulver gemischten Mehls unterrühren.
– Restliches Mehl unterkneten, bis der Teig gleichmäßige Beschaffenheit hat.
– Auf bemehlter Arbeitsfläche ⅔ des Teiges zu ca. sieben schmalen, länglichen Wecken formen (Schweinchenkörper). Achtung: Teig geht beim Backen in die Breite!
– Teigrest auswellen und mit Förmchen Rüssel ausstechen. In diesen je zwei Nasenlöcher stechen.
– Aus Teigstreifen Ohren formen.
– Schwänzchen und Vorderbeine zu einem U formen.
– Diese Teile mit Eiweiß an der Stelle bepinseln, die am Schweinchenkörper angebracht wird.
– Wacholderbeeren bilden die Augen.
– Auf gefettetem Backblech bei 180° ca. 30 Minuten lang backen.

Hinweis: Semmeln schmecken am besten frisch, können aber auch aufgebacken bzw. eingefroren werden.

Phantasievolle Brote

BLUMENBROTE

Vollkornbrot mit Streichkäse bestreichen. Als Blüte kann eine Tomatenscheibe mit einer Eischeibe darauf verwendet werden. Für den Stiel eignet sich Schnittlauch, für die Blätter Petersilie.

SCHIFFE

Von einem Stangenbrot werden schräge Scheiben abgeschnitten. Diese werden mit dünnen Salamischeiben und einer der Länge nach halbierten Gewürzgurke belegt.
Für das Segel wird ein Schaschlikspieß in die Gurke gesteckt. Als Segel dient eine Käsescheibe.

FISCHBROTE

Mischbrotscheiben werden mit Mett- oder Leberwurst bestrichen.
Als Auge dient eine Eischeibe oder ein halbiertes Radieschen. Für das Maul eignet sich ein Streifen Paprikaschote. Dünne Scheiben Radieschen oder Gewürzgurke werden schuppenartig aufgelegt.

Figuren aus Marzipan

Zutaten für ca. 20 Stück
1 kg Marzipan-Rohmasse, 600 g Puderzucker, Speisefarbe.

Zum Verzieren
Mandeln für Ohren und Füße, Lakritzenstückchen für Augen, Nase etc., Zuckerguß oder Zuckerschrift aus der Tube.

Geräte und Material
Alufolie, Holzspießchen, Holzbrett, Messer.

Zubereitung
— Marzipan-Rohmasse mit dem Puderzucker verkneten.
   Nur so viel Marzipan zubereiten, wie unmittelbar verwendet wird. Trockenes Marzipan ist nicht mehr formbar!

— Marzipan entsprechend einfärben. Lebensmittelfarben nur tröpfchenweise verwenden.

— Marzipan nach Farben sortiert bis zum Verarbeiten in Alufolie einwickeln.

KINDERGEBURTSTAG · Zuckerigelfamilie

- Von der Marzipanmasse Stücke von 80 g abschneiden. Tiere oder Figuren formen.

- Die einzelnen Teile der Figuren mit Holzspießchen zusammenstecken und die Tiere verzieren.

Zuckerigelfamilie

Zutaten für ca. zehn Igel
4 Eßl. Butter,
4 gehäufte Eßl. Zucker,
ein Päckchen Vanillezucker,
2 gestrichene Eßl. Kakao,
10 gehäufte Eßl. Haferflocken,
2–3 Eßl. Milch,
ein Beutel Mandelstifte.

Geräte
Schüssel, elektrisches Handrührgerät oder Kochlöffel, Schüssel mit Wasser, Eßteller, Eßlöffel.

Zubereitung
- Die zimmerwarme Butter mit dem Zucker verrühren.

- Kakao, Haferflocken und Milch daruntermischen. Der Teig soll fest sein.

- Mit nassen Händen verschieden große Igel formen. Hierzu eine Schüssel mit kaltem Wasser bereitstellen.

- Igel auf einen großen Teller setzen und dicht mit Mandelstacheln bestecken.

- Im Kühlschrank ca. 15 Minuten festwerden lassen.

Süßes ABC – Platzkarten

Zutaten (für ca. 15 Buchstaben von 10 cm Höhe)

300 g Mehl,
½ Teel. Salz,
180 g Butter,
200 g Zucker,
ein großes Ei.

Belag
200 g Puderzucker, einige Eßl. Zitronensaft, kleine Gummibärchen oder Gebäckschmuck.

Geräte
Rührschüssel, elektrisches Handrührgerät, Mehlsieb, Backbrett, Backblech, Backpinsel, kleine Schüssel für Zuckerguß, Zitruspresse, Teelöffel, Waage.

Zubereitung
– Butter und Zucker schaumig rühren, Ei zugeben.
– Löffelweise gesiebtes Mehl und Salz zur Masse geben und das Ganze zu einem Teig verrühren.
– Aus dem Teig fingerdicke Würstchen formen und daraus die Anfangsbuchstaben der Gäste herstellen (auf bemehlter Arbeitsfläche).
– In dem auf 200° vorgeheizten Herd ungefähr 10 Minuten backen.
– Den gesiebten Puderzucker mit so viel Zitronensaft verrühren, daß eine dicke, aber streichfähige Glasur entsteht.
– Die noch warmen Buchstaben damit überziehen und auf die noch weiche Glasur die Gummibärchen bzw. den Gebäckschmuck drücken.

Fastnacht

Brauchtum · FASTNACHT

FRÜHLINGSBRÄUCHE AUS HEIDNISCHER ZEIT

Der Mensch der Frühzeit sah hinter den Naturerscheinungen die Macht von Göttern und Dämonen. Von ihnen fühlte er sich abhängig. An der Schwelle vom Winter zum Frühling sollten die bösen Dämonen verjagt werden, welche der erwachenden Natur Schaden zufügen könnten. Die Menschen verhüllten sich mit abschreckenden Gewändern und versammelten sich zu lärmenden Umzügen.

BEGINN DES FASTENS VOR OSTERN

Als Fastnacht galt früher die Nacht oder der Vorabend vor Aschermittwoch, an welchem die vierzigtägige Fastenzeit vor Ostern beginnt.
Die Fastnacht wurde nach und nach ausgedehnt. Bereits im 19. Jh. reichte sie bis zum Dreikönigstag. Höhepunkte der Ausgelassenheit sind der feiste (unsinnige) Donnerstag, der Sonntag, der Rosenmontag und Fastnachtsdienstag. Das Fastnachtstreiben wird am Rhein und in den romanischen Ländern als Karneval und in Bayern und Österreich als Fasching bezeichnet.

EINE ZEIT FÜR KINDER

Die Kinderfastnacht erstreckt sich hauptsächlich auf die Zeit vom „unsinnigen" Donnerstag bis zum Fastnachtsdienstag.
Sie gibt den Kindern die Möglichkeit, sich zu verkleiden, in eine Wunschrolle zu schlüpfen und ausgelassener als sonst zu sein. Öffentliche und private Kostümfeste für Kinder, aber auch das Treiben auf der Straße geben reichlich Gelegenheit dazu.

Brauchtum

KARNEVAL IN KÖLN

In Köln ist der Karneval die fünfte Jahreszeit. Sie wird bereits am 11. 11. um 11 Uhr 11 „eingeläutet". Richtig los geht es aber erst mit der Proklamation des Kölner Dreigestirns: Prinz, Bauer und Jungfrau (in diesem Fall auch männlich) in den Tagen nach Silvester. Diese übernehmen dann die Regentschaft der Narren. Bei zahlreichen Kostümbällen und Sitzungen werden mit Gesang und Büttenreden „Stadtgrößen" und prominente Politiker sowie aktuelle Ereignisse aufs Korn genommen. Für Stimmung sorgen Karnevalslieder, und vom begeisterten Publikum ist des öfteren ein kräftiges „Kölle Alaaf" zu hören. Besonders gelungene Darbietungen werden mit einem Karnevals-Orden ausgezeichnet.
Die Altweiberfastnacht am Donnerstag vor den drei tollen Tagen eröffnet den Straßenkarneval. An diesem Tag übernehmen die Frauen das Regiment über die Männer. Sie

FASTNACHT · Brauchtum

haben Narrenfreiheit. Am darauffolgenden Sonntag veranstalten Vereine, Clubs, Schulen etc. der verschiedenen Stadtviertel einen gemeinsamen Umzug.
Absoluter Höhepunkt in Köln, aber auch in Düsseldorf und Mainz ist der Rosenmontagszug. Dieser steht jährlich unter einem anderen Motto. Ausgerichtet wird er von den großen Kölner Karnevalsvereinen. Mittelpunkt ist der geschmückte Wagen des „Prinzen Carneval" (1341 erstmals erwähnt), begleitet von seiner Garde. Berühmt sind auch die Funken mit ihrem „Major" und „Funke-Mariechen". Die Funken gehen auf die Kölner Stadtsoldaten aus napoleonischer Zeit zurück. Im rheinischen Karnevalsgeschehen sind noch heute Spuren der Feste zu erkennen, welche die Römer vor 2000 Jahren in diesem Gebiet feierten. Sie fielen zeitlich mit den heidnischen Vorfrühlingsfesten zusammen.

DIE SCHELLENRÜHRER VON MITTENWALD

Am unsinnigen Donnerstag versammeln sich in Mittenwald, aber auch in Garmisch-Partenkirchen, viele Schaulustige.
Die „Schellenrührer" wollen den nahen Frühling wachrütteln und den Winter vertreiben. In einer langen Doppelreihe von acht bis zehn Paaren treten die Männer mit „Schönmännermasken" an. Sie tragen Lederhosen, Hüte und weiße Kniestrümpfe. Ein breiter, um den Bauch gebundener Ledergürtel ist hinten mit schweren Schellen aus Eisen besetzt. Sie tanzen rhythmisch mit bändergeschmückten Reisigbögen in der Hand, und so kommt es jedesmal zum gleichzeitigen Klöppelschlag. Ein Vortänzer führt die Gruppe an.
Eine weitere Gruppe, die „Jacklschutzer", führen einen Kampf zwischen Winter und Frühling vor. Die Jacklschutzer sind maskiert (Stofflarven, Kopftuch). Jeweils vier bilden eine Gruppe. Mit einem großen Stofftuch schutzen (schnellen) sie die Symbolfigur des Winters, eine mannsgroße, ausgestopfte Puppe, in die Luft: „Oans, zwoa, drei! Jackl, hupf auf d' Höh', unt' am Bodn fressn di d' Flöh'!"

FASCHING IN MÜNCHEN

Obwohl der Ballkalender alljährlich Hunderte von Bällen aufweist, hat der Münchner Fasching an Glanz verloren.
Berühmt waren die Künstlerbälle im Haus der Kunst (letztmalig 1974). Tradition haben der Ball der „Damischen Ritter" mit blutrünstigem Ritterschauspiel und einer Ballettparodie und die exklusive Vorstadthochzeit. Hier handelt es sich um die Persiflage einer Vorstadthochzeit aus dem vergangenen Jahrhundert.
In den 70er Jahren wurde der Faschingszug am Faschingssonntag abgeschafft. Statt dessen entschloß man sich, in der damals neuen Fußgängerzone, rund um den Marienplatz, ein buntes Faschingstreiben zu veranstalten. Hausfassaden und Laternen werden geschmückt, und Musik bringt das Publikum in Stimmung.
Hauptattraktion seit Jahrzehnten ist jedoch der Tanz der Marktfrauen auf dem Viktualienmarkt am Vormittag des Faschingsdienstags.

SCHWÄBISCH-ALEMANNISCHE FASNET

Diese findet vor allem auf der Straße statt. Es ist ein wilder, ausgelassener, manchmal etwas unheimlicher Spaß. Narren und Hexen sind die Grundfiguren dieses uralten Spiels von der Vertreibung des Winters durch den Frühling. Beide tragen sie prächtige, phantasievolle Kostüme und Masken. Sie sind alt, kostbar, handgenäht bzw. handgeschnitzt und schellenbesetzt.
Das Wichtigste – die Narren springen! Narrensprünge heißen auch die Umzüge, in der an die 400 Narrenzünfte zwischen Neckar, Donau und Bodensee Zehntausende von Narren auf die Beine bringen, z. B. in Rottweil.

Planung

In Gebieten, in denen die Fastnachtsbräuche kommerzialisiert wurden, tut sich der eine oder andere Gruppenleiter schwer mit der programmierten Fröhlichkeit. Er selbst, vielleicht ein „Faschingsmuffel", soll für andere bzw. mit ihnen ein lustiges Fest organisieren. Am liebsten würde er die Fastnachtszeit überspringen, wenn da nicht die Kinder wären, die einen Anspruch darauf haben. Da heißt es also die eigene Unlust zu überwinden und ein Fest für die Kinder auf die Beine zu stellen.
Die Freude der Kinder und die Zufriedenheit der Gäste werden die Mühe lohnen.
Zu Beginn jeder Planung steht die Überlegung, welchen Umfang und Rahmen die Veranstaltung haben soll.
Das Faschingsfest kann sein:
– gruppenintern
– gruppenübergreifend, im gesamten Haus
– für die Kinder und ihre Gruppenleiter – ohne Gäste
– mit Kindern, Eltern und evtl. weiteren Personen
– mit einem bestimmten Motto
– ohne jedes Motto.
Wenn diese Punkte geklärt sind, stellt sich die Frage nach
– der zeitlichen Planung
– den finanziellen Möglichkeiten
– der Raumgestaltung und Dekoration
– der Kostümierung
– den Speisen und Getränken
– der Musik
– dem Programm.

GRUPPENINTERNES FEST

Der Gruppenleiter wird in diesem Falle die Wünsche der Gruppe berücksichtigen. Vielleicht steht den Kindern mehr der Sinn nach einem Gruppenfest, da das Bedürfnis, sich noch besser kennenzulernen und gemeinsam Spaß zu haben, vorrangig ist.

FASTNACHT · Planung

Ebenso können große Altersunterschiede und verschiedene Interessen und Bedürfnisse die Einigung auf ein gemeinsames Festprogramm erschweren.

GRUPPENÜBERGREIFENDES FEST

Der große Vorteil liegt darin, daß ein gruppenübergreifendes, offenes Programm geboten werden kann, d. h., in jedem Raum wird Unterschiedliches angeboten, für das ein Gruppenleiter bzw. Helfer verantwortlich ist. Allerdings ist eine genaue Aufgabenverteilung erforderlich. Hilfreich ist es, eine Checkliste zu erstellen, in der Aufgaben und die dafür Verantwortlichen festgehalten sind (→ Checkliste Sommerfest).
Das Faschingsfest ist vor allem ein Fest für die Kinder. Sie wollen ausgelassen und fröhlich sein. Die Kinder können sich unbefangener ohne die Anwesenheit ihrer Eltern bewegen.

FEST MIT GÄSTEN

Dafür können verschiedene Gründe sprechen:
– Der Elternbeirat trägt den Wunsch an die Gruppenleiter heran.
– Die Eltern sind bereit, sich für das Fest zu engagieren. Sie übernehmen wichtige Aufgaben. Dies entlastet die Gruppenleiter.
– Die Gruppenleiter wollen den Eltern und Personen, die sich der Einrichtung verbunden fühlen, Einblick in ihren Arbeitsbereich geben.
– Die Gruppenleiter wollen ein gutes Klima schaffen, Kontakte anbahnen und pflegen.
Es ist zu überlegen, ob Eltern und weitere Gäste nur für eine bestimmte Zeitspanne eingeladen werden, z. B. die letzte Stunde des Festes. Hier bietet sich dann die Möglichkeit eines gemeinsamen Umtrunks und Gesprächs an.

FEST MIT MOTTO

Wird ein Motto, z. B. „Hexenpalast", gewählt, so orientieren sich daran Dekoration, Programm und zum Teil auch die Kostümierung. Die Vorbereitungen zum Fest bewirken eine intensive Auseinandersetzung mit dem Thema, Ideen können sich entwickeln. Die Kinder erfahren ganz nebenbei viel Wissenswertes, da sich schon bei der Gestaltung des Raumes und der Herstellung der Masken viele Fragen ergeben, die nach einer Beantwortung verlangen. Da das Motto von Jahr zu Jahr wechselt, gleicht kein Fest dem anderen. Das gemeinsame Planen und Gestalten steigert die Vorfreude und vermittelt ein Gefühl der Gemeinschaft, da jedes Kind seinen ganz persönlichen Beitrag zum Gelingen des Festes leistet.
Das Motto sollte ausreichende Rollenmöglichkeiten bieten.

Beliebte Fastnachtsthemen sind:
Reise um die Welt – Im Spukschloß – Große Zirkusschau – Fahrt zum Mond – Science-fiction oder Im Jahre 2000 – Im wilden Westen ✳ – Hexenpalast ✳ – Schlaraffenland – Auf dem Piratenschiff – Atelierfest – Auf dem Basar oder Fest

Planung · FASTNACHT

Oriental – Bei den Indianern ✶ – 1001 Nacht – Steinzeit – Modenschau – Karneval in Venedig ✶ – Traumschiff – Südpol/Nordpol – Unter Palmen am Meer – Glimmerparty ✶ – Rock- und Pop-Festival – Disneyland – Farm der Tiere – Tanz der Vampire.

Fest ohne Motto
Weniger zeit- und arbeitsaufwendig ist ein Fest ohne Motto. Es erfordert nicht so viel Vorbereitung und läßt sich leichter arrangieren. Die wesentlichen Elemente eines Faschingsfestes – lustige Spiele, Tanzen nach bekannten Karnevalsliedern und Hits, ein kleiner Imbiß und Getränke sowie Girlanden und Luftballons für die Dekoration – lassen sich leicht organisieren.

ZEITLICHE PLANUNG DES FESTES

Diese ist abhängig vom Rahmen und Umfang des Festes. Die Vorbereitungen sollten nicht belastend sein, sondern allen Spaß machen. Ein Faschingsfest, das unter einem bestimmten Motto steht, erfordert eine Vorbereitungsphase von ca. vier Wochen.
Falls die Einladung von Eltern und anderen Personen geplant ist, empfehlen sich folgende Schritte:
– Bekanntgabe des Festes über Elternabend und Elternbrief.
– Ca. vier Wochen vorher Hinweis auf die Veranstaltung durch Anschlag im Haus.
– Ca. zwei Wochen vorher werden von den Kindern gestaltete Einladungen verteilt bzw. verschickt. Die Einladung enthält einen Abschnitt, auf dem die Teilnahme bestätigt werden kann.
– Einige Tage vorher Eltern und geladene Gäste noch einmal persönlich ansprechen.
Die Dauer des Festes orientiert sich am Alter der Kinder. Eine ungefähre Dauer von drei Stunden hat sich in der Praxis als günstig erwiesen.

FINANZIERUNG DES FESTES

Die Dekoration des Raumes läßt sich preiswert gestalten bei Verwendung von Verpackungsmaterial aller Art, alten Zeitschriften und Illustrierten, Tapetenpapierresten, Makulaturpapier u. a. m. Möglichkeiten, die Finanzierung zu sichern, sind außerdem Sachspenden und Werbegeschenke von Geschäften, Firmen, Tankstellen etc. Hier lassen sich Beziehungen der Eltern oder anderer Personen nutzen. Dekorationsmaterial läßt sich auch für das nächste Jahr aufheben. Werden Gäste eingeladen, so entrichten diese einen kleinen Unkostenbeitrag für Speisen und Getränke bzw. bringen diese mit.

RAUMGESTALTUNG UND DEKORATION

Die Räume werden zur Kulisse für das Fest.
Als Dekoration eignen sich:

- Luftballons, im Raum verteilt oder in einer Ecke gruppiert, auch maskierte Luftballons,
- Girlanden aus Krepp-, Zeitungs- oder Illustriertenpapier,
- Luftschlangen, Spiralen,
- Papierlampions,
- überdimensionale Papierblumen, die, an Bambusstöcken befestigt, in sandgefüllten Eimern stehen,
- verschiedene Masken *,
- Zweige mit langen bunten Bändern aus Kreppapier oder mit duftigen Seidenpapierblumen.
- Utensilien, die das jeweilige Motto unterstreichen, hängen an Bindfäden, die quer durch den Raum gespannt wurden. (Unterwasserfest: Schlingpflanzen, Fische, Nixen aus Papier bzw. Pappe.)
- Lebensgroße Figuren mit ausgestopften Kleidern*, Pappmachéköpfen und Hut (Kopftuch) hängen an der Decke oder sitzen mitten unter den Gästen.
- Tiere aus Pappmaché oder Verpackungsmaterial *.
- Wandverkleidung aus Paketpapier, alten Tapetenrollen, Wellpappe, Makulaturpapier.
Die Kinder können darauf mit Plakafarben oder „Caran d'Ache"-Farben Bilder malen oder auch Collagen anbringen. Dispersionsfarben eignen sich gut für die Grundierung.
- Verkleidung der Türe mit Styropor oder Pappe, dem Motto entsprechend (z. B. Eingang zum Schloß der Vampire).
- Gestaltung der Fenster mit Transparentpapier (dämpft Licht), Stoff und Gardinenresten, Glasmalfarben.
- Bunte Glühbirnen oder verkehrt aufgehängte Regenschirme sorgen für eine gedämpfte Deckenbeleuchtung und damit für eine schummrige Atmosphäre.
- Spotlights, die auf ein Objekt, z. B. Gespenst, gerichtet sind, erzeugen eine gruselige Stimmung.

Bei einem gruppenübergreifenden Fest kann jeder Raum eine andere Funktion erfüllen.
Kurz vor dem Fest gilt es, Platz zu schaffen. Alle überflüssigen Tische und Stühle müssen gestapelt und wenn möglich anderweitig untergebracht werden. Für die Getränke und Speisen wird ein Buffet vorgesehen oder aber eine lustig dekorierte Tafel hergerichtet, an der sich alle versammeln.
Bei einem gruppenübergreifenden Fest ist dafür ein eigener Raum ideal, da nur er die Möglichkeit des Ausspannens bietet, bevor man sich wieder ins bunte Treiben stürzt.

KOSTÜMIERUNG

Für die Kostümierung eignen sich:
- Verkleidungskiste (Stoffe, Hüte, Stöckelschuhe, Schleier, Krawatten, Handtaschen, Modeschmuck, Federboa u. a.),
- Faschingsschminke, Glitzercreme und -spray,
- Hüte und Kopfschmuck,
- Masken *,
- einfache Kostüme und die dazugehörenden
- Requisiten (Schnurrbart, Nase, Schmuck, Krummdolch).

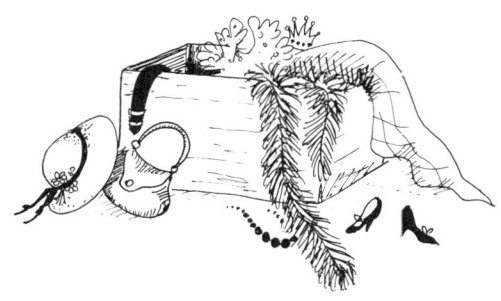

Die Kinder haben meist eine genaue Vorstellung davon, wie sie sich für das Faschingsfest maskieren wollen. Steht das Fest unter einem bestimmten Motto, so sollte es den Kindern überlassen werden, ob sie sich diesem in ihrer Kostümierung anschließen. Für einzelne Programmpunkte werden dem Motto entsprechend Masken, Kostüme, Requisiten bereitgehalten. So schlüpfen die Kinder z. B. in die Rolle der Hexe mit Hexenmaske, Kopftuch, Schultertuch und Besenstiel. Nun können die Hexen ihren Tanz aufführen. Einige Kinder wollen sich nicht maskieren. Auch das sollten wir akzeptieren.

SPEISEN UND GETRÄNKE

Beliebt sind: Brühwürste mit Senf – Brezen und Semmeln – Kartoffelsalat – Essiggürkchen – Pommes frites mit Soßen * (→ Erntedank) – Schmalzgebäck, Hörnchen – Mohrenköpfe – Pudding – Popcorn * (→ Sommerfest) – Knabbergebäck – Kinderbowle * (→ Sommerfest) – Erfrischungsgetränke * (→ Kindergeburtstag).

MUSIK

Bei einem Faschingsfest sind Musik und Tanz ein wesentlicher Bestandteil des Festes.
Es ist zu überprüfen, ob für die Musik vom Band oder von der Platte die Lautsprecher ausreichend stark sind. Für Ansagen ist evtl. ein Mikrophon erforderlich. Die Musik soll rhythmisch schwungvoll und mitreißend sein und alle in Stimmung bringen. Hierfür eignen sich aktuelle Karnevalslieder, Hits und Kindertanzplatten von Fidula-Fon. Zu empfehlen ist auch die Hitparade für Kinder zum Mitsingen (FF 3060).

FASTNACHT · Planung

Gruppeninternes Fest

Für Spaß und Unterhaltung sind an Programmpunkten möglich:
− Schminken und Verkleiden *
− Tanzen nach aktuellen Hits, Oldies
− Spiele, lustig und bewegungsreich *
− Fastnachtslieder, Lieder mit Bewegung *
− Scharaden
− Gespielte Witze
− Sketche * (→ Sommerfest)
− Zaubern * (→ Sommerfest)
− Varieténummern
− Heitere Gesangseinlagen
− Hitparade (Playback)
− Puppenspiel
− Polonaise . . .

● *Schminken*
Die Kinder bilden Paare, bekommen Faschingsschminke und Handspiegel und schminken sich gegenseitig. Für Entspannung sorgt leise Hintergrundmusik.

● *Verkleiden*
Die Kinder ziehen ihre mitgebrachten Kostüme an oder verkleiden sich passend zu ihrer Maske mit Hilfe der Verkleidungskiste. Diese wurde um einige Requisiten bereichert. Sie enthält z. B. verschiedenfarbige Tücher, Tüllreste, Hüte aller Art, Krawatten, Schleifen, Federboas, lustige Pappnasen und -brillen.

● *Polonaise*
Nun ist ausreichend Gelegenheit, die Maskerade zu bewundern.

● *Imbiß zur Stärkung und Entspannung*

● *Spiele und Lieder*
Es werden vor allem lustige, bewegungsreiche Spiele ausgewählt, die ein sofortiges Mitmachen ermöglichen (bekannte Spiele, einfache Spielregel).

Stimmung bringen auch Lieder, die durch Bewegungen begleitet werden.

Spiele:

− Zeitungsabschlagen *
− Hasenohren-Geigenspiel *
− Raubtierfütterung *
− Die nervöse Tante *
− Mumienspiel *
− Luftballonstaffel *

Lieder:

− Aramsamsam
− Wenn mein Onkel *

Planung · FASTNACHT

– Ich kenne einen Cowboy
– Boogie Woogie *
– Ein kleiner Matrose . . .

- *Freier Tanz* nach aktuellen Hits bzw. Karnevalsliedern.

- *Gemeinsamer Abschlußtanz*

Gruppenübergreifendes Fest

IN DER GRUPPE

- Schminken und Verkleiden
  (siehe gruppeninternes Fest)
- Freier Tanz nach aktuellen Hits und Karnevalsliedern

OFFENES PROGRAMM

- Angebote durch Gruppenleiter (Helfer), z. B.
  – Tänze und Lieder
  – Spiele im Kreis
  – lustige Staffeln (→ Sommerfest)
  – Popcorn herstellen (→ Sommerfest)

oder

- Aufführungen der einzelnen Gruppen
  – Tänze
  – Sketche (→ Sommerfest)
  – Showtanz
  – Neueste Hits (Playback)
  – Akrobatik und vieles mehr.

- Eine Gruppe beginnt mit einer Polonaise durch das ganze Haus und lädt die Kinder der anderen Gruppen ein, mitzukommen. Die Polonaise endet in der Diele oder dem Raum, in dem das Buffet aufgebaut ist.

FÜR ALLE GRUPPEN GEMEINSAM (ca. 1 Stunde)

- Imbiß am großen Buffet
- Vorstellung zum Abschluß
  – Zaubervorstellung (→ Sommerfest)
  – Puppenspiel

Bei den Indianern

Raumgestaltung und Dekoration
- Wigwam, mit Fellen oder Teppich ausgestattet
- Lagerfeuer aus rotem Transparentpapier und aufgeschichteten Holzscheiten
- Friedenspfeifen, Tomahawks, Totempfähle
- Federschmuck, Perlenschmuck
- Pfeil und Bogen
- Trophäen, z. B. Tierkopf aus Karton ✶
- Indianer aus Papier oder ausgestopfte Puppen ✶
- Monumentalvalley, Pferde als Wandverkleidung ✶

Spiel und Tanz
- Hugadagga-Indianertanz (Fischereder F.: Singen, Spielen, Musizieren mit dem Kind, Landshut)
- Wachsamer Indianer ✶
- Schatzsuche ✶
- Habenunostory ✶
- Haguh ✶
- Watte-Zielwerfen ✶

Lieder
Wenn die Indianer reiten . . . ✶

Im Wilden Westen

Raumgestaltung und Dekoration
- Westernsaloon
  Schwingtüre, Bar mit leeren Whisky-, Schnapsflaschen (evtl. mit alkoholfreien Getränken gefüllt), Trophäe an der Wand (Büffelkopf, Geweih), Spiegel aus Papprahmen und Alufolie, überdimensionale Spielkarten an der Wand, aufgemaltes oder echtes Klavier mit Klavierspieler (ausgestopfte Puppe), Billardtisch
- Pferdekoppel oder Pferdestall
  Lasso, Stiefel, Pferdegeschirr, Hufeisen, Landschaftsbilder, z. B. Monumentvalley, Pferdebilder, -köpfe aus Pappmaché, Pferde aus Schachteln
- Tal des Todes oder Monumentvalley
  Landschaftsbilder als Wandverkleidung; auf eine Plane Sand schütten und Kakteen aus Pappmaché aufstellen, Lagerfeuer aus rotem Transparentpapier und aufgeschichteten Holzscheiten aufbauen
- Straße in Westerncity
  Häuserzeile als Wandverkleidung

Hexenpalast· FASTNACHT

Musik und Tanz
- Westernsongs
- Squaredance

Lieder
- Cowboy muß reiten ✶
- Jack saß in der Küche mit Tina
- Von den blauen Bergen kommen wir

Spiele
- Mit der Wasserpistole brennende Kerzen löschen ✶ (→ Sommerfest, Spielestraße)
- Wer trifft die Flasche ✶ (→ Sommerfest, Spielestraße)
- Kuhschwanz ✶
- Gold waschen ✶
- Kühe melken ✶

Hexenpalast

Raumgestaltung und Dekoration
- Hexenküche
  Giftbar: alkoholfreie Getränke werden umbenannt, z. B. „Glibbermoorpunsch", „Rumpumpelsekt", „Teufelsgebräu" ...
  Buffet: Die Speisen bekommen ebenfalls neue Namen, z. B. Götterspeise „Wackelzahn", Pudding „Vogelspinne", „Hexensalat" ...
  Fenster: Mit Transparentpapier in kalten Farben, z. B. grün und blau, verkleiden, Fenster evtl. mit Pappe verkleinern.
  Küchenherd mit Ofenrohr aus Schachteln und anderem wertlosen Material.
  Spinnweben aus Wollfäden und Riesenspinnen, Hexenbesen.
- Rumpelkammer
  Alte Fetzen, alte Besen, Riesentruhe mit Gerümpel, Wände schwarz verkleiden, Fenster verdunkeln.
- Gruselkabinett
  Gespenster, Spinnen, Vampire, Totenköpfe, ausgehöhlte Rüben- und Kürbisköpfe, von innen mit Teelicht beleuchtet, Hexen- und Teufelsmasken, rote und grüne Beleuchtung, Raum abdunkeln.
- Spiegelsaal
  Rahmen aus Pappe in verschiedenen Größen und Formen fertigen, anmalen und mit Alufolie hinterkleben; Hexenmasken.

FASTNACHT · Karneval in Venedig

Musik und Tanz
Unheimliche Geräusche auf Cassette aufnehmen und im Gruselkabinett abspielen.
Hexentanz

Masken und Kostümierung
Hexen, Geister, Dämonen, Vampire, Sensenmann, Spinnen, Raben, Kater . . .

Karneval in Venedig

Raumgestaltung und Dekoration
- Venezianische Häuser-, Palast- und Kirchenfassaden als Wandverkleidung, Kanäle, Brücken.
- Gondeln aus Schachteln und Pappe mit einem Gondoliere (lebensgroße ausgestopfte Puppe *).
- Übergroße farbige Seidentücher, die von der Decke hängen.
- Masken nach venezianischer Art: weiße und schwarze Gipsmasken.

Masken und Kostümierung
Halbmasken aus Gips, schwarzweiß oder farbig; Stabmasken.
- Einfache Kostüme in Schwarzweiß-Kontrasten (Tod, Richter).
- Aufwendige, sehr phantasievolle Kostüme aus edlen Materialien: Seide, Taft, Tüll, Samt, Brokat, mit Pailletten, Glitzersteinen, Federn und Bändern geschmückt (Sonne und Mond, Blumen, Schmetterlinge, Vögel).
- Höfische Kostüme: lange, wallende Gewänder; Kniehose mit weißen Strümpfen, Schnallenschuhen, Spitzenverzierungen, Samtumhang, Perücke.
Typisch für den venezianischen Karneval sind einzelne Gruppen in gleicher Kostümierung, jedoch unterschiedlichen Farben.

Programm
Comedia dell'Arte – Kleines Zimmertheater *
Instrumentalgruppen
Tanz mit Vogel-Stabmasken
Polonaise
Pantomime
Prämierung der Kostüme mit Preisverleihung

Musik und Tanz
Rondo Veneziano, Menuett, Gavotte, Tarantella; Klassische Musik aus dem Barock und der Renaissance.

Glimmerparty

Raumgestaltung und Dekoration

- Die einzelnen Räume werden in verschiedenen Leuchtfarben gestaltet:
  - ein grüner Schmink- und Frisiersalon,
  - eine gelbe Spielhalle,
  - eine pinkfarbene Disco,
  - eine blaue Würstchenbude.

- An Wänden und Decken hängen übergroße Luftballons und Tüllschleifen, die mit Glimmer besprüht werden; die Fenster werden mit Leuchtfarben bemalt; Phantasiegebilde aus irisierender Lackfolie; Reklame- und Filmposter, mit Leuchtfarben übermalt. Neonlampen werden mit Seidenpapier überzogen, weitere Effekte können mit Wunderkerzen und selbst hergestellten Dias (leere Gläser, bemalt oder mit verschiedensten Materialien hinterlegt) erzeugt werden.

Musik
Rock- und Popmusik.

Programm
Im Schmink- und Frisiersalon stehen alle Utensilien für immer neue Verkleidungen bereit: Spiegel an den Wänden, Tüll, Spitze, Tücher, Kreppapier, bunte Federn, Haarspray und Haargel, Glitzercreme und -spray, Scheren, Sicherheitsnadeln.
Nach ausgiebigem Schminken und Verkleiden kann eine Mißwahl oder eine Modenschau stattfinden.
In der Disco präsentiert ein Disc-Jockey die neuesten Schlager der Woche; die Zuhörer stellen eine Hit-Parade zusammen.

Kostüme
Phantasiekostüme aus Strumpfhosen, knallbunten T-Shirts, Jogginganzügen und dgl. Gesicht und Haare werden besonders betont.

Essen und Trinken
Hamburger, Hot Dogs, Limo, Coca-Cola, bunte Lollies ✶ (→ Kindergeburtstag), Zuckerstangen.

Gedichte

FASCHING

Der Fasching, der ist wundervoll,
da treiben wir es alle . . .
Da wird getanzt, gescherzt, gelacht
und lauter Schabernack . . .
Der Bernd zieht sich als Mädel an,
und die Ulrike kommt als . . .
Hans-Jürgen mit dem blonden Schopf
nickt stolz mit dem Indianer . . .
Der kleine dicke Eberhard
trägt einen langen schwarzen . . .
Und unsre stille Annegret
als Knusperhexe vor uns . . .

Doch erst der Essenkehrer Klaus,
der sieht ja fast zum Fürchten . . .
Er faßt mit seiner schwarzen Hand
den weißen Müller am . . .
Der ist nicht faul und fackelt nicht,
er stäubt voll Mehl ihm das . . .
Und siehe da, eh' man's gedacht,
entspinnt sich eine wilde . . .
Man wirft mit Schlangen aus Papier,
Konfettis fliegen dort und . . .
und alles lacht und alles schreit.
Es leb' die tolle Faschings . . .

(Helene Busch-Elsner, aus Fingerspiele und Rätsel, Volk und Wissen, Volkseigener Verlag, Berlin 1979)

FASCHINGS-RUMMEL-BUMMEL

Es war einmal ein Kringelschnatter,
der tanzte mit der Ringelnatter
und mit dem Bruder Gabelschwanz
zu Fasching einen Schnabeltanz.

Sie tanzten um den Nudelturm;
und auf dem Turm der Strudelwurm,
der wiegte sich nach Taubenweise
zum Lied der kleinen Haubenmeise.

Da schlagen laut die Mückenherzen.
Zwei Mücken haben Rückenschmerzen.
Sie sirren leis im Schleifentanze
und schwirren um die Streifenwanze.

Auch der beschämte Wiesenschläfer,
der leicht vergrämte Riesenkäfer,
er gängelt wie ein Bummelzug
und schlängelt sich zum Rummelspuk.

Und nur die dumme Mauerechse
hockt da als stumme Trauerhexe.
Sie sucht im hellen Sonnenstroh
mit Fleiß den schnellen Tonnenfloh.

Ja, Kringelschnatter, Ringelnatter
und Fabelhans und Gabelschwanz
und Sauergrantel, Trauermantel,
sie toben heut im Faschingstanz.

(Lene Hille-Brandts)

Schminken/Tierköpfe · FASTNACHT

Werken und Gestalten

SCHMINKEN

Material
Theaterschminke; Haargel; Glimmer, Glitzerspray; Bänder, Schleifen, Papierblumen, Tücher; Gummibänder, Haarspangen; Kamm, Haarbürste, Spiegel.

Beispiele

TIERKÖPFE

Material
Zeichenkarton, Schere, Kleber, Farben zum Bemalen, Wollreste.

Hinweis
Die Grundform ist geeignet für: Pferd, Esel, Zebra, Kamel, Giraffe, Hirsch, Reh.
Sie kann Verwendung finden als
– Raumdekoration:
  Kopf auf einen Besenstiel stecken, Kartons, mit Decken behängt, ergeben den Körper.
– Wanddekoration:
  Kopf an der Wand befestigen und in ein Bild mit geöffneter Stalltüre, Fenster oder Baum einbeziehen.
– Maske:
  Löcher in Augenhöhe und Einschnitte für die Schultern anbringen.

FASTNACHT · Tierköpfe

Zuschnitt

Kopf und Hals:

Zweimal zuschneiden, nur an einem Teil (Kopf) das Loch mit den Zacken einschneiden!

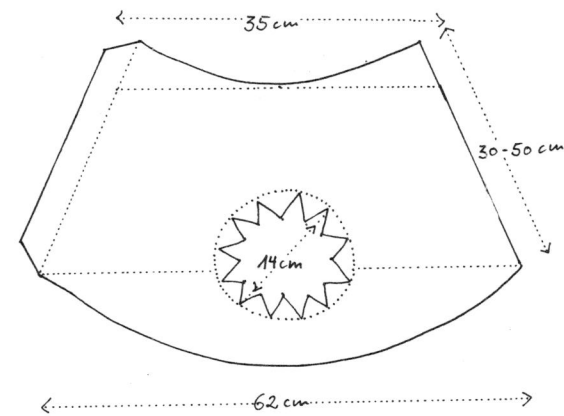

Maul:
Oberteil

Unterteil

Ohren:
Zweimal zuschneiden

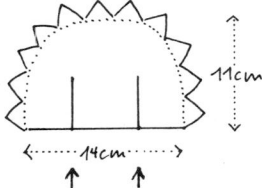

einschneiden

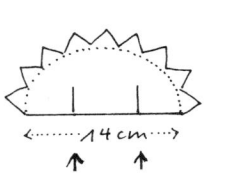

einschneiden

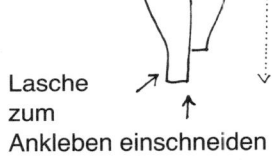

Lasche zum Ankleben einschneiden

Verarbeitung
Kopf und Hals:
In das Kopfteil ein Loch mit 14 cm ⌀ schneiden, dabei Zacken stehenlassen.
Kopfteil und Halsteil zu einer Röhre zusammenkleben.
Ein Teil (Hals) in das Loch des Kopfes stecken, kleben.

Maul:
Einschnitte von Ober- und Unterteil des Maules wie Abnäher zusammenkleben, so daß leicht gerundete Formen entstehen.
Maul an den Kopf kleben.

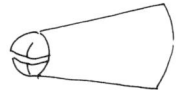

Ohren:
Einschnitte an den Ohren wie Abnäher zusammenkleben.
Ohren an den Kopf kleben.
Kopf bemalen, Mähne aus Wollresten anbringen.

LEBENSGROSSE FIGUREN

Material
Maschendraht, Blumendraht, Kneifzange, Luftballon, Klebeband, Plakafarben, alte Kleider zum Anziehen, Wollreste, Fell, Perücke o. ä.

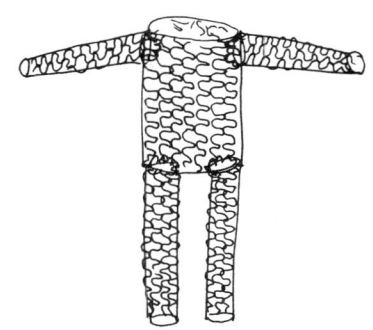

Anfertigen des Körpers
Aus allen zugeschnittenen Drahtteilen Röhren formen. Drahtenden miteinander verhaken. Am Rumpf die Schultern schließen.
Arme und Beine mit Blumendraht am Körper befestigen. Überstehende Drahtenden mit der Kneifzange abknipsen.
Luftballon mit Klebeband auf den Schultern des Rumpfes befestigen.

Ankleiden und Ausgestalten der Figur
Gesicht:
Mit Plakafarben Augen, Mund und Nase aufmalen; oder aus Tonpapier geschnittene Wimpern, aus Papiermaché gefertigten Mund und Pappnase anbringen.
Haare:
Wollreste, Fellreste, Perücken.
Hände:
Fingerhandschuhe, mit Wollresten ausgestopft, am Ende der Arme mit Klebeband oder groben Nähstichen befestigen.
Füße:
Socken, mit Wollresten ausgestopft, an den unteren Enden der Beine mit Klebeband befestigen.

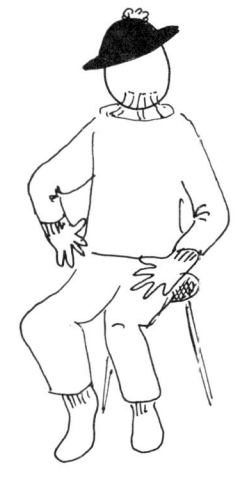

Kleidung:
Orientiert sich am jeweiligen Thema:
Cowboy: alte Jeans, Stiefel, kariertes Hemd, Halstuch, Hut.
Indianer: Hose mit Fransen entlang der Hosennaht; Federschmuck, Mokassins.
Hexe: alte Röcke übereinander, zerrissene Bluse, Kopftuch.
Pierrot: Halskrause aus weißem Kreppapier, Schlafanzug oder Jogginganzug; spitzer Hut aus Filz.

Die Figuren können stehend, liegend oder sitzend (z. B. Indianer, Cowboys am Lagerfeuer) oder an der Decke hängend (Hexe) im Raum dekoriert werden.
Stehende Figuren benötigen u. U. eine Stütze im Rücken oder werden an die Wand angelehnt.

FASTNACHT · Vogel-Stabmaske

VOGEL – STABMASKE

Material
Zeichenkarton, Schere, Kleber, Filzstifte, Lackstifte, bunte Federn, ein Rundstab (50 cm lang), Klebeband.

Durchführung
- Maske nach dem Muster zuschneiden.
- Gestrichelte Linien zum Bruch falten: an der Schnabelunterseite (A) nach außen; am Kopfansatz (B) nach innen.
- Maske bemalen und evtl. einige bunte Federn ankleben.
- In die Schnabelunterseite das Loch schneiden, Stab hineinstecken.
  Stab unsichtbar im Schnabel mit etwas Klebeband umwickeln und befestigen.

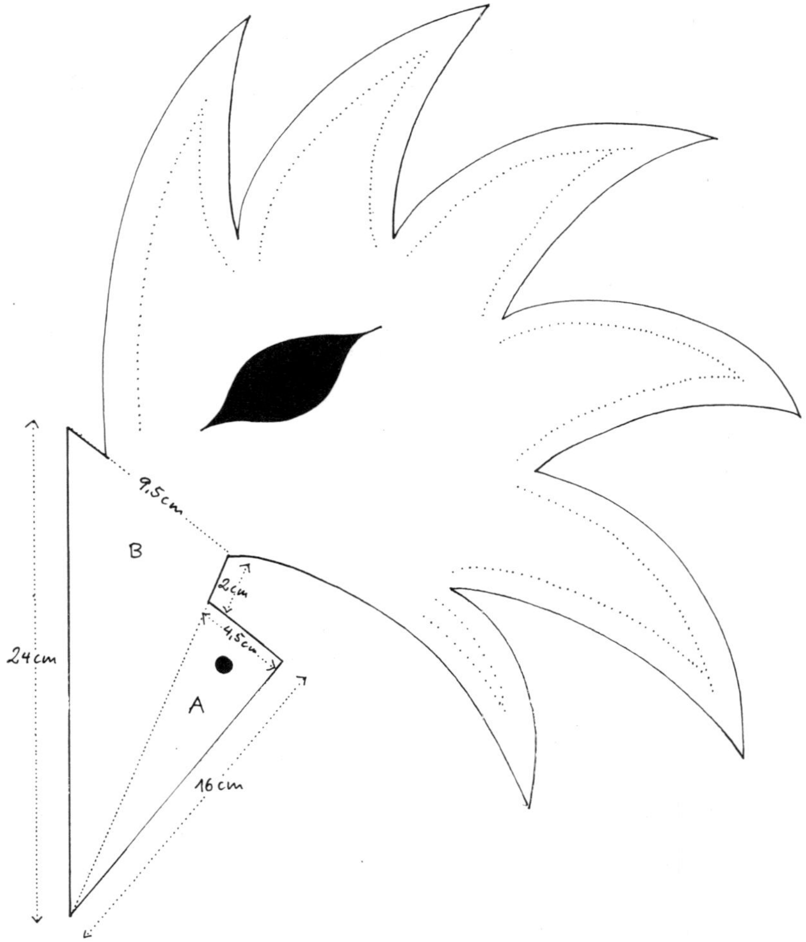

Spiele · FASTNACHT

Spiele

HASENOHREN – GEIGENSPIEL

Die Gruppe sitzt im Kreis. Ein Spieler tritt vor ein beliebiges Kind, legt seine Hände an den Kopf und bewegt sie wie Hasenohren. Der Mitspieler reagiert, indem er mimisch Geigenspielen andeutet. Plötzlich wechselt der erste Spieler von den Hasenohren zum Geigenspielen. Sofort muß der Mitspieler vom Geigenspielen zu Hasenohren wechseln. Es wird interessant, wenn der Wechsel in möglichst unterschiedlichen Zeitabständen erfolgt und der Spieler öfters den Partner wechselt. Kommt ein Mitspieler aus dem Takt, so wird der Platz getauscht.

ZEITUNGSABSCHLAGEN

Material: eine zusammengerollte, mit Klebeband umwickelte Zeitung. Eine Ablagemöglichkeit, z. B. ein Hocker oder ein umgedrehter Papierkorb.

Spielregel: Die Gruppe sitzt im Kreis. Es ist ein Stuhl weniger als Teilnehmer vorhanden. Ein Spieler eröffnet das Spiel, indem er mit der Zeitung in der Hand im Kreis herumgeht und schließlich einen Spieler durch einen Schlag auf den Oberschenkel auffordert, ihm zu folgen. Er legt danach die Zeitung auf den Hocker, der in der Mitte des Kreises steht, und versucht so schnell wie möglich den freigewordenen Stuhl zu erreichen, während der andere die Zeitung ergreift und versucht, den Gegner abzuschlagen. Gelingt es ihm nicht, den Davoneilenden rechtzeitig abzuschlagen, übernimmt er dessen Aufgabe. Er wählt sich einen neuen Spieler. Außerdem ist zu beachten, daß die Zeitung, wenn sie auf den Boden fällt, vom Verursacher wieder aufgehoben werden muß.

DIE NERVÖSE TANTE

Die Gruppe sitzt im Kreis. Der Spielleiter fragt seinen linken Nachbarn: „Kennst du die Tante aus Soho?" Dieser antwortet: „nein". Daraufhin fährt der Spielleiter fort und sagt: „Die Tante aus Soho macht immer so", und führt dazu eine erdachte Bewegung aus (z. B. Mund verziehen). Der Nachbar wendet sich nun an seinen Nebenmann mit derselben Frage. Bei seiner Erklärung: „Die Tante aus Soho macht immer so" muß er zusätzlich zur ersten Bewegung eine zweite Bewegung ausführen (z. B. mit dem linken Fuß aufstampfen). Das Spiel wird bis zum letzten Spieler fortgesetzt.

WACHSAMER INDIANER

Die Kinder bilden stehend einen großen Kreis. Ein Kind spielt den „wachsamen Indianer" und steht mit verbundenen Augen in der Mitte des Kreises. Einzelne Kinder versuchen nun, sich möglichst geräuschlos an den Indianer heranzuschleichen und ihn zu berühren. Falls der Indianer erkennt, aus welcher Richtung ein Kind kommt, zeigt er in die entsprechende Richtung. Der „Anschleicher" geht dann in den Kreis zurück. Wem es gelingt, den „Wachsamen Indianer" zu berühren, darf dessen Rolle übernehmen.

HAGUH

Das Wort „Haguh" – aus der Sprache der Tlingit-Indianer – bedeutet „Komm her".
Der Spielleiter teilt zwei Mannschaften ein, die sich gegenüber in einer Gasse aufstellen. Aus jeder Mannschaft stellt sich ein Spieler an je einem Ende der Gasse auf. Diese beiden verbeugen sich jetzt und gehen mit einem einladenden „Haguh" aufeinander zu, ohne den Augenkontakt zu unterbrechen und ohne eine Miene zu verziehen. Die Spieler in der Gasse versuchen, den gegnerischen Spieler durch allerhand Grimassen zum Lachen zu bringen.
Hat ein Spieler das Ende der Gasse erreicht, ohne eine Miene zu verziehen, darf er sich in seine Mannschaft einreihen. Schafft er es jedoch nicht, muß er zum gegnerischen Team überwechseln.

MUMIENSPIEL

Material: pro Paar eine Toilettenpapierrolle.

Spielregel: Je eine Mumie und ein Mumieneinbalsamierer spielen zusammen. Der Einbalsamierer erhält eine Rolle Toilettenpapier, mit der er die Mumie vollständig bis zum Hals hin einwickelt. Mehrere Gruppen spielen auf Zeit gegeneinander.

LUFTBALLONSTAFFEL

Material: für jeden Mitspieler einen Ballon, einige Ballons zur Reserve.

Spielregel: Zwei Mannschaften stellen die Stühle in Staffelform auf. Jeder Mitspieler bekommt einen Luftballon in die Hand. Auf das Startzeichen hin rennt der erste Spieler jeder Mannschaft los und bläst seinen Luftballon auf, während er seine Stuhlreihe umrundet. Zu seinem Stuhl zurückgekehrt, setzt er sich mit Wucht auf seinen Ballon und bringt ihn zum Platzen. Erst wenn es knallt, rennt der nächste Spieler los.

PFEIFKONZERT

Material: für jeden Spieler einen Keks.

Spielregel: Jeweils zwei Spieler spielen um die Wette. Der Spielleiter gibt jedem Kind einen Keks. Diesen essen sie um die Wette. Wenn sie ihn zerkaut und hinuntergeschluckt haben, müssen sie pfeifen. Wer als erster hörbar pfeift, hat gewonnen.

Spiele · FASTNACHT

Dieses Spiel kann auch in Mannschaften gespielt werden. Bei jedem vernehmbaren Pfeifton kommt der nächste Spieler dran.

RAUBTIERFÜTTERUNG

Material: Süßigkeiten.

Spielregel: Vor Beginn des Spiels flüstert der Spielleiter jedem Kind einen Tiernamen ins Ohr. Es können mehrere Spieler den gleichen Tiernamen erhalten. Der Spielleiter beginnt, eine Geschichte zu erzählen. Jedesmal, wenn er einen Tiernamen erwähnt, stürzen sich die entsprechenden Spieler auf die Beute. Der erste darf sie behalten. Gegen Ende des Spiels werden die Tiernamen neu verteilt. Nun bekommen alle Kinder den gleichen Tiernamen!

KUHSCHWANZ

Material: eine auf Packpapier oder eine Tafel gemalte Kuh, in Felder eingeteilt; Tesakrepp, Kuhschwanz, Augenbinde, Preise.

Spielregel: Mit verbundenen Augen muß versucht werden, der Kuh einen Schwanz anzukleben (Schwanz mit Tesakrepp versehen). Je nachdem, welches Feld getroffen wurde, erhält das Kind einen Preis.

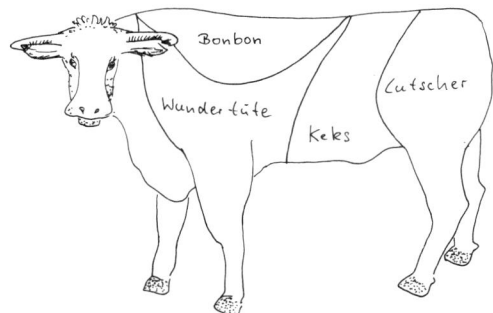

KÜHE MELKEN

Material: ein Paar Plastikhandschuhe, eine Nähnadel, Wasser, weiße, wasserlösliche Farbe, Schnur, 2 Besenstiele, 4 Hocker (Stühle), 2 Schüsseln, 2 Meßbecher, Stoppuhr.

Vorbereitung: Wasser weiß färben und kurz vor dem Spiel die Handschuhe damit bis knapp zur Hälfte füllen (Wasser vorher abmessen!). Handschuhe oben zusammenknoten und unter dem Knoten Schnur befestigen. Mit der Nähnadel in den Fingerspitzen Löcher anbringen. Besenstiel auf zwei Hocker legen und Handschuh in der Mitte mit Schnur befestigen. Schüssel darunter stellen. Meßbecher bereithalten.

Spielregel: Es werden zwei Mannschaften gebildet. Die ersten Spieler eines jeden Teams beginnen auf ein Startzeichen mit dem „Melken" der „Kühe" (Handschuhe). Nach 30 Sekunden wird jeweils gestoppt.
Die nächsten Spieler kommen an die Reihe. Nach ca. zehn Minuten oder wenn ein Durchgang beendet ist, wird die „Milch" in die bereitstehenden Meßbecher geschüttet. Welche Gruppe ist Meister im Melken?

GOLD WASCHEN

Material: Sand, Baukies, Goldspray, Sandsieb, Eimer, Schaufel, Plastikwanne.

Vorbereitung: Baukies mit Goldspray einsprühen und diese „Nuggets" unter Sand mischen und in Eimer geben.

Spielregel: Der Spielleiter gibt dem „Goldwäscher" eine Schaufel voll Sand auf das Sieb. Dieser siebt nun den Sand in eine Wanne. Je nach Anzahl der „Nuggets" bekommt das Kind einen Preis.
Hinweis: Die Spannung ist größer, wenn nicht zu viele „Nuggets" im Sand sind. Das eine oder andere Kind kann beim ersten Versuch durchaus leer ausgehen.

INDIANER AUF DER JAGD

Es werden zwei Mannschaften gebildet. Jede gibt sich einen Stammesnamen, z.B. Schwarzfuß, Sioux.
Der Spielleiter grenzt das Gelände zum Verstecken ein.
Die Schwarzfuß-Indianer schauen ein, während sich die Sioux-Indianer verstecken. Ein Mitglied der Sioux versteckt sich nicht, sondern läßt einen Jagdruf ertönen, z.B. „Wuwuwuwu...". Die Sioux haben nun für die Zeitdauer des Jagdrufes die Möglichkeit, sich zu verstecken. Endet der Jagdruf (der Betreffende muß Luft holen), müssen die Sioux verharren, wo sie eben sind. Bevor sich die Schwarzfuß-Indianer auf die Suche machen, erklärt sich ein Stammesmitglied bereit, seinerseits einen Jagdruf ertönen zu lassen, z.B. „Hihihihi...". Die Suche muß mit dem Ende des Jagdrufes abgebrochen werden. Jeder Gefundene bedeutet einen Punkt für die suchende Mannschaft. Nun sind die Schwarzfuß-Indianer an der Reihe, sich zu verstecken.
Siegermannschaft ist die, welche die höchste Punktezahl erreicht.
Variation: Jeder Gefangene wechselt die Mannschaft.

Spiele · FASTNACHT

WATTE – ZIELWERFEN

Material: Zielscheiben – auf Papier aufgemalt, Wattekugeln, Wasser in Schüsseln.

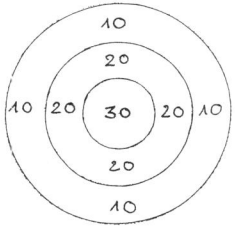

Spielregel: An der Wand werden, entsprechend der Anzahl der Mannschaften, Zielscheiben befestigt. Jede Gruppe erhält Wattekugeln und eine kleine Schüssel Wasser.
Jeder Spieler hat nach einem Probedurchgang drei Würfe. Hierzu wird der Watteball in das Wasser getaucht (nicht ausdrücken!) und auf die Zielscheibe geworfen. Die nasse Watte bleibt kleben! Jede Mannschaft versucht nun, so viele Treffer wie möglich zu erzielen. Interessanter wird das Spiel, wenn auf die Zielscheibe Felder mit unterschiedlicher Punktezahl aufgezeichnet werden.

KLEINES ZIMMERTHEATER

Material: beliebige Requisiten, z. B. Plastikdolch, kleine Schatztruhe mit Juwelen (Glasschmuck), Rose (Kunstblume), Maske.

Spielregel: Die Gesamtgruppe wird in Kleingruppen von ca. vier Personen aufgeteilt. Jede Gruppe zieht beim Spielleiter einen Zettel, auf dem eine Spielform steht (Komödie, Tragödie, Oper, Pantomime, Märchen . . .). Jede Gruppe hat nun 10–15 Minuten Zeit, unter Einbeziehung der Requisiten ein Stegreifspiel zu improvisieren. Die Spieldauer sollte sich auf ca. fünf Minuten begrenzen.
Nach Ablauf der Vorbereitungszeit kommen die Gruppen wieder zusammen und spielen nacheinander ihre Szenen in der betreffenden Spielform.

SCHATZSUCHE

Eine Schatzsuche kann Inhalt und Höhepunkt verschiedener Feste sein. Entsprechend der Jahreszeit und der Witterung findet sie im Haus oder im Gelände statt.
Das folgende Beispiel bezieht sich auf eine Schatzsuche im Haus anläßlich eines Indianerfestes.

Material
– Schatztruhen ∗ (→ Dreikönigsfest), z. B. aus Schuhschachteln, die mit Goldfolie beklebt wurden.
– Schatz: Schokoladentaler, Süßigkeiten, kleine Geschenke.
– Botschaften.
– Feder-Kopfschmuck, Faschingsschminke.
– Stifte, Papier, Zitronensaft, Bügeleisen, -unterlage, Federhalter.
– Zettel mit Indianernamen, Sicherheitsnadeln.
– Kerze, Streichhölzer, Wollfäden, Briefumschläge.

FASTNACHT · Spiele

Vorbereitung
- Schatztruhen herstellen. Für jede teilnehmende Gruppe ist eine eigene vorgesehen.
- Gleichlautende Botschaften für jede Gruppe schreiben. Nur die letzte weist unterschiedliche Fundorte aus. Die Botschaften werden in einen Briefumschlag gegeben oder auf Papier geschrieben, das gerollt und mit einem Wollfaden zugebunden wird. Besonders echt sehen die Botschaften aus, wenn die Ränder vorher angesengt werden.
- Botschaften und Schatztruhen vor dem Eintreffen der Kinder gut verstecken. Die letzte Botschaft händigt eine dazu bestimmte Person aus.
- Feder-Kopfschmuck, Papier, Stifte, Sicherheitsnadeln bereitlegen.
- Zettel mit Indianernamen beschriften, z. B. „Adlerkönig", „Großer Büffel", „Springender Fuchs", „Wachsames Auge", „Zahmes Reh", „Schwarzer Fuß", „Brauner Bär", „Edler Hirsch" u. a.

Organisation
- Kleingruppen einteilen. (Diese unterscheiden sich durch die Farbe der Kriegsbemalung oder durch unterschiedlichen Kopfschmuck.)
- Den Gruppen wird die Spielregel erklärt. Im Abstand von ca. zehn Minuten werden sie losgeschickt, um die einzelnen Aufgaben zu lösen. Die jeweiligen Botschaften sammeln die Kinder an den verschiedenen Stationen ein.
- Helfer stehen den Kindern bei Unklarheiten zur Verfügung und achten auf Einhaltung der Spielregeln. Eine vorher bestimmte Person gibt die letzte Botschaft an die Kindergruppen ab.
- Gruppen, die ihre Aufgaben gelöst haben, kehren mit der Schatztruhe und den Aufgabenzetteln (Botschaften) in den Gruppenraum zurück.
- Die einzelnen Gruppen können auch in zeitlichen Wettbewerb treten, d. h., die Zeit zwischen Start und Ziel wird gestoppt.

Durchführung
- Jeder Teilnehmer zieht einen Namenszettel und trägt für den Rest des Tages diesen Namen. Der Zettel wird für alle sichtbar am Kostüm mit einer Sicherheitsnadel befestigt.
- Die Kinder maskieren sich mit Federschmuck und Kriegsbemalung (in den Untergruppen).
- Der Spielleiter erklärt im Spiel verwendete Waldläuferzeichen (Tafel, Wandzettel):

in diese Richtung gehen →		durch die Türe gehen	↑
rechts abbiegen	⌐		
		durch die rechte Türe gehen	→ ⌐
links abbiegen	⌐		
noch 10 Schritte	👣 10	durch die linke Türe gehen	⌐ ←

Der Spielleiter nimmt die Rolle des „Häuptlings" ein und erzählt eine Geschichte zur Einstimmung. „Eine Handvoll Halunken hat unseren Schatz, den wir von unseren Vätern und Großvätern ererbt haben, geraubt und an einem geheimen Ort versteckt. Ich habe nun die besten Krieger und ‚Spürnasen' unter euch um mich versammelt, weil ich sicher bin, daß ihr den Schatz finden werdet. Es ist jedoch schwirig, den richtigen Weg zu finden. Ihr müßt sechs Botschaften aufspüren und ihre Geheimschrift entschlüsseln. Nur dann wißt ihr den weiteren Weg zur Schatztruhe. Nehmt von jedem Fundort nur eine Botschaft mit. Die anderen sind für die nachfolgenden Gruppen. Natürlich dürft ihr diesen nichts verraten! Habt ihr den Schatz gefunden, so bringt ihn zusammen mit den Botschaften zu mir. Am Ende werden wir einen Freudentanz aufführen und den Schatz verteilen. Der ‚Große Manitou' wird euch beistehen! Den ersten Hinweis bekommt ihr von mir."

1. Botschaft

Entschlüsselt die untenstehende Nachricht, und ihr wißt, wo sich eine weitere Botschaft befindet. Ihr könnt die Nachricht lesen, wenn ihr jedes Wort von hinten lest!

thcus retnih med oidar mi muarlanosrep!

Hinweis für den Spielleiter:
Hinter dem Radio im Personalzimmer liegt die 2. Botschaft. Sie wurde in Geheimschrift geschrieben. Dazu nimmt man einen Federhalter mit Feder und schreibt mit ausgepreßtem Zitronensaft oder Weinessig auf Schreibpapier. Wenn das Papier mit schwacher Hitze gebügelt wird, erscheint die Schrift.

2. Botschaft

Ihr könnt die Geheimschrift entziffern, wenn ihr das Blatt bei schwacher Hitze bügelt!

Geht in die Besenkammer!

Hinweis für den Spielleiter:
In der Besenkammer liegt gut sichtbar eine weitere Botschaft.

3. Botschaft

Folgt den Waldläuferzeichen

und ihr kommt an einen Ort, wo ihr das folgende *Rätsel* lösen müßt. Es sagt euch den Gegenstand, wo eine weitere Botschaft versteckt ist:

Was du machst, das mach auch ich,
wenn du lachst, dann lach auch ich,
stehst du still, dann steh ich auch,
gehst du, nun dann geh ich auch.
Recke, rüttle, bücke dich,
strecke, dehne, schüttle dich,
was du tust, das tu auch ich.
Sage, Rothaut, kennst du mich? (Der Spiegel)

Hinweis: Hinter dem Spiegel wurde in einem Briefumschlag die 4. Botschaft versteckt. Sie setzt sich aus dem Aufgabenzettel und Buchstabenkarten zusammen.

4. Botschaft

Wenn ihr die Buchstabenkarten in die richtige Reihenfolge bringt, ergibt das den Ort, wo ihr suchen müßt. An diesem Ort steht ein Eimer, in welchem ihr eine weitere Nachricht findet.

Hinweis für den Spielleiter:
Der Eimer steht umgestülpt und versteckt in der Garderobe. Er enthält eine weitere Nachricht.

5. Botschaft

Ihr seid kurz vor dem Ziel. Geht zu Frau (Herrn) . . . und holt euch die 6. Botschaft ab!

6. Botschaft

Diese Botschaft weist euch den Weg zum Schatz. Ihr habt Glück, der „Schlüssel" liegt versehentlich der Nachricht bei.

Schlüssel:
A B C D E F G H I J K L M N O P Q R S T U V W X Y Z
1 2 3 4 5 6 7 8 9 10 11 12 13 14 15 16 17 18 19 20 21 22 23 24 25 26

Hinweis für den Spielleiter:
Nun folgen für jede Gruppe unterschiedliche Fundorte!
Beispiel:
   19/21/3/8/5/   9/13   19/3/8/18/1/14/11
Lösung:
   Suche   *im*   *Schrank!*

DIE HABENUNO-STORY

Der Schlachtruf der Habenuno-Indianer

(mündlich überliefert)

wird vorher kurz geübt. Dann beginnt der Spielleiter, die Geschichte zu erzählen; die Kinder stellen mit Mimik und Gestik dar, was in Klammern steht.

Leise rauschen die mächtigen Ahornriesen am Rande der Prärie (er fordert alle Umsitzenden auf, zu rauschen); die Vögel beginnen zu zwitschern (zwitschern), Häuptling Staubwolke reckt sich auf seinem Lager und gähnt (gähnen). Er schaut aus dem Zelt und ruft „Uff" (Uff-rufen); denn die Sonne steht schon am Himmel, und heute soll es gegen die Komantschen gehen. Er stößt seinen Schlachtruf aus: „Habenuno" (siehe oben). Seine Krieger antworten ihm (Habenuno). Die Pferde werden unruhig, sie scharren (scharren) mit den Hufen und beginnen zu wiehern (wiehern). Mit einem Schwung sitzen die Krieger im Sattel und treiben die Pferde an (mit den Fingern schnalzen), die Pferde traben los (Handflächen im Marschtempo auf die Knie schlagen), über die Prärie geht es im Galopp (schneller auf die Knie schlagen), das Gras wird hoch (Handflächen aneinanderreiben), bald kommt ein lichter Wald, durch den ein Fluß tost. Die Pferde traben über die Holzbrücke (Fäuste gegen die Brust trommeln), auf der anderen Seite geht es langsam bergauf (Fäuste aufsteigend übereinandergesetzt). Oben angelangt, spähen die Krieger ins Land (auf die Stühle steigen und spähen). In einer Mulde liegt das Dorf der Komantschen. Da stößt Häuptling Staubwolke seinen Kriegsruf aus, den seine Krieger beantworten: „Habenuno" (siehe oben). Und mit wüstem Gebrüll beginnt der Kampf (Kampfgetümmel einteilen: Heulen, Stöhnen, Krachen, Knallen, sonstiger Lärm). Der Kampflärm verebbt, alle Feinde sind tot.
Häuptling Staubwolke stößt seinen Kriegsruf aus: „Habenuno", dann wird die Viehherde geraubt, und heim geht's. Den Abhang hinunter (Fäuste aufsteigend übereinandersetzen), über die Holzbrücke (Fäuste auf die Brust schlagen), durch den lichten Wald und das tiefe Gras (Handflächen aneinanderreiben), durch die Prärie im Galopp (Handflächen auf die Knie schlagen), und schon sind sie wieder im heimatlichen Dorf. Häuptling Staubwolke stößt nun zum letztenmal seinen Kriegsruf aus: „Habenuno" (siehe oben). Die Weiber antworten ihm (mit Mädchenstimme), die Viehherde blökt und brüllt (!). Aber der Häuptling und seine Krieger sind müde, sie gähnen (!) und gehen in ihren Wigwam. Sie murmeln noch einmal „Uff" (!), dann zwitschern noch die Vögel (!), ein Hund heult (!) in der Ferne, ein Moped rattert (!) über die Landstraße ..., und zum letztenmal erklingt das „Habenuno ..."

Es liegt in der Hand des Erzählers, den Indianerruf zu variieren, ihn wiederholen zu lassen, laut und leise, im Tempo anziehend oder getragen vorzusingen; auch die Story selbst läßt sich der Situation entsprechend ausweiten oder verkürzen oder auch völlig verändern, etwa in eine Löwenjagd, eine Seeschlacht usw.

(Stockheim)

Tanzspiele/Lieder

ORANGENTANZ

Die Paare bekommen eine Orange o. ä. zwischen die Stirn. Diese darf beim Tanzen nicht herunterfallen.

ZAHLEN UND KREISE

Während des Tanzes ruft der Spielleiter plötzlich eine Zahl auf, z. B. 3. Alle Tänzer müssen sich nun zu Dreiergruppen zusammenfinden. Die Tänzer, die zu unvollständigen Gruppen gehören, müssen ausscheiden. Die anderen Spieler tanzen weiter, bis der Spielleiter eine andere Zahl ausruft. Das Spiel endet, wenn nur noch wenige Spieler übrig sind.

SCHLAPPHUT

Während des Tanzes wird ein Hut herumgegeben. Jeder, der ihn aufgesetzt bekommt, versucht ihn möglichst schnell wieder loszuwerden. Derjenige, der den Hut beim Aussetzen der Musik auf hat, muß ausscheiden.
Bei großer Spielerzahl können auch mehrere Hüte herumwandern.

GEFRIERTANZ

Während des Tanzes wird die Musik immer wieder unterbrochen. Jeder muß nun in der Stellung verharren, in der er gerade ist. Wer irgendeine Bewegung macht, scheidet aus.

WENN DIE INDIANER REITEN

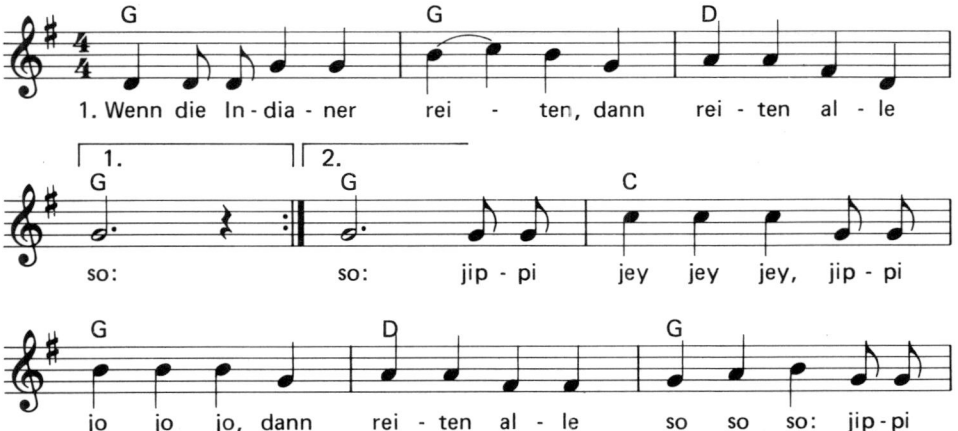

Tanzspiele/Lieder · FASTNACHT

jey jey jey, jip-pi jo jo jo, dann rei-ten al-le so.

2. Wenn die Indianer schleichen,
dann schleichen alle so ...

3. Wenn die Indianer kämpfen,
dann kämpfen alle so ...

4. Wenn die Indianer jagen,
dann jagen alle so ...

5. Wenn die Indianer springen,
dann springen alle so ...

6. Wenn die Indianer tanzen,
dann tanzen alle so ...

7. Wenn die Indianer schlafen,
dann schlafen alle so ...

Wir schleichen zu dem Lied wie Indianer im Kreis herum, wir reiten, jagen, springen, kämpfen und tanzen. Zum Schluß legen wir uns alle auf die Erde und schlafen.

(T.: Rolf Krenzer, M.: Inge Lotz, aus: Mach mit uns Musik, Verlag Ernst Kaufmann, Lahr/Kösel-Verlag, München)

HEXENKÜCHE

1. Nimm Entenfedern, Löwenzahn und einen Löffel Lebertran. Sprich Hunkemunkemops dabei und mische einen dikken Brei. Uhh____ uhh! Uh____ uhh!

2. Schmier dir die Nasenspitze ein
und stell dich in den Mondenschein.

Und schwebst du nun nicht in die Nacht –
dann hast du was verkehrt gemacht.

FASTNACHT · Tanzspiele/Lieder 66

WENN MEIN ONKEL

1. Wenn mein Onkel aus Amerika mal kommt, hipp hopp, wenn mein Onkel aus Amerika mal kommt, hipp hopp, wenn mein Onkel aus Amerika, mein Onkel aus Amerika, mein Onkel aus Amerika mal kommt, hipp hopp ...
2. ... putze ich die ganze Wohnung, bis sie glänzt, schrubb-schrubb, hipp-hopp.
3. Ja, dann fliegt er mit dem dicken Jumbo-Jet, hui-hui, schrubb-schrubb, hipp-hopp.
4. Und dann braten wir ein Ferkelchen am Spieß, rrr-rrr, hui-hui, schrubb-schrubb, hipp-hopp.
5. Dazu trinken wir 'nen Whiskey on the rocks, gluck-gluck, rrr-rrr, hui-hui, schrubb-schrubb, hipp-hopp.
6. Danach tanzen wir den neu'sten Modehit, chacha-cha, gluck-gluck, rrr-rrr, hui-hui, schrubb-schrubb, hipp-hopp.

Sitzweise: Alle im Kreis auf Stühlen, aber auch in Stuhlreihen oder in freier Aufstellung, ohne Fassung.

Spielform: Die Strophen werden nacheinander gesungen, dabei kommt im Kehrreim immer eine neue Bewegung dazu. Die anderen Strophen werden danach (mit der Bewegung) wiederholt.

Bewegungsvorschlag

Strophe 1	Bei „hipp": linke Faust über die linke Schulter nach hinten wippen lassen; bei „hopp" dasselbe mit der rechten Faust.
Strophe 2	Bei „schrubb-schrubb": zweimal Putzbewegung, dann 1.
Strophe 3	Bei „hui-hui": Flugzeuglandung, dann 2 und 1.

Strophe 4	Bei „rr-rr": zweimal Drehbewegung, dann 3, 2 und 1.
Strophe 5	Bei „gluck-gluck": zweimal Trinkbewegung, dann 4, 3, 2 und 1.
Strophe 6	Bei „cha-cha-cha": dreimal (rechts-links-rechts) mit den Füßen aufstampfen, dann 5, 4, 3, 2 und 1.

(Aus Amerika, Fassung: Georg Holzmeister, aus „Die Maultrommel", © Fidula-Verlag, Boppard/Rhein und Salzburg)

COWBOY MUSS REITEN

Yay, yip-pee-ki-yay!
1. O-ver the prai-rie the cow-boy will ride,
1. Cow-boy muß rei-ten auf wei-ter Prä-rie,

Yay, yip-pee-yay!
spurs on his boots and a rope at his side.
Spo-ren am Stie-fel, das Las-so am Knie.

Yay, yip-pee-ki-yay!
Far from the ranch house he tra-vels all day.
Weit von dem Ranch-haus geht täg-lich sein Ritt:

Yay, yip-pee-ki-yay!
Yip-pee-ki, yip-pee-ki, yip-pee-ki-yay!
Yip-pee-ki, yip-pee-ki; hört ihr sein Lied?

FASTNACHT · Tanzspiele/Lieder 68

2. Here he comes whirling the rope in his hand,
Soon he will lasso the cattle to brand.
Work now is over, he gallops away.
Yippeeki, yippeeki, yippeekiyay!

3. Night-time is falling, he opens his pack,
Lay out his blanket and sleeps on his back.
Saddle for pillow, no roof but the sky.
Yippeeki, yippeeki, yippeekiyay!

2. Schleudert sein Lasso mit kräftiger Hand;
fängt er die Herde, dann wird sie gebrannt.
Arbeit zu Ende, und weiter sein Ritt:
Yippeeki, yippeeki; hört ihr sein Lied?

3. Kommt dann die Nacht, sein Gepäck schnürt er auf,
nimmt sich die Decke und legt sich darauf.
Sattel als Kissen, mehr hat er nicht mit.
Yippeeki, yippeeki; hört ihr sein Lied?

(Aus den USA. Deutscher Text: Ernst Heitmann, Satz: Heinz Lemmermann, © Fidula-Verlag, Boppard/Rhein und Salzburg)

BOOGIE WOOGIE

(mündlich überliefert)

1. Erst kommt das rechte Bein her-ein, dann kommt das rechte Bein her-aus, dann kommt das rechte Bein her-ein, und dann schüt-teln wir es aus. Dann kommt der Boo-gie Woo-gie Woo-gie, und dann dre-hen wir uns um, und al-le ma-chen mit. (zwo, drei, vier). Boo-gie Woo-gie, Boo-gie Woo-gie, Boo-gie Woo-gie, und al-le ma-chen mit.

Tanzspiele/Lieder · FASTNACHT

2. Erst kommt das linke Bein herein, dann kommt das linke Bein heraus,
dann kommt das linke Bein herein, und dann schütteln wir es aus.
Dann kommt der Boogie Woogie Woogie, und dann drehen wir uns um, und alle
machen mit. Boogie Woogie, Boogie Woogie, Boogie Woogie, und alle machen mit.

3. Erst kommt der rechte Arm herein . . .   5. Erst kommt das rechte Ohr herein . . .

4. Erst kommt der linke Arm herein . . .   6. Erst kommt das linke Ohr herein . . .

Weitere Verse nach eigener Improvisation!

DIE ALTE MOORHEXE

FASTNACHT · Tanzspiele/Lieder

2. / Gegen Mitternacht jedoch
   fährt sie in ihr Hexenloch,
   füttert ihre sieben Schlangen,
   bringt den schnellen, starken, langen
   Hexenbesen in den Stall,
   scharrt und raschelt überall;
   hält die ganze Welt für dumm,
   hext herum, hext herum.
   Hu! Hu!

3. / Bei dem Spuk in Moor und Sumpf
   ging verlorn ihr Ringelstrumpf;
   jener rote linksgestrickte
   Strumpf, den ihre Schwester schickte,
   hängt in einer Birke drin,
   flattert einsam vor sich hin;
   hält die ganze Welt für dumm,
   hext herum, hext herum.
   Hu! Hu!

(Musik: Wolfgang Jehn, Text: Margarete Jehn, aus „48 Kinderlieder aus aller Welt", Verlag Eres, Lilienthal)

DRACULA-ROCK

Rezepte · FASTNACHT

2. Er hat die Ringelsocken an
und tanzt so schaurig schön, der Mann.
Die Fledermäuse wundern sich.
So kennen sie ihr Herrchen nicht.
Bei Nacht, bei Nacht, bei Nacht, bei Nacht,
im Schi-Scha-Schubidupp Mondenschein.

3. Nur einmal ist er so geschafft.
Er trinkt statt Blut nur Traubensaft.
Dann springt er wieder auf wie toll.
Wer ist der King beim Rock'n'Roll?
Herr Dracula, Herr Dracula,
im Schi-Scha-Schubidupp Mondenschein.

4. Und vor dem ersten Morgenrot
ißt Dracula sein Blutwurstbrot.
Da staunt der Friedhofswärter sehr.
Wo kommt denn nur das Schmatzen her?
Bei Nacht, bei Nacht, bei Nacht, bei Nacht,
im Schi-Scha-Schubidupp Mondenschein.

5. Doch da bricht schon der Morgen an,
was Dracula nicht leiden kann.
Er macht den letzten Überschlag
in seinen alten Eichensarg
bei Nacht, bei Nacht, bei Nacht, bei Nacht,
im Schi-Scha-Schubidupp Mondenschein.

(Fredrik Vahle, © Aktive Musik Verlags-GmbH, Edition V „pläne", Dortmund)

Rezepte

MICKYMAUS-PUDDING

Zutaten (für zwei Mäuse)
Ein Päckchen Vanille-Puddingpulver, ½ l Milch, 2 El Zucker.

Verzierung: 2 runde Schokoladenkekse, Smarties.

Geräte: Kochtopf, Tasse, Eßlöffel, Schneebesen, Meßbecher, Puddingform oder Kaffeetasse, Dessertteller.

Zubereitung
– Von der Milch 6 Eßlöffel abnehmen und damit das Puddingpulver anrühren.
– Die übrige Milch mit dem Zucker zum Kochen bringen. Die Milch von der Kochstelle nehmen, das angerührte Puddingpulver hineingeben und unter stetigem Rühren nochmals kurz aufkochen lassen.
– Den fertigen Pudding in die kalt ausgespülten Puddingformen bzw. Tassen füllen und abkühlen lassen.
– Pudding stürzen, indem man einen Teller auf die Form legt, ihn mit beiden Händen festhält und das Ganze umdreht. Form abheben!
– Pudding mit Schokokeksen als Ohren und Smarties als Augen und Nase verzieren.

FASTNACHT · Rezepte

KRAPFEN ODER BERLINER

Krapfen oder Berliner sind das Fastnachtsgebäck schlechthin.

Zutaten (für ca. 15 Krapfen)
gut ⅛ l Milch, 2 El Öl, 2 Eigelb, 40 g Zucker, ein gestr. Teelöffel Salz, 500 g Mehl, 40 g Hefe oder ein Päckchen Trockenhefe, Fett zum Ausbacken, Marmelade zum Füllen, Puderzucker.

Geräte und Material: Schüssel, Mehlsieb, elektrisches Handrührgerät mit Knethaken, Waage, Meßbecher, sauberes Tuch, Eßlöffel, Teelöffel, Kuchenspritze, Pfanne mit Fritiersieb oder Friteuse, Messer, Backbrett, Schaumlöffel, Küchenkrepp.

Zubereitung
– Mehl in Schüssel sieben, Trockenhefe untermischen oder in Mehl Mulde machen, Frischhefe hineinbröckeln, lauwarme Milch zugeben, verrühren und Vorteig in zugedeckter Schüssel 10–15 Minuten gehen lassen.
– Übrige Zutaten dazugeben.
– Mit dem Knethaken des Handrührgerätes so lange bearbeiten, bis sich der Teig vom Schüsselrand löst.
– Teig zugedeckt an warmem Ort gehen lassen, bis dieser sein Volumen verdoppelt hat (ca. eine Stunde).
– Auf bemehltes Brett stürzen und einmal leicht zusammenkneten.
– Eine lange Rolle formen und mit einem in Mehl getauchten Messer in ca. 15 Stücke teilen.
– Zu runden Klößen formen.
– Klöße auf ein bemehltes Backbrett setzen, zugedeckt nochmals ca. 10 Minuten gehen lassen.
– Die aufgegangenen Klöße in heißem Fett herausbacken (von beiden Seiten).
– Mit Schaumlöffel herausnehmen, auf Küchenkrepp abtropfen lassen.
– Mit einer Kuchenspritze etwas Marmelade einspritzen.
– Mit Puderzucker bestreuen.

KÖLSCHE MUTZENMANDELN

Mutzenmandeln sind typisch für das Rheinland. Sie werden dort hauptsächlich zur Karnevalszeit, aber auch zu Weihnachten gebacken.

Zutaten
80 g Margarine oder Butter, 80 g Zucker, Zitronenschale gerieben, 3 Eier, 2–3 El sauren Rahm, 2 El Rum, 80 g geriebene Mandeln, 350–375 g Mehl, ein Teelöffel Backpulver, Backfett, Puder- oder Zimtzucker.

Geräte und Material: Mehlsieb, elektrisches Handrührgerät, Rührschüssel, Backbrett, Teigroller, Mutzenmandelform, Schaumlöffel, Waage, Küchenkrepp, Pfanne mit Fritiersieb oder Friteuse.

Zubereitung
– Schaummasse aus Butter (Margarine), Zucker, Eiern rühren.
– Geschmackszutaten, geschälte, geriebene Mandeln sowie sauren Rahm zugeben.
– Gesiebtes Mehl mit Backpulver unterrühren.
– Teig kaltstellen.
– Teig etwa 1 cm dick auf bemehltem Brett ausrollen.
– Mit kleiner Form mandelförmige Stücke ausstechen.
– In heißem Fett goldbraun backen.
– Mit Schaumlöffel aus dem Fett nehmen und auf Küchenkrepp abtropfen lassen.
– Mit Puderzucker oder Zimtzucker bestreuen.

Hinweis: Fehlt die Form zum Ausstechen, mit Teelöffel kleine längliche Nockerl vom Teig abstechen und mit Hilfe eines zweiten Teelöffels formen.

MASKIERTE MOHRENKÖPFE

Material: pro Kind einen Krapfen (Berliner) und einen Mohrenkopf; Zuckerschrift; Gebäckschmuck für Augen, Nase, Mund; Papier, kleine Federn, Klebstoff, Scheren, Zahnstocher.

Als Tischdekoration steht vor jedem Platz ein Mohrenkopf, auf den mit Zuckerschrift ein Gesicht gemalt wurde. Besonders lustig sehen die Mohrenköpfe mit Hüten oder Kopfschmuck aus. Die Mohrenköpfe können natürlich auch dem Motto entsprechend maskiert werden. Ein Krapfen bzw. Berliner wird mit einem Zahnstocher mit dem Mohrenkopf verbunden und stellt den Körper dar.

PUDDING „SPINNENNETZ"

Zutaten
Sandkuchen (Kastenform), Rosinen, Mandelblätter, eine Dose Obstsalat, eine Packung Schokoladenpudding, ½ l Milch, 2 El Zucker, Schlagsahne, eine blaue Traube, Lakritz.

FASTNACHT · Rezepte

Geräte
Glasschüssel, spitzes Messer, Eßlöffel, Dosenöffner, Küchensieb, elektrisches Handrührgerät, Rührlöffel, Topf, Tasse, Spritztüte, Rührbecher.

Zubereitung
– Sandkuchen in Scheiben schneiden. Boden und Rand einer Glasschüssel damit auslegen.
– Fliegen aus Rosinen und Mandelblättern herstellen und zwischen Kuchen und Schüssel schieben.
– Von Dosenobst Saft abseihen und auf den Kuchen geben.
– Pudding nach Gebrauchsanweisung zubereiten und in die Schüssel gießen.
– Schüssel in Kühlschrank stellen, bis Pudding fest ist.
– Sahne schlagen und mit Spritztüte Spinnennetz aufspritzen.
– Spinne aus einer blauen Traube (Körper) und Lakritzen (Füße) herstellen. Der Spinnenkörper kann auch aus Marzipan (mit Speisenfarbe) geformt werden.
– Obenauf noch weitere Fliegen in das Spinnennetz setzen.

Ostern

OSTERN · Herkunft und Brauchtum

Herkunft und Brauchtum

FEST DER AUFERSTEHUNG CHRISTI

Ostern ist das höchste christliche Fest und der Mittelpunkt des Kirchenjahres. Das Osterfest wird am Palmsonntag durch die Karwoche (Kara, germ. = Trauer, Kummer) eingeleitet. Sie steht im Zeichen des Leidens und Sterbens Christi.
Nach Gründonnerstag, Karfreitag und Karsamstag – den Tagen, an denen Jesus gefangengenommen, verurteilt, gekreuzigt und begraben wurde – wird in der Nacht von Karsamstag auf Ostersonntag seine Auferstehung gefeiert.

URSPRÜNGE IM JÜDISCHEN PASSAHFEST

Im christlichen Osterfest lebt das alte jüdische Passahfest fort (passah: schonen, vorübergehen). Das Passahfest erinnert an die Befreiung der Israeliten aus der Knechtschaft der Ägypter, an das Vorübergehen des Würgeengels an den mit dem Blute des Opferlammes gekennzeichneten Häusern der Israeliten.

URSPRÜNGE IN VORCHRISTLICHER ZEIT

Ostern wird gefeiert am Sonntag nach dem ersten Frühlingsvollmond. Wahrscheinlich gab die germanische Frühlingsgöttin Ostara dem Fest seinen Namen. Die Germanen brachten ihrer Göttin Opfergaben: die ersten Märzhasen und bunt gefärbte Eier. Die Kirche übernahm Symbole aus diesem heidnischen Frühlingsfest und gab ihnen einen christlichen Sinngehalt.

SYMBOL FÜR DAS ERWACHEN DER NATUR

Der Frühling kündigt sich an. Die Tage werden länger, es wird zunehmend wärmer. Die ersten Frühlingsblumen blühen, die Zugvögel kommen zurück und bauen ihre Nester. Die Menschen erfreuen sich an der erwachenden Natur, und die Sonne lockt die Menschen aus ihren Wohnungen ins Freie.

FEST DER KINDER UND DER FAMILIE

Ostern ist ein Fest der Freude. Lange vorher werden Eier bemalt, Nester gebastelt, Lieder und Gedichte einstudiert.
An Ostern wird das Fest mit Ostereiersuchen, Kirchgang, gutem Essen und einem Spaziergang bzw. Ausflug gefeiert.

Österliche Symbole

OSTEREI

Das Ei gilt als Symbol der Fruchtbarkeit und des Lebens. Die Tradition der gefärbten Eier läßt sich bis zu den Ägyptern und Persern zurückverfolgen, die bereits 5000 v. Chr. gefärbte Eier kannten. Die Farbe „Rot" war bis über das Mittelalter hinaus die beherrschende Farbe für das Ei. „Rot" ist die Farbe des Blutes, der Liebe, des Sieges, der Königswürde.
Für die Christen ist das Ei zum Sinnbild für die Auferstehung Christi geworden. Die zerbrochene Eischale, aus der neues Leben kommt, ist ein Bild dafür.

OSTERFEUER

Am Abend des ersten Ostertages wird auf Wiesen und auf den Bergen das Osterfeuer angezündet. Schon in germanischer Zeit wurde der wiederkehrende Frühling mit einem Freudenfeuer begrüßt. Für uns Christen bedeutet das Osterfeuer den Sieg des Lichtes über die Finsternis. Christus selbst ist das Licht, das die Dunkelheit vertreibt, da er für uns am Kreuz gestorben und auferstanden ist. (Vgl. Osterkerze.)

FEUERWEIHE

Am Beginn der Auferstehungsfeier wird ein Feuer angefacht und vom Priester geweiht. An diesem Feuer wird die Osterkerze entzündet. Alle weiteren Kerzen erhalten von der Flamme der Osterkerze ihr Licht.
An manchen Orten ist es Brauch, etwas von der Holzkohle des geweihten Feuers mit nach Hause zu nehmen. Sie soll das Haus und die darin lebenden Menschen vor Gefahren schützen.

OSTERKERZE

Auf der Osterkerze ist ein Kreuz aus Wachs angebracht. Dieses erinnert an den Tod und die Auferstehung Jesu.
In den vier Winkeln des Kreuzes steht die Zahl des Jahres, in dem die Feier begangen wurde.
Am Kopf- und Fußende des Kreuzes stehen die Buchstaben Alpha und Omega – der erste und letzte aus dem griechischen Alphabet; sie bedeuten: Christus ist Anfang und Ende aller Zeiten.
An den vier Enden des Kreuzes sind vier rote Nägel angebracht. Sie weisen auf die Wunden an den Händen und Füßen Jesu hin. Ein fünfter Nagel an der Schnittlinie des Kreuzes weist auf die Wunde im Herzen Jesu hin.
Die ganze Osterkerze ist Sinnbild des auferstandenen Herrn.

OSTERN · Religiöse Dimension

OSTERLAMM

Jesus wird in der Bibel öfter mit einem Lamm verglichen. Diese Bezeichnung ist auf einen jüdischen Brauch zurückzuführen. Ein Priester legte einem Schafbock, der gebunden auf dem Altar lag, die Hände auf. Dies bedeutete, daß dem Schaf die Sünden der Menschen aufgeladen wurden. Es wurde also zum „Sündenbock". Das Schaf wurde geopfert, um die Sünden der Menschen zu tilgen. Jesus lud, gleich diesem Tier, die Sünden der Menschen auf sich. Er wurde zum Kreuz geführt, wie man ein Lamm zum Schlachten führt. Jesus hat als Lamm Gottes durch seinen Tod die Sünden der Welt hinweggenommen.
Der Brauch, im Familienkreis ein Osterlamm zu essen, geht auf das jüdische Passahfest zurück. Es erinnert an den Auszug der Israeliten aus Ägypten.

OSTERHASE

Hasen sind fruchtbare Tiere. Sie bekommen eine große Schar von Jungen. Der Hase gilt daher von alters her als Symbol der Fruchtbarkeit. Er ist Sinnbild dafür, daß sich das Leben immer wieder erneuert. Der Hase soll die Menschen nicht nur an das sich ständig erneuernde Leben auf der Erde, sondern auch an das ewige Leben bei Gott erinnern.

OSTERGRÜN

Kresse, Buchsbaum, Moos, Birkenzweige, Ostergras versinnbildlichen das wiederkehrende Leben.

Religiöse Dimension

Für Christen ist die Osterfreude untrennbar verbunden mit der Leidensgeschichte und dem Tod Jesu. Deshalb sollte die *Karwoche* in den Festkreis mit einbezogen werden. Das Geschehen um Ostern läßt sich gliedern in:
– Einzug Jesu in Jerusalem (Palmsonntag)
– Letztes Zusammensein und Mahl mit den Freunden
– Gefangennahme und Verurteilung Jesu
– Kreuzigung, Tod und Begräbnis Jesu (Karfreitag)
– Grabesruhe (Karsamstag)
– Auferstehung Jesu (Osternacht)
– Erscheinungen bei den Jüngern
– Himmelfahrt Jesu
– Vollendung der Ostergeschichte am Pfingstfest: Die Botschaft Jesu wird weiter verkündet, erste christliche Gemeinden entstehen, in denen Jesus der lebendige Mittelpunkt bleibt.

Planung · OSTERN

Ostern ist das bedeutendste christliche Fest. Alle Christen der Welt feiern die Auferstehung Jesu. Es ist ein Fest der Freude und des Lebens. Jesus hat durch seine Auferstehung den Tod überwunden; seine Botschaft ist für alle Christen weiter lebendig. Das bestärkt den Glauben und gibt Hoffnung auf ein ewiges Leben. Aus diesem Glauben kann die Kraft für das Leben erwachsen.

Planung

Bevor der Gruppenleiter Ostern mit Kindern gestaltet, muß er für sich klären, was Ostern für ihn bedeutet. Er kann den Kindern nur das vermitteln, was er selbst für wahr hält, und muß für sich entscheiden, ob er ein Osterfest oder ein Frühlingsfest feiern will. Ein Osterfest schließt die Vermittlung religiöser Inhalte mit ein.
Die Leidensgeschichte sollte nicht isoliert dargestellt werden. Sie ist in einen größeren Zusammenhang von Geschichten über Jesus zu stellen. Dabei sollten auch solche Erzählungen nicht ausgespart werden, in denen Jesus in Konflikte mit seiner Familie, seinen Freunden und seinen Gegnern gerät. Sie zeigen, daß nicht alle Menschen mit dem Handeln Jesu einverstanden waren.
Andere Geschichten, z. B. Heilungsgeschichten, zeugen von der Kraft des Glaubens.
In der Karwoche werden die wesentlichsten Begebenheiten der Passion und der Auferstehung erzählt und veranschaulicht. Sicher gibt es auch zu einem anderen Zeitpunkt vielerlei Anlässe, eine biblische Erzählung einzubringen. Die Kinder betrachten zum Beispiel Jesus am Kreuz oder die Stationen des Kreuzweges und fordern den Gruppenleiter auf, die Geschichte von Jesus zu erzählen.
Der Schwerpunkt aller Aktivitäten liegt darin, die Kinder auf das Osterfest vorzubereiten.

Aktivitäten, die christliche Inhalte vermitteln
– Geschichten aus dem Leben Jesu
– Gespräch über die Fastenzeit und den Vorsatz jedes einzelnen, „Verzicht" zu üben
– Gespräch über den Sinn des Osterfestes ✻
– Betrachtung der Osterkerze ✻
– Gespräch/Rollenspiel „Trauer – Freude" ✻
– Erzählen der Passion und der Auferstehung ✻
– Betrachten von Bildern alter Meister
– Betrachten des Kreuzweges
– Lieder ✻
– Anlegen eines „Ostergartens" ✻

Aktivitäten, die sich am Brauchtum orientieren
– Ostereier färben ✻
– Ostergebäck ✻
– Osternester ✻
– Gedichte ✻

OSTERN · Die Osterfeier

- Eierbecher, Eierwärmer *
- Eierbaum *
- Eierschalen-Schwimmkerzen *
- Eier- und Hasenspiele *
- Hasenlieder *
- Hasen-Platzdeckchen *

Für den Gruppenleiter stellt sich die Frage, für welchen Zeitpunkt und in welchem Rahmen er das Osterfest plant. Dazu einige Vorschläge:
- Eine gruppeninterne Feier vor Ferienbeginn, wenn die Kinder die Ferien zu Hause oder an einem anderen Ort verbringen.
- Ein Festgottesdienst gemeinsam mit Eltern und Kindern am Ostersonntag. Der Pfarrer plant zusammen mit dem Gruppenleiter das Rahmenprogramm und bezieht die Kinder in die Gestaltung des Gottesdienstes mit ein. In der Familie wird das gemeinsame Frühstück mit den geweihten Speisen eingenommen und das Osternest gesucht.

Die Osterfeier

Material
Ostergarten, drei Frauen (Stehpuppen), ein Engel, drei Kreuze, Dornenkrone, Teelicht, Orffinstrumente; Text für jeden Sprecher (Textstelle markiert), Liedtext; Tischschmuck, Ostergebäck und Getränke, Osternester oder Materialien für die Hasen- und Eierspiele.

Hinweis
Der Sprechtext und die Lieder können in einen österlich gestalteten Umschlag geheftet und den Kindern als Erinnerung an das Fest mitgegeben werden.

Raumgestaltung
Die Kinder sitzen im Halbkreis vor dem Ostergarten. Die Instrumente und Materialien (Puppen, Kreuze, Teelicht, Textkopien) werden bereitgehalten.
Je nach Größe der Gruppe werden die Tische für das Osterfrühstück zu einer Tafel zusammengeschoben oder in U-Form aufgestellt. Ein Eierbaum oder Osterstrauß aus grünen Birkenzweigen schmückt den Raum.

SPRECHTEXT – OSTERGARTEN

Einige Kinder oder Erwachsene übernehmen abwechselnd die Rolle des Sprechers, andere verdeutlichen das Geschehen am Ostergarten; eine dritte Gruppe ist für die musikalische Improvisation verantwortlich. Die Klangfolgen auf den Orff-Instrumenten sollen die jeweilige Stimmung der Geschichte nachvollziehen. Helle Klänge stehen für Freude, dunkle Töne verdeutlichen Leid, Tod, Trauer. (Anregungen dazu in: Hermann

Die Osterfeier · OSTERN

Gschwendtner, Kinder spielen mit Orff-Instrumenten. Anleitung – Themen – Modelle, Don Bosco Verlag, München 1989[5].)
Helle Töne: Glockenspiel, Triangel, Schellen, Becken.
Dunkle Töne: Xylophon, Pauke, Klangstäbe, Handtrommel, Donnerblech.

Sprecher: Wir erzählen eine Geschichte, die zu Beginn sehr traurig war, weil großes Unrecht geschah. Jesus, der nur Gutes wollte und die Menschen liebte, mußte am Kreuz sterben.
Instrumente: Trauer
Sprecher: Erzähle, wie es dazu kam!
Sprecher: Jesus kommt nach Jerusalem. Er reitet auf einem Esel. Seine Freunde begleiten ihn. Immer mehr Leute kommen. Seine Anhänger winken mit Blumen und Zweigen.
Instrumente: Jubel, Unheil kündigt sich an
Sprecher: Seine Feinde sind auch dabei. Sie sagen: „Jesus ist nicht Gottes Sohn. Er wiegelt das ganze Volk auf. Viele Menschen laufen ihm nach. Er hat großen Einfluß auf sie. Das ist für uns gefährlich."
Sprecher: Sie fassen einen Beschluß: „Wir nehmen Jesus heimlich gefangen und töten ihn."
Instrumente: Anschleichen, Aggression
Sprecher: Es ist der Abend, bevor Jesus stirbt. Jesus hält mit seinen Jüngern ein Mahl.
Sie sprechen, essen, trinken miteinander.
Jesus sagt: „Liebt einander so, wie ich euch geliebt habe."
Jesus nimmt Brot und dankt seinem Vater.
Er bricht das Brot und verteilt es an die Jünger.
Jesus sagt: „Eßt davon, das ist mein Leib."
Dann reicht er einen Becher Wein und sagt: „Trinkt alle daraus, das ist mein Blut."
Jesus ist traurig. Er spricht: „Einer von euch wird mich verraten."
Instrumente: Trauer
Sprecher: Jesus geht mit seinen Jüngern zum Ölberg. Die Nacht bricht an.
Jesus ist schweigsam, er hat Angst.
Er betet: „Vater, laß nur das geschehen, was du willst."
Instrumente: Angst
Sprecher: Da kommen Soldaten mit Fackeln.
Sie tragen Schwerter.
Allen voran geht Judas.
Er begrüßt Jesus mit einem Kuß und verrät ihn damit.
Die Soldaten nehmen Jesus gefangen.
Instrumente: Schwerterklirren
Sprecher: Jesus wird zum Hohenpriester und seinem Rat gebracht.
Dieser fragt: „Bist du Gottes Sohn?"
Jesus erwidert: „Ja, ich bin es."
Der Hohepriester und sein Rat entscheiden: Jesus lästert Gott. Er ist des Todes schuldig.
Sprecher: Jesus wird gefesselt zur Burg des Pilatus gebracht.
Pilatus hört die Anklage.
Er kann keine Schuld an Jesus finden. Als Zeichen dafür wäscht er seine Hände.

OSTERN · Die Osterfeier

Pilatus gibt denen nach, die den Tod fordern.
Da befiehlt Pilatus den Soldaten, Jesus zu geißeln und ihn zu kreuzigen.
Instrumente: Qual
Sprecher: Jesus wird verspottet und gequält.
　Er wird zum Hügel Golgatha gebracht.
　Er muß sein Kreuz selbst tragen.
　Das Kreuz ist schwer.
　Jesus hat keine Kraft mehr.
　Ein Mann hilft ihm, das Kreuz zu tragen.
Ostergarten: Kreuz und Dornenkrone auf den Weg legen
Sprecher: Jesus werden die Kleider ausgezogen.
　Er wird an das Kreuz genagelt.
　Zwei andere werden mit Jesus gekreuzigt.
Ostergarten: Drei Kreuze in die Erde stecken, Dornenkrone auf das mittlere Kreuz legen
Sprecher: Jesus stirbt am Kreuz.
　Seine Freunde sind traurig.
　Die Sonne verfinstert sich. Es blitzt und donnert.
Instrumente: Donner mit Blech oder großer Pappe
Sprecher: Freunde nehmen Jesus vom Kreuz.
　Sie wickeln ihn in Tücher und legen ihn in die Grabkammer.
　Das Grab verschließen sie mit einem Rollstein.
Ostergarten: Grab mit Stein verschließen
Sprecher: Am Ostermorgen gehen drei Frauen zum Grab.
　Das Grab ist offen. Der Stein ist weggewälzt.
Ostergarten: Grab öffnen, Teelicht hineinstellen und anzünden, Engel (Stehpuppen) an das Grab stellen
Sprecher: Ein Engel ist am Grab.
　Er sagt: „Jesus lebt, er ist auferstanden."
Instrumente: Freude
Sprecher: Da laufen die Frauen in die Stadt zurück. Sie sind voller Furcht, aber auch voller Freude.
　Sie erzählen den Freunden: „Jesus ist nicht tot, er lebt, er ist auferstanden."
Ostergarten: Puppen werden entfernt
Osterlied: „Freut euch alle, Jesus lebt"

OSTERFRÜHSTÜCK

Dekoration des Tisches
Weiße Leintücher als Tischdecken, ein farbiges Band wird über die Mitte der Tischdecke gelegt; Eierschalen-Schwimmkerzen mit Frühlingsblumen, Hasenplatzdeckchen.

Speisen und Getränke
Ostergebäck, gefärbte Eier, Kräuterquarkbrote, Radieschen, Kressebrote, Früchtetee.

NESTSUCHE

Die Nester werden im Garten, bei Regen im Haus versteckt. Statt der Nestsuche können auch Eier- und Hasenspiele den Abschluß bilden.

Hinweis
Die Ostergeschichte kann auch durch Bilder veranschaulicht werden, welche die Kinder zu den einzelnen Szenen auf Folien malen (Overhead-Projektor; → Nikolaus). Die Bilder werden an die Wand projiziert.
Als weitere Möglichkeit bietet sich ein Schattenspiel an (→ St. Martin).

Gespräch über den Sinn des Osterfestes

Material
Tuch zum Abdecken, Schokoladenhasen und -eier, Ostergras, Osterkörbchen, Osterkarten mit verschiedenen Abbildungen, Osterglocken, Palmzweige u. dgl.

Ziele
– Gegenstände, die in den Kaufhäusern in der Osterzeit angeboten und gekauft werden, vergleichen und kritisch beurteilen.
– Vom Brauchtum, das sich um Ostern herum entwickelt hat, etwas erfahren.
– Den Sinn des Osterfestes erkennen.

Vorbereitung
Die Kinder und der Gruppenleiter sammeln alles, was sie zu Hause finden oder in der Osterzeit in den Geschäften angeboten wird, und bringen es an einem bestimmten Tag mit in die Gruppe.

Einstieg in das Gespräch
Die Kinder legen alles, was sie mitgebracht haben, in die Kreismitte. Der Gruppenleiter deckt die Gegenstände mit dem Tuch ab.

Weitere Gesprächsimpulse
In dieser Zeit sehen wir in den Geschäften und Kaufhäusern viele Dinge, die nur zu Ostern gekauft werden: Schokoladeneier, -hasen, grüngefärbte Holzwolle oder Gras aus Plastik usw. Wir wollen einmal gemeinsam überlegen, was diese Gegenstände überhaupt mit Ostern zu tun haben.
Ein Kind nach dem anderen holt einen Gegenstand unter dem Tuch hervor. Wir überlegen gemeinsam, was dieser Gegenstand darstellen soll und welche Verwendung er findet.
– Was fällt euch an diesem Gegenstand besonders auf?
– Was macht man damit?
– Gibt es diesen Gegenstand nur zu Ostern?
– Welche Bedeutung hat er?

Ausgehend von den Beobachtungen und Erfahrungen der Kinder, wird übergeleitet zu Symbolen, die sich aus dem Brauchtum entwickelt haben und die vielleicht noch ihre Wurzeln in vorchristlicher Zeit haben, und zu Gegenständen, die mehr dem christlichen Verständnis des Osterfestes nahekommen. Der Gruppenleiter ergänzt die Aussagen der Kinder. Vielleicht hat er selbst einige Abbildungen dabei, die das Brauchtum in der Osterzeit verdeutlichen: Palmumzüge mit Palmzweigen, eine Kunstpostkarte vom Letzten Abendmahl, eine Abbildung der Auferstehung usw.

Das Verständnis für den Sinngehalt des Osterfestes wird mit diesen Fragen eingeleitet.

Abschluß
Die Abbildungen und Gegenstände, die klar erkennbar etwas mit dem christlichen Verständnis des Osterfestes zu tun haben, werden an der Pinnwand befestigt, bzw. auf einem Tisch gesammelt. Sie werden in weiterführenden Gesprächen in den folgenden Tagen noch einmal ihre Verwendung finden.

Weiterführung und Vertiefung
– Biblische Geschichten zum Leiden und Sterben Jesu

Betrachtung der Osterkerze

Material
Eine größere weiße Kerze, Zeichen aus rotem Verzierwachs, Körbchen, Tonschale mit Blumenerde, Buchsbaum, ein weißer Plakatkarton, mehrere kleine Zettel, Filzschreiber.

Vorbereitung
– Tonschale mit Blumenerde füllen, Buchsbaumzweige zurechtschneiden.
– Zeichen der Osterkerze zuschneiden:

  – Kreuz
  – fünf kleine Kreise als Zeichen für die Nägel
  – die Buchstaben Alpha und Omega
  – Jahreszahl

Einstieg in das Gespräch
Plakatkarton, Tonschale mit Blumenerde, Buchsbaumzweige und die noch weiße, unverzierte Kerze liegen in der Kreismitte.
Der Gesprächsleiter fragt die Kinder:
– Was könnten die Gegenstände jetzt in der Osterzeit für eine Bedeutung haben? Was hat die Kerze mit Ostern zu tun?

– Wo finden wir eine Osterkerze?
– Wie sieht sie aus, wenn sie in der Osternacht im Gottesdienst angezündet wird?

Weitere Gesprächsimpulse
Auf die äußere Beschreibung der Osterkerze eingehend, nimmt der Gesprächsleiter das Körbchen mit den roten Wachszeichen und stellt es zu den anderen Dingen in die Kreismitte. Er nimmt nacheinander die Zeichen einzeln aus dem Körbchen, erklärt deren Bedeutung und legt sie auf den weißen Plakatkarton. Hierbei wird noch keine Anordnung vorgegeben.

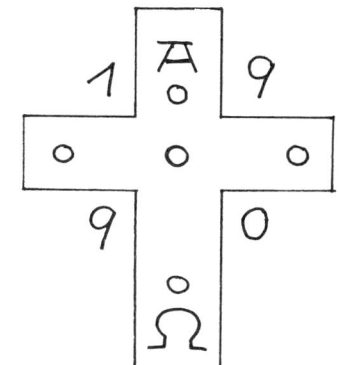

Bedeutung der Zeichen:
– Das Kreuz erinnert an den Tod und die Auferstehung Jesu.
– Die fünf Nägel erinnern an seine Kreuzigung.
– Die Buchstaben Alpha und Omega sind aus dem griechischen Alphabet und bedeuten: Christus ist Anfang und Ende aller Zeiten.
– Die Jahreszahl weist darauf hin, daß auch dieses Jahr wieder eingebunden ist in die Heilsgeschichte Gottes.

Der Gruppenleiter überlegt mit den Kindern, wie die Zeichen an der Osterkerze angebracht werden. Ein Kind nach dem andern heftet ein Zeichen an die Kerze. Die Kerze wird vorsichtig von einem Kind zum anderen weitergegeben. Das letzte Kind stellt die Kerze in die Tonschale und zündet sie an.
Der Gruppenleiter regt die Kinder an, zu erzählen, wie die Osterkerze in der Osternacht im Auferstehungsgottesdienst in die Kirche getragen wird:
– Die Osterkerze wird an dem Osterfeuer, das vor der Kirche brennt, angezündet.
– Die Osterkerze wird in die noch dunkle Kirche getragen.
– Die Kerzen der Kirchenbesucher werden angezündet.
Der Gruppenleiter versucht, den Kindern zu verdeutlichen, daß die brennende Osterkerze das Zeichen für Christus ist, der die Dunkelheit der Angst und Trauer besiegt. Jedes Kind nimmt nun ein Zweiglein von dem Buchsbaum und steckt es neben die Kerze in die Blumenerde.
Vom Symbol der Osterkerze ausgehend, fragt der Gruppenleiter:
– Wie können wir Licht sein, die Welt hell machen?
– Wie können wir in der Gruppe, der Familie, der Schulklasse, der Nachbarschaft Freude weitergeben?
Gemeinsam werden zuerst im Gespräch Möglichkeiten aufgezeigt, z.B. Kranke besuchen, alte Menschen einladen, für Hilfsbedürftige einkaufen ...
Nun teilt der Gruppenleiter Zettel und Filzstifte aus. Die Kinder schreiben ihre Gedanken auf. Die Zettel werden auf den Plakatkarton geklebt.
Der Gruppenleiter löscht die Osterkerze und stellt sie auf ihren Platz. Das Plakat mit den Beiträgen der Kinder wird an der Pinnwand befestigt.

Weiterführung und Vertiefung
– Wir betrachten nach Ostern die Osterkerze in unserer Kirche.

Gespräch/Rollenspiel: Trauer – Freude

Material
Tücher in dunklen Farben (grau, schwarz, braun usw.), Tücher in hellen, leuchtenden Farben (gelb, orange, rot), eine Pauke, ein Glockenspiel.

Einstieg
Der Gruppenleiter wiederholt mit den Kindern gemeinsam in kurzen Umrissen die Geschichte Jesu:
– Was geschah, als Jesus nach Jerusalem einzog?
– Wie war sein letztes Zusammensein mit seinen Freunden?
– Wer hat Jesus verraten?
– Warum wurde Jesus verurteilt?
– Jesus wird gekreuzigt und stirbt.
– Seine Anhänger sind erschüttert und trauern um ihn.
– Jesus wird begraben.
– Was geschieht weiter? Wer entdeckt zuerst das leere Grab? Warum können sich die Freunde Jesu jetzt freuen?

Weitere Gesprächsimpulse
Der Gruppenleiter leitet über zum Begriff „Trauer":
– Wie war den Freunden Jesu anfangs zumute, als sie ihren Herrn nicht mehr bei sich hatten? Sie glaubten, daß mit seinem Tod das Gute, das sie durch ihn erfahren hatten, nun nicht mehr weiter bestehen würde.
– Die Jünger Jesu weinten bei seinem Tod.
– Woran erkennt man, wenn Menschen um einen Angehörigen trauern?
Der Gruppenleiter legt die dunklen Tücher in die Kreismitte und regt die Kinder an, sich mit den Tüchern zu verkleiden:
– Wie könnt ihr Trauer ausdrücken?
– Die Körperhaltung ist gebückt, der Trauernde ist verschlossen, „zu". – Die Tücher können ganz über den Kopf gezogen werden, um dies zu verdeutlichen.
– Die Kinder versuchen, zusätzlich durch Mimik und Gestik Trauer auszudrücken: der Mund ist verschlossen, die Arme hängen schlaff herunter.
Der Gruppenleiter begleitet das Spiel der Kinder mit langsamen, dumpfen Paukenschlägen und läßt mit wenigen Worten noch einmal die Trauer der Freunde Jesu lebendig werden. Die Paukenschläge klingen aus, die Kinder verharren in ihrer erstarrten Haltung.
Überleitung zum Begriff „Freude":
Nach kurzer Zeit der Stille ertönt ein erster, leiser Ton auf dem Glockenspiel.
Die Kinder recken und strecken sich, schauen sich gegenseitig an und versuchen, die Veränderung, die in ihnen vorgeht, pantomimisch auszudrücken. Die dunklen Tücher werden abgelegt, die hellen Tücher werden so umgebunden, daß das Gesicht frei bleibt. Nun wird das Spiel der Kinder auf dem Glockenspiel lebhafter begleitet.
– Wie könnt ihr Freude ausdrücken?
– Die Kinder sagen die frohe Botschaft von einem zum andern weiter: Jesus lebt! Wir brauchen uns nicht mehr zu fürchten, er ist wieder mitten unter uns!

Abschluß
Das Rollenspiel kann ein zweites Mal wiederholt werden, wenn die Kinder noch aufnahmefähig sind. Der Gruppenleiter zieht sich dann so weit wie möglich zurück und überläßt den Kindern auch das Spiel auf den Instrumenten.

Weiterführung und Vertiefung
Ein Fensterbild mit dunklen und hellen Farben gestalten.

Das Oster-ABC

Alle Vögel singen.
Blumen blühn im Garten:
Crocus, Veilchen, Anemon',
Die verschämten, zarten.
Eine Amsel schwatzt vom Mai,
Ferne blasen Hörner,
Glocken läuten nebenbei,
Hühnchen suchen Körner.
Ida flicht sich einen Kranz,
Jakob neckt ein Zicklein,
Küsters Frieda träumt vom Tanz,
Ludwig macht sich piekfein.
Mutter Margarethe fährt

Nobel zur Kapelle.
Ottokar, der Mops, verzehrt
Plätzchen auf der Schwelle.
Quicklebendig wird's im Haus:
Ruth und Xaver Meier
Suchen fleißig drin und drauß'
Taubenblaue Eier.
Unterm Bett, in Uhr und Lade
Wühlen sie. Da findet Ruth
Xavers Schokolade.
Ypsilon, ist das nicht nett?
Zett!

(James Krüss)

Ostergarten

Material
Drei Frauengestalten, ein Engel (Stehpuppen: Anleitung → Advent); Erde für das Anlegen der Hügel, Kies für den Weg, Grassamen, evtl. Moos, Steine für das Felsengrab, Teelicht, drei Kreuze (aus Ästen, mit Bast zusammengebunden), Dornenkrone, großer Behälter, in dem die Landschaft gestaltet werden kann (Holz, Blech, Kunststoff).

Durchführung
Der Gruppenleiter kann das Geschehen der Osterzeit veranschaulichen, wenn er mit den Kindern gemeinsam einen Ostergarten anlegt.
Er besteht aus einer Landschaft, die auf einem Tisch aufgebaut wird.
Auf einem Erdhügel stehen drei leere Kreuze, und durch die Landschaft führt ein Weg zum Felsengrab. Drei Frauen gehen diesen Weg. Sie wollen den Leichnam Jesu

salben. Jeden Tag legen sie einen Teil des Weges zurück, bis sie an Ostern beim Felsengrab ankommen. Der Stein, der das Grab verschlossen hatte, wird zur Seite geschoben. In der Höhle wird ein Teelicht entzündet (Symbol für den auferstandenen Jesus, das Licht der Welt).

Eierfärben

MIT PFLANZENFARBEN

Herkömmliche Ostereierfarben erzielen grelle Töne. Mit Pflanzenfarben läßt sich jedoch fast jeder Farbton erzielen, vom zartesten Beige bis hin zum fast schwarzen Aubergine. Pflanzenfarben sind *ungiftig!*
Die Kinder lernen alte Färbetechniken kennen und können Farbexperimente durchführen.
Im folgenden wird eine kleine Auswahl von Pflanzenfarben vorgestellt.

Blauholz
Ein Baum, der auf Jamaika und in Mexiko wächst. Das Holz wird zu Spänen verarbeitet, mit denen gefärbt werden kann. Blauholz (auch Campecheholz) färbt sehr intensiv und ergibt Töne von *Hellviolett bis Aubergine.*

Gelbholz
Das Holz dieser Art des Maulbeerbaums ist schwefelgelb getönt und wird heute vorwiegend in Brasilien und auf Kuba geschlagen. Früher war Gelbholz als lichtechter Farbstoff auf Wolle und Seide geschätzt. Färbt Ostereier *zitronen- bis orangegelb.*

Eierfärben · OSTERN

Krapp
Krapprot war die traditionelle Farbe des französischen Militärs. Der Farbstoff wird aus Wurzeln einer in der Türkei heimischen Pflanze gewonnen. Krapp färbt Eier in einem *leuchtenden Ziegelrot*.

Sandelholz
Ein tropischer Baum, der in Indien und Ceylon am häufigsten wächst. Die zum Färben verwendete Art ist ohne Duft, dafür lassen sich damit interessante Färbungen im Bereich von *Gelb- bis Orangebraun* erreichen.

Rotholz
oder Fernambukholz aus Brasilien ergibt eine *hellrote* Farbe.

Einkauf von Pflanzenfarben
Sie erhalten Färbepflanzen in: Tee- und Kräuterläden, Apotheken, Reformhäusern und Drogerien.
Bei den Färbepflanzen handelt es sich meist um kleingeschnittene oder pulverisierte Wurzeln, Blätter oder Rinden.
50 Gramm Färbepflanze reichen aus, um ca. zehn Eier einzufärben.

Material
Färbepflanze, Topf, Schüssel, Sieb, hartgekochte Eier.

Durchführung
– 50 Gramm Färbepflanze in zwei Liter Wasser 10–15 Minuten aufkochen.
– Brühe abseien.
– Die noch warmen, hartgekochten Eier in das Farbwasser so lange einlegen, bis der gewünschte Farbton erreicht ist. Es ist auch möglich, die Eier direkt im Farbwasser hartzukochen. Die Färbung ist dann besonders kräftig.

Hinweise
Hölzer können vorher schon einige Zeit eingeweicht werden, um eine größere Farbausbeute zu erzielen.
Keinen Essig ins Farbbad geben, die Eier nehmen dann die Pflanzenfarben nicht mehr an.
Die Farbpalette läßt sich erweitern, wenn sowohl weiße als auch naturbraune Eier verwendet werden.
Speckschwarte bringt die Farben zum Strahlen.

HESSISCHE BLAUHOLZEIER

Material
Blauholz, als Variante dazu Zwiebelschale, Krapp, saugfähiges Seidenpapier (Bäckerpapier) zum Einwickeln, Wollfaden, Kochtopf, Eier.

OSTERN · Dekoration mit Ostereiern

Durchführung
– Das rohe Ei auf ein Stück Papier in die flache Hand legen und etwas Blauholz drum herum streuen. Das Papier ans Ei drücken und gut festhalten.

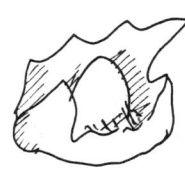

– Nun erneut etwas Blauholz, evtl. Zwiebelschalen und Krapp um das Ei streuen und nun das Papier wieder etwas höher andrücken.

– So fortfahren, bis das Ei ganz eingepackt ist und sich von unten nach oben an der Schale etwas Blauholz befindet.

– Nun das überstehende Papier ums Ei schlagen und mit einem feuchten Wollfaden umwickeln.

– Das Ei nun in einem Topf gar kochen und auspacken, evtl. mit Speckschwarte einreiben.

Dekoration mit Ostereiern

AUFHÄNGEN DER OSTEREIER

Die Fadenschlaufe wird an einem Streichholzstück (⅓) festgeknotet und mit einem Tropfen Alleskleber befestigt.

Wenn die Eiöffnung zu groß geraten ist, kann sie mit einer kleinen Papierrosette überklebt werden.

Mit einer Stopfnadel kann der Faden durch das ganze Ei geführt werden. Damit der Faden hält, wird unten eine kleine Perle angebracht.

Die Ostereier werden an frisch geschnittene Birken- oder Palmkätzchenzweige gehängt.

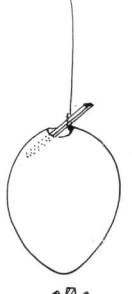

OSTEREIER ALS TISCHSCHMUCK

Ausgeblasene weiße oder gefärbte Ostereier werden auf Trinkstrohhalme oder auf dünne Rundhölzer (Schaschlik-Spieße) gesteckt und in einen Strauß von Frühlingsblumen gegeben. Ebenso dekorativ ist es, verzierte Eier auf einem Holzspieß in einen Blumentopf mit Sand zu stecken. Besonders hübsch sind bunte Bänder, die unterhalb des Eies angebracht werden.

EIERKRANZ

Ausgeblasene bemalte Eier werden auf eine Schnur gezogen. Zwischen jedes Ei wird eine Holz- oder Glasperle aufgefädelt. Die Eierkette wird zu einem Kranz zusammengebunden und mit einem Band zum Aufhängen versehen.

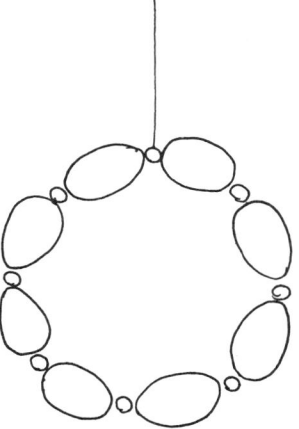

Osternester

OSTERNEST AUS PAPIERMACHÉ

Material für zwei Nester
Ein Eßl. Tapetenkleister, zwei bis vier Tassen Wasser, ein Eierkarton (für zehn Eier), elektrischer Küchenquirl, Modellierstäbchen o. ä., kleine Kompottschalen, Alufolie, Farben und Pinsel.

Hinweis
Grüne, rauhe Eierkartons ergeben eine besser formbare Masse, zu glatte Kartons lösen sich in dem Kleister nicht richtig auf.

Durchführung
Papiermaché herstellen:
– Kleister mit zwei Tassen Wasser anrühren, eine halbe Stunde quellen lassen.
– Eierkarton in sehr kleine Schnipsel reißen, in die Kleistermasse geben, mit dem Quirl fünf Minuten durchkneten.

- Soviel Wasser zugeben, daß ein fester, gut formbarer Teig entsteht.
- 24 Stunden ruhen lassen.
- Wieder gut durchkneten, evtl. noch etwas Wasser hinzufügen.

Formen der Osternester:
- Kompottschälchen umgedreht auf eine Arbeitsplatte stellen.
- Alufolie glatt über das Kompottschälchen ziehen.
- Papiermachémasse ca. 1 cm dick über die Alufolie geben, mit nassen Händen glattstreichen, besonders den Rand gut ausformen.
- Mit Modellierstäbchen oder einem Messerrücken, einer Gabel o. ä. Verzierungen in die noch weiche Masse drücken.
- Drei bis fünf Tage trocknen lassen. Nest von der Alufolie abziehen, evtl. Unregelmäßigkeiten am Rand etwas abschneiden.
- Anmalen, trocknen lassen.

OSTERGRAS- ODER KRESSENESTER

Material
Sprießkornweizen oder Grassamen oder Kressesamen, Erde, Tonschale (Blumentopfuntersetzer).

Durchführung
- Schale mit Erde füllen, Samen dicht nebeneinander säen und leicht andrücken
- Saat gut feuchthalten, damit sie keimen kann
- das aufgegangene Ostergras nach Bedarf gießen

In ca. 14 Tagen ist das Ostergras bei Raumtemperatur genügend hoch für das Nest.

MOOSNESTER

Material
Grünes Moos, Tonschale, Frühlingsblumen.

Durchführung
- Schale mit sattem grünen Moos auslegen
- Moos befeuchten und Frühlingsblumen hineinstecken. Es sieht so aus, als wären die Blumen im Moos gewachsen.

Eierwärmer

EIERWÄRMER AUS PAPIERMACHÉ

Material (pro Stück)
30 Blatt Toilettenpapier, 1 Tl Tapetenkleister, ¼–½ Tasse Wasser, ein ausgeblasenes Ei, ein Eierbecher, Rest Margarine oder Handcreme.

Eierwärmer · OSTERN

Durchführung
- Tapetenkleister mit dem Wasser anrühren, kurz quellen lassen.
- Toilettenpapier in Schnipsel reißen, in die Kleistermasse geben, gut durchkneten.
- Ausgeblasenes Ei mit der Margarine oder Handcreme dick bestreichen.
- Ei in einem Eierbecher bis zur Mitte gleichmäßig mit der Papiermachémasse überziehen, glattstreichen.
- Aus Papiermaché die weiteren Formen herstellen:
  Kopf mit Ohren für den Hasen, Kopf und Schwanz für das Küken, an die Form kleben.
- 3–4 Tage trocknen lassen, mit Plakafarben bunt bemalen.

EIERWÄRMER, GEHÄKELT

Material
Wollreste, Häkelnadel.

Durchführung
Häkelschrift: ○ Luftmasche
 × feste Masche
 ✷ Muschel (fünf Stäbchen in eine feste Masche)

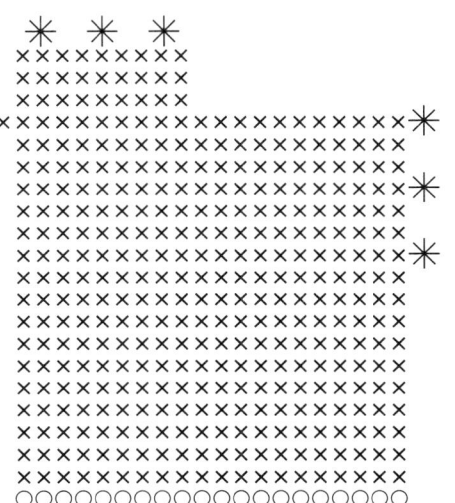

Die Häkelschrift zeigt das *halbe* Muster!

OSTERN · Eierbecher

Anleitung für den Eierwärmer (für dünneres bzw. mittelstarkes Garn und Häkelnadel 2½)

1. Reihe: 40 Luftmaschen zur Runde zusammenhäkeln.

2. – 17. Reihe: feste Maschen in der Runde häkeln.

18. Reihe: 11 Maschen des Vorderteils und 11 Maschen des Rückenteils zusammengefaßt abketten.
Für den Kopf: restliche 9 Maschen weiter als feste Maschen arbeiten, in die 9. Masche zweimal stechen, wenden, zweimal in die 1. Masche des Rückenteils stechen, weitere 9 Maschen als feste Maschen häkeln.

19. – 21. Reihe: 18 Maschen als Runde in festen Maschen häkeln.
9 Maschen des Vorderteils und 9 Maschen des Rückenteils zusammengefaßt abketten.
Kamm: in die 2., 5. und 8. Masche je eine Muschel arbeiten.

Schwanz: in die 12., 15. und 18. Reihe je eine Muschel arbeiten.

Eierbecher

Material
Formmasse (Ton, Cernit, Plastica o. ä.), Messer, Kuchenroller, Modellierstäbchen o. ä., mehrere Gipseier (oder ausgeblasene Eier), runde Pappscheibe von 8 cm Durchmesser.

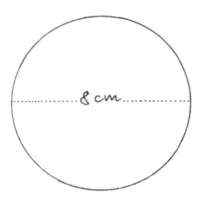

Durchführung
— Formmasse mit dem Kuchenroller ca. 0,5–1 cm dick ausrollen.
 Kreis mit Hilfe der Pappscheibe ausschneiden.
— Gipsei als Hilfsmittel in die Mitte des Kreises stellen.
 Vordere und hintere überstehende Formmasse an das Gipsei drücken.
— Links und rechts überstehende Formmasse zusammendrücken.
 Aus den zusammengedrückten Teilen jeweils Kopf und Schwanz formen.
— Trocknen und Anmalen entsprechend den Materialangaben der gewählten Formmasse.

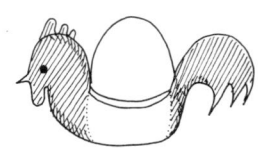

Hinweis
Hahn und Huhn lassen sich ohne große Veränderungen und Schwierigkeiten formen.

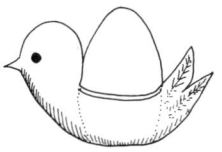

Eierschalen-Schwimmkerzen/Hasen-Platzdeckchen · OSTERN

Eierschalen-Schwimmkerzen

Material
Eierschalen von Frühstückseiern, Docht mit Metallplättchen, Wachsgranulat weiß, Schmelztopf (z. B. kleine Konservendose), Wasserkochtopf, Topflappen, Zeitungspapier, Eierbecher, Pinzette.

Gerät: Herdplatte.

Durchführung
- Eier weichkochen (ca. 3 Minuten).
- Das obere Drittel der Eischale vorsichtig mit dem Messer rundum einritzen und abtrennen.
- Eiinhalt auslöffeln und verzehren.
- Leere Eischale durch Abbrechen des Eirandes ebenfalls verkleinern.
- Arbeitstisch in Reichweite der Herdplatte herrichten, d. h. mit Zeitungspapier abdecken, Material bereitstellen.
- Topf zu einem Drittel mit Wasser füllen und dieses erhitzen.
- Wachsgranulat in Konservendose geben und diese in den Wassertopf geben (ein Erwachsener sollte immer Aufsicht haben).
- Eierschalen auf Eierbecher legen und Docht hineinstellen.
- Sobald das Wachs geschmolzen ist, Konservendose mit Topflappen aus dem Wasserbad nehmen. Docht mit einer Pinzette festhalten und ein wenig Wachs auf den Eischalengrund gießen. Das Wachs erkalten lassen, damit der Docht Standfestigkeit bekommt. Mit restlichem Wachs Eischalen füllen und erkalten lassen.

Eine Glasschüssel wird mit Wasser gefüllt. Die Eierschalen-Kerzen werden vorsichtig auf das Wasser gesetzt, und dazwischen werden bunte Frühlingsblumen gegeben. So kommen die weißen Schwimmkerzen besonders gut zur Geltung und geben einen hübschen Tischschmuck ab.

Hasen-Platzdeckchen

Material
Buntes Papier, Schere, Hasenschablone.

Durchführung
- Quadrat aus buntem Papier (30 × 30 cm).
- Quadrat 3× falten.
- Schablone auf das gefaltete Stück übertragen.
- Ausschneiden und vorsichtig auseinanderfalten (Abbildungen S. 96).

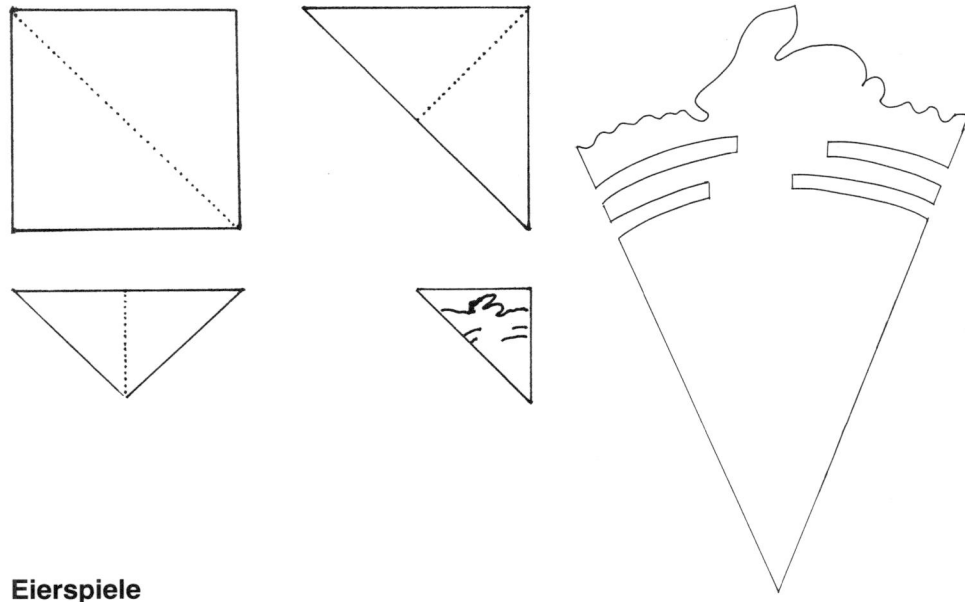

Eierspiele

HÜHNERBAUCH

Material
Schuhkarton, Pappkarton, Buntpapier bzw. Illustriertenpapier, Kleister, Kleisterpinsel, Schere, Filzstift.
Ostereier entsprechend der Anzahl der mitspielenden Kinder.

Herstellen des Spiels
– Schuhkarton mit der Öffnung nach unten auf den Tisch stellen.
– Umrisse eines Huhnes auf ein Stück Pappkarton aufzeichnen (entsprechend der Größe des Schuhkartons). Huhn ausschneiden und Schablone auf ein zweites Stück Karton übertragen.
– Buntpapier in kleine Schnipsel reißen und mit Kleister auf beide „Hühnerteile" kleben.
– Schnabel, Lappen, Kamm aus Buntpapier ausschneiden und am Huhn befestigen.
– Hühnerteile auf die beiden Breitseiten der Schuhschachtel kleben.
– Drei Tore auf einer Seite ausschneiden.
– Über jedem Tor mit Filzstift eine Zahl anbringen.

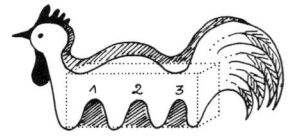

Spiel
Die Kinder werden in drei Mannschaften eingeteilt, und jeder Gruppe wird ein Tor zugewiesen. Von einer Startlinie aus versucht nun jedes Team, seine Eier in den Hühnerbauch zu rollen. Gelingt dies, so gibt es je Ei einen Punkt für die Mannschaft.

EIERBLASEN

Ein ausgeblasenes Ei wird in die Mitte des Tisches gelegt. Alle Spieler setzen sich dicht um den Tisch, die angewinkelten Arme werden auf den Tischrand gelegt, um so eine kleine Mauer für das Ei zu bilden. Dann beginnt der erste Spieler das Ei anzublasen, so daß es über den Tisch rollt, auf einen der Mitspieler zu. Dieser muß nun nach Kräften dagegenblasen, denn wenn das Ei ihn berührt, bekommt er einen Punkt. Wer zuerst 10 Punkte bekommt, hat verloren. Sieger ist also derjenige, den das Ei am seltensten berührt hat. Es kommt nicht allein auf die gute Puste an, sondern auf eine schnelle Reaktion.

EIERBOCCIA

Ein Ei wird als Zielmarkierung drei bis vier Schritte entfernt plaziert. Jeder Mitspieler setzt zwei Eier (der gleichen Farbe) ein und versucht, das Markierungsei zu treffen. Dabei wird in zwei Durchgängen mit je einem Ei gespielt. Eier anderer Mitspieler dürfen durch Treffer verschoben werden. Sieger ist, wer mit einem seiner beiden Eier am Schluß des zweiten Durchgangs dem Markierungsei am nächsten liegt. Er gewinnt von jedem Mitspieler ein Ei.

EIERLAUFEN

Die Kinder werden in zwei Gruppen eingeteilt, die hinter einer Startlinie Aufstellung nehmen. Die Kinder legen mit einem Löffel, worauf ein Ei liegt, eine festgelegte Strecke möglichst schnell zurück. Wer zuerst ankommt und sein Ei nicht zerbrochen hat, sammelt für seine Gruppe einen Punkt.

Lieder

CHRISTUS IST NICHT MEHR TOT

OSTERN · Lieder

2. Die Jünger, sie glauben nicht, was da geschehn,
doch fort ist die Angst, als sie selber ihn sehn.

3. Ihr habt jetzt gehört, was zu Ostern geschehn,
drum laßt auch vor andern die Freude recht sehn:
Christus ist nicht mehr tot, Gott hat ihn auferweckt!

(T. und M.: Uhle, aus Samuel und Theophil Rothenberg: Kinderlob. © Verlag Merseburger, Kassel)

TANZLIED UM DIE OSTERKERZE

Refrain: Wir tanzen, wir tanzen, wir tanzen vor dem Licht, das von Jesus, das von Jesus spricht.

1. Wir tanzen voller Freude, weil auferstanden ist, der tot im Grab gelegen, der Heiland Jesus Christ.

2. Ja, er ist auferstanden,
vom Grab kam er hervor,
so wie ein Korn in Erde stirbt
und bringt dann Frucht hervor.

3. Aus dunkler Grabeshöhle
trat er heraus ans Licht,
wie sich die Knospe öffnet,
die Blüte aufbricht.

4. Wir zünden an die Lichter,
nehmt auf das helle Licht,
nehmt es mit in die Häuser,
daß es die Nacht durchbricht.

(T. und M.: Franz Kett, aus ders.: Kinder erleben Gottesdienst, Don Bosco Verlag, München)

Lieder · OSTERN

HALLELUJA, ES IST OSTERN

1. Halleluja, es ist Ostern. Halleluja, Jesus lebt. Halleluja, Halleluja, Halleluja, Jesus lebt.

2. Freut euch alle, es ist Ostern.
   Freut euch alle, Jesus lebt.
   Halleluja, Halleluja, Halleluja, Jesus lebt.

3. Singet alle, es ist Ostern.
   Singet alle, Jesus lebt.
   Halleluja, Halleluja, Halleluja, Jesus lebt.

4. Klatschet alle, es ist Ostern.
   Klatschet alle, Jesus lebt.
   Halleluja, Halleluja, Halleluja, Jesus lebt.

(T. und M.: Gertrud Lorenz, aus „Singen und Spielen", Verlag Konrad Wittwer, Stuttgart)

ZWISCHEN BERG UND TIEFEM, TIEFEM TAL

(T. und M.: aus Hessen)

1. Zwischen Berg und tiefem, tiefem Tal saßen einst zwei Hasen, fraßen ab das grüne, grüne Gras, fraßen ab das grüne, grüne Gras bis auf den Rasen.

2. Als sie sich nun satt gefressen hatten,
   setzten sie sich nieder,
   bis daß der Jäger, Jäger kam,
   bis daß der Jäger, Jäger kam
   und schoß sie nieder.

3. Als sie sich nun aufgerappelt hatten
   und sie sich besannen,
   daß sie noch am Leben, Leben war'n,
   daß sie noch am Leben, Leben war'n,
   liefen sie von dannen.

OSTERN · Rezepte

GESTERN ABEND GING ICH AUS
(mündlich überliefert)

1. Ge-stern a-bend ging ich aus, ging wohl in den Wald hin-aus, saß ein Ha-se hin-term Strauch, guckt mit sei-nen Au-gen 'raus, kommt dann dicht zu mir her-an, daß er mit mir re-den kann.

2. „Bist du nicht der Jägersmann,
hetzt auf mich die Hunde an?
Wenn der Jagdhund mich ertappt,
hat er längst mich auch geschnappt.
Wenn ich an mein Schicksal denk',
ich mich recht von Herzen kränk'."

3. „Armes Häschen, bist so blaß,
geh den Bauern nicht ins Gras,
geh den Bauern nicht ins Kraut,
sonst bezahlst mit deiner Haut.
Spare dir die Not und Pein,
kannst mit Lust ein Hase sein."

Ostergebäck aus Quarkölteig

Zutaten für den Teig
150 g Quark, 6 El Öl, ein Ei, 2 El Milch nach Bedarf, 75 g Zucker, eine Prise Salz, Zitronenschale oder Vanille, 300 g Weizenmehl, eine Tüte Backpulver.

Zutaten für Figuren
Rosinen, Mandeln, Eiweiß, Eigelb, gefärbte, hartgekochte Eier.

Geräte und Material
Sauberes Tuch, elektrisches Handrührgerät, Mehlsieb, Schüssel, Backbrett, Teigroller, Backblech, Backtrennpapier, Backpinsel, Waage, Eßlöffel. Evtl. Schablonen.

Rezepte · OSTERN

Zubereitung
- Quark, falls sehr feucht, in Tuch gut auspressen.
- Quark mit Öl, Ei, Milch, Zucker, wenig Salz und etwas abgeriebener Zitronenschale oder Vanillezucker gut verrühren, bis Masse gleichmäßig gebunden ist.
- Die Hälfte des mit Backpulver gemischten und gesiebten Mehls unterrühren.
- Rest der Mehl-Backpulvermischung rasch unterkneten, bis Teig gleichmäßige Beschaffenheit hat.
- Teig je nach Verwendung auswellen oder formen.
- Teigwaren mit Eigelb bestreichen, bei Mittelhitze von 180–200°C backen.
- Backdauer 20–30 Minuten.
- Nach dem Backen Ostergebäck nur kurz abkühlen lassen, dann vom Blech lösen und auf Kuchengitter erkalten lassen.

FIGUREN AUS DER TEIGROLLE

Arbeitsweise
Aus dem Teig werden auf einer bemehlten Fläche Rollen geformt. Rollen, die aneinandergefügt werden, bestreicht man mit Eiweiß. Rosinen werden für die Augen verwendet. Die Figuren werden nun mit Eigelb bestrichen und gebacken.

FIGUREN AUS DER TEIGPLATTE

Arbeitsweise
Teig auswellen. Frei oder mit vorgefertigter Schablone Formen ausschneiden. Sollen die Osterfiguren ein eingebackenes Ei enthalten, so wird dieses möglichst mit Naturfarben gefärbt und hartgekocht, bevor es auf den geformten Teig gesteckt wird.

OSTERN · Rezepte

GEBACKENE OSTERNESTER

Zutaten für 8 Nester
250 g Mehl, 15 g Hefe, ⅛ l Milch, eine Prise Salz, 40 g Butter, 50 g Zucker; zum Bestreichen: Eigelb. Hartgekochte, gefärbte Eier.

Geräte und Material
Schüssel, Milchtopf, Handrührgerät (Knethaken) oder Kochlöffel, Backpinsel, Mehlsieb, Meßbecher, Waage, Backblech, Backtrennpapier.

Zubereitung
- Mehl in Schüssel sieben und in die Mitte eine Vertiefung drücken.
- Dort hinein Hefe bröseln und mit etwas lauwarmer Milch verrühren. Zugedeckt 15 Minuten gehen lassen.
- Danach übrige Zutaten dazugeben und Teig so lange abschlagen, bis er sich von der Schüssel löst, eine glatte gleichmäßige Beschaffenheit hat und Blasen wirft.
- Teig nochmals an warmem Ort eine Stunde gehen lassen.
- Teig in fingerdicke Rollen von 15 cm Länge formen. Jeweils 2 Rollen zusammendrehen.
- Ein hartgekochtes, gefärbtes Ei hineinsetzen.
- Teignester nochmals auf dem Backblech 20 Minuten gehen lassen und mit Eigelb bestreichen, das mit Milch verquirlt wurde.

Backzeit: 15 Minuten bei 225° C

GELEE-EIER

Zutaten (für ca. 6 Eier)
½ l Fruchtsaft, evtl. gemischt mit dem Saft einer Zitrone, 2–3 El flüssigen Honig, 2 Päckchen klaren Tortenguß, 6 ausgeblasene Hühnereier (Gewichtsklasse 5).

Geräte
Topf, Schneebesen, Trichter, Eierkarton, Messer, Eßlöffel, Zitruspresse, Meßbecher.

Vorbereitung
Mit Eierstecher und Stricknadel eine Öffnung in ca. Pfenniggröße in das Ei machen. Mit Hilfe der Stricknadel Ei umrühren. So fließen das Ei und Eiweiß leichter aus der Öffnung. Ei auswaschen und zum Trocknen am besten auf die Heizung legen.

Zubereitung des Fruchtgelees
- Inhalt der Päckchen in einen Kochtopf geben.
- Nach und nach Flüssigkeit dazugeben und mit dem Schneebesen sorgfältig verrühren.
- Das Ganze unter Rühren zum Kochen bringen. Honig unterrühren.
- Die gut ausgewaschenen, ausgetrockneten Eier in einen Eierkarton setzen.

– Das warme Gelee mit einem Trichter in die Öffnung der Eier füllen. Wenn es sich gesetzt hat, Gelee nachfüllen.
 Die Eier auskühlen lassen und dann für mindestens 2 Stunden kaltstellen.
– Anschließend kann das Ei mit Wachsmalstiften bemalt werden.

Hinweis
Das Gelee-Ei läßt sich gut schälen!

Muttertag

Herkunft und Bedeutung

EINE PRIVATE INITIATIVE AUS DEN USA

Anna Jarvis, Lehrerin und engagierte Frauenrechtlerin aus Philadelphia, wollte allen Müttern einen Ehrentag widmen. Anfangs wurde sie von den Behörden belächelt, hatte schließlich aber Erfolg. Am 9. Mai 1914 verkündete Präsident Wilson den Kongreßbeschluß, den zweiten Sonntag im Mai „als öffentlichen Ausdruck für die Liebe und die Dankbarkeit zu feiern, die wir den Müttern unseres Landes entgegenbringen".

Die Einführung des Muttertages in den USA reichte der engagierten Dame noch nicht. Sie warb für weltweite Anerkennung dieses Tages. Als Anna Jarvis 1943 starb, wurde der Muttertag bereits in 43 Ländern gefeiert.

Das Datum des Muttertages, der zweite Maisonntag, geht auf den Todestag von A. Jarvis' Mutter zurück, die am zweiten Sonntag im Mai des Jahres 1905 starb.

EIN EHRENTAG IM KREISE DER FAMILIE

An diesem besonderen Tag ist die Mutter Mittelpunkt der Familie. Sie wird von allen Familienmitgliedern verwöhnt und beschenkt.

Um der Mutter eine Freude zu bereiten, werden Gedichte einstudiert, Blumen besorgt, Kuchen gebacken, kleine Geschenke gebastelt.

AUCH EIN BEDEUTENDER TAG FÜR DEN GRUPPENLEITER?

Die Mutter vertraut ihr Kind dem Gruppenleiter an. Daraus ergibt sich die Notwendigkeit eines gutes Kontaktes. Zeigt der Gruppenleiter seine Anerkennung für die Leistung der Mutter nicht dadurch, daß er bei den Vorbereitungen des Kindes zum Muttertag hilft?

Der Muttertag ist in erster Linie ein Tag, der im Kreise der Familie gefeiert wird. Auch wenn er als Festtag für den einen oder anderen fragwürdig ist, hat er sich doch so weit durchgesetzt, daß er nicht übergangen werden kann.

Viele Mütter warten auf einen Liebes- bzw. Dankesbeweis ihres Kindes und sind enttäuscht, wenn dieser nicht erfolgt. Es ist Aufgabe des Gruppenleiters, die Kinder auf diesen Tag gedanklich vorzubereiten, ihnen die Bedeutung des Muttertages in Gesprächen nahezubringen. Muttertagsverse und -lieder verdeutlichen ebenfalls den Sinn dieses Festes. Die Kinder werden angehalten, ein kleines Geschenk für ihre Mütter herzustellen. Das Material darf nicht zu teuer, die Arbeit nicht zu umfangreich sein, da sie mit der gesamten Gruppe bewältigt werden muß.

Plant der Gruppenleiter bzw. das Team eine kleine Feier für die Mütter, so muß überlegt werden, welchen zeitlichen und inhaltlichen Rahmen diese haben soll.

MUTTERTAG · Muttertagsfeier/Gespräch: Mutters Hände

Muttertagsfeier

In Kindertagesstätten für Schulkinder wird es schwierig sein, einen geeigneten Zeitpunkt für die Feier zu finden, da der Großteil der Mütter berufstätig ist. Wenn die Möglichkeit gegeben ist, am Nachmittag zu Kaffee und Kuchen einzuladen, so wird das sicher gerne wahrgenommen.
Neben dem geselligen Zusammensein wird ein kleines Programm die Bedeutung des Tages unterstreichen:
– kurze Ansprache über die Bedeutung des Muttertages
– Lied oder Ständchen *
– Vers *
– kleines Rollenspiel
– Überreichen der Muttertagsgeschenke.
In der Gestaltung des Raumes kann der Muttertag entsprechend berücksichtigt werden, z. B. Blumenschmuck, eine von den Kindern festlich gedeckte Tafel, Illustrationen zum Thema „Mutters Hände", „Was Mutter alles tut", „Mütter aus aller Welt".
Bietet sich die Möglichkeit für diese Feier nicht, kann auch zu einem Muttertagsständchen eingeladen werden. Um die Gäste einzustimmen, wird zuvor kurz zur Bedeutung des Muttertages gesprochen. Eine kleine Erfrischung im Stehen ist sicher willkommen.
Die Mütter werden ca. 2 Wochen vor dem geplanten Termin schriftlich eingeladen. Zeitliche Absprache und Vorankündigung der Veranstaltung erfolgen ca. 4 Wochen vor dem geplanten Termin.
Eine andere Möglichkeit ist es, einmal Großmütter und Urgroßmütter einzuladen.

Gespräch: Mutters Hände

Ziel
Die Kinder sollen den Wert der mit den Händen geschaffenen Hausarbeit, die die Mutter täglich verrichtet, erkennen.

Material
Fotos oder Kunstdrucke mit Abbildungen von Händen in verschiedenen Tätigkeiten.

Einstieg – Sensibilisierung
Der Gruppenleiter beginnt:
Wir schließen die Augen. Wir werden ganz ruhig. Wir legen unsere Hände ineinander. Eine Hand spürt die andere.
Wir ertasten unsere Hände, die eine Hand, die andere Hand!
Wir ertasten die ganze Hand: die Handinnenseite, den Handrücken, den Daumen, die einzelnen Finger ...
Wir öffnen die Augen wieder.

Gesprächsimpulse
Die Kinder äußern ihre Empfindungen, z.B.: die Hand ist warm oder kalt, klein oder groß; man spürt am Handgelenk den Pulsschlag; die Fingerkuppen sind besonders empfänglich für Tastreize; jemand hat vielleicht eine kleine Wunde oder sogar ein Pflaster an der Hand; die Hände kann man öffnen und schließen; die einzelnen Finger kann man unterschiedlich oder zusammen bewegen ...
Der Gruppenleiter sammelt die Gesprächsbeiträge und leitet zum Schwerpunkt des Gespräches über: Was macht unsere Mutter alles mit ihren Händen?
Mutter kocht, putzt, bügelt, füllt den Einkaufskorb, trägt die Einkaufstaschen ...
Die Kinder werden zuerst mehr die mechanischen Tätigkeiten aufzählen.
Der Gruppenleiter regt zu einer vertieften Betrachtung des Themas an:
Wenn kleinere Geschwister oder ein Baby im Haus sind, brauchen sie Hilfe, die Mutter ihnen gibt:
füttern, die Flasche geben; baden, wickeln; wenn das Baby schreit, nimmt Mutter es und beruhigt es ...
Mutter tröstet ein Kind, wenn es hingefallen ist und sich wehgetan hat; Mutter nimmt ein Kind in den Arm, wenn es Kummer hat ...
Wenn ein Familienmitglied krank ist, bereitet Mutter ein besonderes Essen zu, gibt die Medizin, macht das Bett zurecht ...
Abends, wenn wir schlafengehen, kommt Mutter noch einmal an unser Bett, erzählt eine Geschichte oder singt ein Schlaflied oder faltet die Hände mit uns, um ein Abendgebet zu sprechen ...

Beendigung des Gespräches – Anschauungsmaterial
Zur weiteren Betrachtung legt der Gruppenleiter einige Bilder in die Kreismitte, auf denen Beispiele von manuellen Tätigkeiten abgebildet sind.
Es könnten die Hände einer Mutter sein.
Die Kinder teilen ihre Assoziationen mit.
Der Gruppenleiter faßt noch einmal die wichtigsten Gesprächsinhalte zusammen:
Mutters Hände sind unermüdlich für uns im Einsatz. Den ganzen Tag über gibt es immer etwas zu tun. Auch die kleinen, unbedeutenden Verrichtungen sind wichtig. Wir übersehen sie oft und schätzen sie nicht richtig. Wir haben heute einmal darüber nachgedacht, was Mutter mit ihrer Hände Arbeit alles für uns tut und wie sie sich tagtäglich um uns sorgt. Wir wollen dankbar sein und einmal überlegen, wie wir ihr im Alltag etwas zur Hand gehen können.

Weiterführung und Vertiefung
Je nach Alter der Kinder und zeitlicher Planung kann direkt im Anschluß an das Gespräch oder einige Tage später eine Vertiefung des Themas in Form eines Spiels oder einer Werktechnik angeboten werden.
Beispiele
— Mit geschlossenen Augen durch Händedruck einen Spielteilnehmer erraten.
— Hände erraten: Ein Kind sitzt mit dem Rücken zu den übrigen Spielteilnehmern, die ihm von hinten über die Schulter ihre Hände vorstrecken.
— Hände der Mutter in verschiedenen Tätigkeiten auf eine lange Papierrolle malen.
— Hände aus Ton mit geschlossenen Augen formen.
— Pantomime: Tätigkeiten wie z. B. Fenster putzen, Kuchen backen usw. werden pantomimisch dargestellt.
Auch als Schattenspiel hinter einer weißen Leinwand geeignet.

Geschichte

MUTTERTAG

Susis Mutter sagt, ihretwegen muß der Muttertag nicht gefeiert werden. Sie sagt, der Muttertag ist hauptsächlich für Geschäftsleute da, für die Zuckerbäcker und für die Blumenhändler. Und für alle übrigen, die daran verdienen.
Sie sagt, sie feiert ihre Muttertage übers Jahr hin verstreut, denn ein Tag allein wäre ihr viel zuwenig. Sie hat – sagt sie – jedesmal Muttertag, wenn die Susi ihr eine Zeichnung schenkt, einfach so, oder wenn der Vater ihr einen Blumenstrauß heimbringt, einfach so, weil es ihm gerade eingefallen ist. Oder wenn sie zu dritt beschließen: „Heute wird nicht gekocht", und sie marschieren vergnügt ums Eck in die kleine Pizzeria. Dann, sagt Susis Mutter, findet jedesmal Muttertag statt, und sie muß auch deshalb vorher nicht extra zum Friseur gehen.
Trotzdem feiert Susis Familie Muttertag, nicht wegen der Mutter, sondern wegen der Omama. Die Omama legt Wert darauf. Sie will diesen Sonntag speziell feiern, auch wenn sie sonst jeden Sonntag etwas mit der Familie unternimmt. Sie geht auch extra vorher zum Friseur und läßt sich frische Dauerwellen machen, wunderschöne große weiße Locken mit einem silbergraublauen Schimmer. Weil sie aber weiß, daß Susis Mutter keinen Wert auf Muttertag legt, ruft sie vorher an und sagt: „Kinder, also ich komme wie üblich am Sonntag zu Mittag, aber bitte, tut euch nichts an! Keine Großkocherei! Eine Suppe, sonst nichts! Schwört ihr mir das? Susis Mutter schwört. Susis Vater schwört. Susi schwört nicht, weil sie genau weiß, daß dieser Schwur nie, nie, nie gehalten wird.
Sie kochen zu dritt das Muttertagsmenü, der Vater, die Mutter und Susi. Der Vater kocht die Suppe. Nachher, beim Essen, wird er sagen: „Die Suppe hab' ich komponiert!" Und alle werden rufen, daß die Suppe ein echtes Kunstwerk ist, ein Gedicht, ein Superhit. Und es wird so viel Suppe sein, daß sie für drei Tage reicht.

Die Mutter schiebt den Braten ins Rohr, mischt drei verschiedene Marinaden für drei verschiedene Salate und bereitet Kartoffelkroketten, weil normale Erdäpfel für einen Muttertag zu gewöhnlich sind. „Wenn schon, denn schon", sagt die Mutter.
Susi macht eine Oblatentorte mit Schokoladencreme.
Pünktlich um zwölf steht sie mit dem Vater vor dem Haustor, um auf das Taxi zu warten. Die Omama geht schwer. Man muß sie die Stufen hinauf stützen. Die Omama hat ihre große braunkarierte Reisetasche mit. Susi schleppt die Tasche in den zweiten Stock hinauf. „Was hast du denn da drin, Omama?"
„Ein bißchen was zum Schnabulieren", sagt die Omama. Sie geht gleich in die Küche und packt die Tasche aus: zwei gebratene Henderln, noch heiß, Erdäpfelsalat in einer Riesenschüssel, ein zuckerbestreuter Gugelhupf, ein Obstsalat.
„Ja, aber", sagt Susis Mutter, „wir haben doch auch . . ."
Die Omama betrachtet die drei Salate der Mutter und schnuppert zum Backrohr hinüber.
„Wenn ich sage, eine Suppe, sonst nichts, dann meine ich auch eine Suppe, sonst nichts!" ruft die Omama. „Ich wollte euch auf keinen Fall Arbeit machen, drum hab' ich gekocht, das ist doch klar!"
„Keine Panik", sagt der Vater. „Wir werden zu viert in aller Ruhe überlegen, was wir tun sollen . . ."
„Laden wir die alte Frau Machacek aus dem dritten Stock ein", sagt die Mutter. „Die ist heute ganz allein, ihre Kinder sind alle im Ausland."
„Eine gute Idee", sagt die Omama. „Und dazu noch die Frau Grünpoldt aus dem ersten Stock –"
„Die ist keine Mutter", sagt Susi. „Die hat keine Familie. Die ist Krankenschwester im Kinderspital."
„Ich hab' ja gewußt, daß sie was Mütterliches hat", sagt die Omama zufrieden. „Also die. Und wen noch?"
„Den Herrn Pospischil aus dem Neunerhaus", sagt Susi. „Der mir immer alle kaputten Puppen gerichtet hat. Und dem Fritz hat er das Fahrrad repariert."
„Ja, der hat was ausgesprochen Mütterliches", sagt die Mutter. „Geh, Hans, bitte, hol ihn herüber. Und wenn du schon im Neunerhaus bist, frag die Studentin, diese blonde, ich glaub', Michaela heißt sie –"
„Zweiter Stock rechts", sagt Susi.
„Die hat zwar noch gar nichts Mütterliches", sagt der Vater, „aber das kann ja noch werden mit der Zeit. Und Studenten haben meistens Hunger. Wenigstens war das so, wie ich studiert habe. Ich war über jede Einladung froh."
„Heute haben Studenten genug zu essen", sagt die Omama. „Aber ich war immer für eine ordentliche Gästemischung, nicht nur uralte Leute, das wär' ja fad . . ."
Der Vater geht die neuen Gäste einladen, Susi legt Folie auf die nicht mehr ganz so heißen Henderln, die Mutter schiebt den Küchentisch neben den Eßtisch ins Wohnzimmer.
Bald darauf sitzen acht vergnügte, hungrige Leute um die beiden Tische und sagen, daß die Suppe ein Kunstwerk ist, ein Gedicht, ein Superhit. Sie essen den Braten und die Salate. Die Henderln sind nur mehr lauwarm, aber das stört keinen. Zum Obstsalat trinken sie den Sekt, den der Herr Pospischil mitgebracht hat. Der Sekt ist ein bißchen zu warm, weil keine Zeit mehr war, ihn einzukühlen, aber auch das stört keinen.
Die Frau Grünpoldt fragt die Omama, zu welchem Friseur sie geht. Die blonde

Michaela fragt die alte Frau Machacek, ob sie sich noch gut an die Nachkriegszeit in diesem Bezirk erinnern kann, die Michaela soll nämlich eine Arbeit über dieses Thema schreiben. Die Frau Machacek sagt, sie erinnert sich haargenau, außerdem hat sie alte Fotos, die Michaela soll nur einmal zu ihr hinaufkommen.
Der Vater und der Herr Pospischil machen aus, daß sie nach dem Kaffee eine Partie Schach miteinander spielen werden. Die Mutter ruft entsetzt, daß sie vergessen hat, Kaffee einzukaufen, aber die Frau Grünpoldt beruhigt sie, sie kocht nachher für alle einen Türkischen in ihrer Wohnung.
„So lustig war's schon lange nicht bei uns", sagt Susi. „So ein schönes Durcheinander."
„Im Grunde versteh' ich nicht, was du gegen Muttertage hast", sagt die Omama später zur Mutter.
„Gegen solche hab' ich eh nichts", sagt die Mutter.
(Lene Mayer-Skumanz)

Verse

MEINE LIEBE MUTTER DU

Meine liebe Mutter du,
ich will dir Blumen schenken.
Was ich dir sagen will dazu,
das kannst du dir schon denken:

Ich wünsch' dir Glück und Fröhlichkeit,
die Sonne soll dir lachen!
So gut ich kann und allezeit
will ich dir Freude machen.

Denn Muttertage, das ist wahr,
die sind an allen Tagen.
Ich hab' dich lieb das ganze Jahr!
Das wollte ich dir sagen.
(Ursula Wölfel)

ZUM MUTTERTAG

Ach, liebe Mutter, ich weiß es ja:
Du hast mich lieb das ganze Jahr.

Viel öfter wollte ich danken dir!
Ich tu' es jetzt. Und glaube mir,

daß jede Blume, die du hier siehst,
dir sagen soll, wie lieb du mir bist.
(Walter Mahringer)

Ich lieb' dich so fest
wie der Baum seine Äst',
wie der Himmel seine Stern',
grad' so hab' ich dich gern.
(Volksgut)

MEINE MUTTER

Von allen Müttern auf der Welt
ist keine, die mir so gefällt
wie meine Mutter, wenn sie lacht,
mich ansieht, mir die Tür aufmacht.
Auch wenn sie aus dem Fenster winkt
und mit mir rodelt, mit mir singt
und nachts in Ruhe bei mir sitzt,
wenn's draußen wettert, donnert, blitzt,
und wenn sie sich mit mir versöhnt,
und wenn ich krank bin, mich verwöhnt –
ja, was sie überhaupt auch tut,
ich mag sie immer, bin ihr gut.
Und hin und wieder wundert's mich,
daß wir uns fanden – sie und ich.
(Rosemarie Neie)

Morgen ist der Muttertag,
hört mal alle her:
So ein Fest- und Feiertag
ist für Mutter schwer.

Laßt uns an die Arbeit gehn!
Putzen wir das Haus!
Doch, du, Mutter, bitteschön,
ruhst dich heute aus!
(Markus Polder)

ZUM MUTTERTAG

Wir wären nie gewaschen
und meistens nicht gekämmt.
Die Strümpfe hätten Löcher,
und schmutzig wär' das Hemd.
Wir gingen nie zur Schule,
wir blieben faul und dumm
und lägen voller Flöhe
im schwarzen Bett herum.
Wir äßen Fisch mit Honig
und Blumenkohl mit Zimt,
wenn du nicht täglich sorgtest,
daß alles klappt und stimmt.
Wir hätten nasse Füße
und Zähne schwarz wie Ruß
und bis zu beiden Ohren
die Haut voll Pflaumenmus.
Wir könnten auch nicht schlafen,
wenn du nicht noch mal kämst
und uns, bevor wir träumen,
in deine Arme nähmst.
Wer lehrte uns das Sprechen?
Wer pflegte uns gesund?
Wir krächzten wie die Krähen
und bellten wie ein Hund.
Wir hätten beim Verreisen
nur Lumpen im Gepäck.
Wir könnten gar nicht laufen,
wir kröchen durch den Dreck!
Und trotzdem! Sind wir alle
auch manchmal eine Last:
Was wärst du ohne Kinder?
Sei froh, daß du uns hast.

(Eva Rechlin, Träumereien und Schnurrpfeifereien, Patmos Verlag, Düsseldorf 1988)

Geschenke

Adressbuch
Aschenbecher aus Ton
Bleistift verziert
Blumen
- -bild aus Honigkuchenteig *
- säen (Kapuzinerkresse u. a.)
- -schmuck
- -stab *
- -topf-Kuchen *
- -Untersetzer
Briefbeschwerer aus Gießharz
Briefpapier
Duftkissen
Duftsäckchen

Eierwärmer * (→ Ostern)
Faltschachtel
Fotoalbum
Fotorahmen * (→ Kindergeburtstag)
Frühstücksbrettchen
Geburtstagskalender
Gewürzkränzchen
Gewürzsträußchen
Gläser mit Schraubverschluß bemalen
Handcreme selbst gemacht
Herzchenbrief *
Hyazinthentüten *
Keksdose * (→ Weihnachten)
Kochbuch

MUTTERTAG · Geschenke

Konfekt *
Kräuterkissen
Kräutersäckchen
Kresse – Igel *
Küchenhandtuch mit Monogramm
Küchenschürze
Lesezeichen
Mobile
Muttertag – Buch *
Nadelkissen
Naturkosmetik *
Platzdeckchen
Pralinen – Konfekt *
Sammelmappe
Schachteln

– falten
– bekleben
– bemalen
Schlüsselanhänger
Servietten bedrucken
Serviettenringe
Streichholzschachtel *
Topfhandschuh
Topflappen
T-Shirts bemalen *
Tulpenstrauß falten * (→ Kindergeburtstag)
Untersetzer
Vogel für das Blumenfenster *
weiße Fliesen mit Lackmalstiften bemalen
Wunderknäuel * (→ Kindergeburtstag)

HERZCHENBRIEF

Material
Regenbogen-Buntpapier, Lackstift weiß, farbige Filzstifte, Locher, Schere, 60–65 cm Geschenkband.

Durchführung
– Bunte Seite des Papiers nach oben legen.
– Linke untere Spitze nach rechts oben so anlegen, daß ein Quadrat entsteht, überstehendes Papierteil abschneiden.

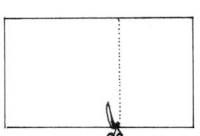

– Diagonalen falten
  (beide Bruchkanten liegen auf der weißen Seite).
– Papier wenden.
– Kreuz falten
  (diese Bruchkanten liegen jetzt auf der bunten Seite).

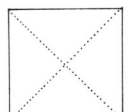 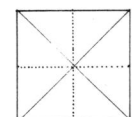

– Papier an den Kreuzbrüchen zusammenschieben.
– Herzform markieren, ausschneiden.
– Zwei Löcher im Abstand von ca. 1 cm von der Mittellinie aus mit dem Locher einstanzen.
  (Jedes Loch einzeln anbringen, sonst wird der Abstand zu groß.)

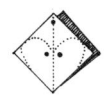

– Anrede „Für meine Mutti" oder dgl. mit weißem Lackstift aufmalen.
– Herzform öffnen.
  Innen auf die weiße Seite Blümchen, einen Muttertagsvers, einen persönlichen Gruß o. ä. schreiben und malen.

– Herzform wieder schließen.
– Durch die beiden Löcher das Geschenkband ziehen, zur Schleife binden.

Geschenke · MUTTERTAG

BLUMENSTAB

Material
Vierkantholzstab, 40 cm lang, Holzbeize, Schnitzmesser oder sehr scharfes Küchenmesser.

Durchführung
- An einem Ende des Stabes Spitze zuschneiden (ca. 6–7 cm lang).
- Stab mit Holzbeize einfärben.
- Muster und Ornamente in den gefärbten Stab schnitzen. Die Muster setzen sich hell gegen das gefärbte Holz ab.
- Stab in einen Blumentopf mit einer rankenden Pflanze einsetzen.

Hinweis: Beim Schnitzen ist darauf zu achten, daß immer vom Körper weg geschnitzt wird. Trotzdem ist es ratsam, den Daumen schon von Beginn der Arbeit an dick mit Heftpflaster zu umwickeln; Kinder vergessen die Vorsichtsmaßregeln, weil sie meistens sehr ungeübt im Schnitzen sind.

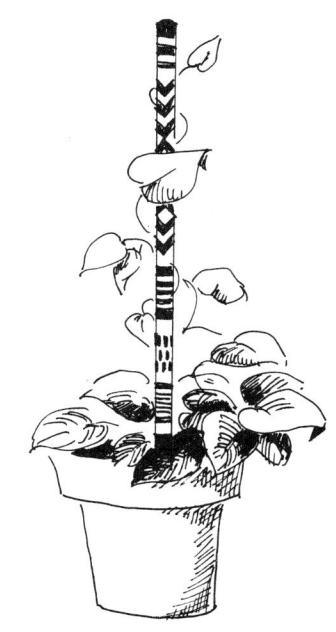

HYAZINTHENTÜTEN

Material
Zeichenkarton, Lackstifte oder Filzstifte, Schere, Kleber, Marmeladenglas, Hyazinthenzwiebel.

Durchführung
- Zeichenkarton zuschneiden.

- Fransen über den Rücken einer Schere ziehen (nach außen).

- Unteren Rand mit Lackstiften bemalen.

- Zu einer Tüte zusammenkleben.

- Mit einer vorgezogenen Hyazinthe im Wasserglas verschenken.

Hinweis
Die Zwiebel selbst darf nicht im Wasser liegen. Das Marmeladenglas kann mit Glasfarben bemalt werden.

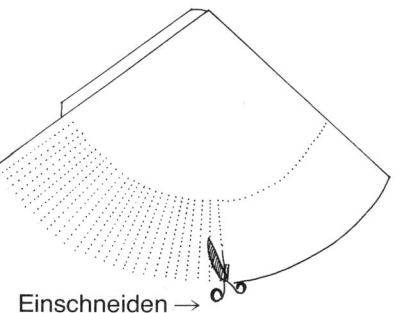

Einschneiden →

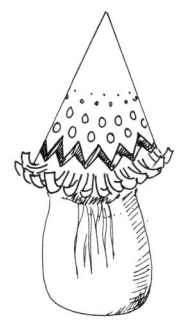

MUTTERTAG · Geschenke

T-SHIRTS BEMALEN

Material
Weiße T-Shirts, Rolle Küchenkrepp, Stoffmalfarben, Borstenpinsel, Bügeleisen.

Arbeitsschritte
- Muster auf Papier entwerfen.
- T-Shirts waschen, mindestens bei 60° C (die Farbe haftet sonst nicht).
- Küchenkrepp unter die zu bemalende Stofffläche legen.
- Muster mit dem Borstenpinsel auftragen. Trocknen lassen.
- Von links bügeln, Einstellung des Bügeleisens: Baumwolle.

Mustervorschläge

    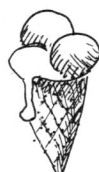

KRESSE-IGEL

Material
Selbsttrocknende Modelliermasse, Modellierstäbchen, Streichhölzer, Papiertaschentücher, Schere, Kressesamen, Wasser.

Durchführung
- Igelkörper formen, Augen aus zwei kleinen Kugeln formen und aufsetzen, Schnauze etwas einritzen.
- In den Rücken des Igels eine Vertiefung drücken.
- Dünne Wurst aus Modelliermasse formen, als Auffangrinne rund um den Igelkörper legen, festdrücken.
- In die Rückenvertiefung mit Streichhölzern viele kleine Löcher bohren.
- Form nach Anleitung trocknen lassen.
- Mehrere Papiertaschentücher so zuschneiden, daß sie eine weiche Unterlage in der Rückenvertiefung ergeben; mit Wasser gut durchfeuchten, Kressesamen hineingeben, mit Wasser begießen.
- Tagtäglich gut feuchthalten.
- Nach 4–5 Tagen ist die Kresse erntereif.

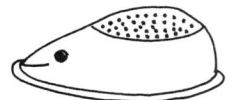

STREICHHOLZSCHACHTEL

Material
Eine Streichholzschachtel, Metallfolie, Schleifpapier, Lineal, Nadel, Stricknadel, Schaschlikstäbchen o. ä., Zeitungspapier, Drahtschere, Küchenkrepp, Plakafarbe schwarz, Kleber.

Geschenke · MUTTERTAG

Durchführung
– Metallfolie in der Größe der Streichholzschachtel zuschneiden.
– Ecken etwas abrunden, scharfe Kanten mit dem Schleifpapier abschmirgeln.
– Mehrere Lagen Zeitungspapier am Arbeitsplatz herrichten.
– Muster mit Nadeln, Stäbchen usw. in die Metallfolie eindrücken.
– Metallfolie mit schwarzer Plakafarbe bestreichen, trocknen lassen.
– Mit Küchenkrepp polieren. In den Vertiefungen bleiben Reste der schwarzen Farbe zurück und wirken wie eine Patina.
– Mit Kleber auf der Streichholzschachtel befestigen.

Hinweis
Es empfiehlt sich, das Muster vor dem Eindrücken auf einem Blatt Papier zu entwerfen. Geeignet sind alle einfachen grafischen Muster.

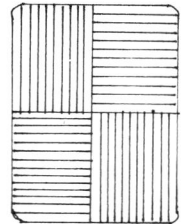
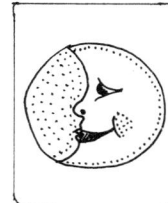

MUTTERTAGSBUCH

Ein Geschenk, für das Überlegung und Fantasie aufgebracht werden muß, ist das Muttertagsbuch.

Material
2 Plakatkartons (DIN A 4) für den Umschlag, Blätter gleicher Größe, Locher, Kordel, Material für die Gestaltung der Blätter, z. B. gepreßte Blumen, Blumenbilder, Foto der Mutter . . .

Durchführung
Die Kinder gestalten die einzelnen Blätter nach eigener Vorstellung. Der Gruppenleiter gibt lediglich Anregungen:
– Collage mit Fotos von Müttern aus aller Welt.
– Versprechen an die Mutter, z. B. Schuhe putzen, einkaufen etc.
– Blumenbilder aufkleben.
– Gedichte, Lieder zum Muttertag eintragen.
– Ein Bild, das den Tagesablauf der Mutter darstellt, malen.
– Eine Seite mit gepreßten Blumen gestalten und anderes mehr.
Die einzelnen Blätter und Kartons werden gelocht und mit der Kordel zusammengebunden. Die Titelseite wird nach Wunsch gestaltet. Der Umschlag kann mit selbstklebender Folie versehen werden.

MUTTERTAG · Lieder

VOGEL FÜR DAS BLUMENFENSTER

Material für einen Vogel
5 Blatt doppellagiges WC-Papier, ein El fertig angerührter Kleister, Backtrennpapier, Schüssel mit Wasser, 5 bunte Federn, Schaschlikstab, Plakafarbe, Glimmer.

Verarbeitung
- WC-Papier mit dem Kleister vermengen, gut durchkneten und 30 Min. quellen lassen.
- Vogelkörper herstellen, mit Wasser glattstreichen.
- Auf Backtrennpapier setzen, 24 Std. trocknen lassen, bis die Form außen leicht angetrocknet ist, innen aber noch feucht ist.
- Mit der Spitze des Schaschlikstabes ein Loch in den Vogelkörper bohren, einen Tropfen Kleber hineingeben, Schaschlikstab mit der stumpfen Seite in das Loch stecken, trocknen lassen.
- Form mit Plakafarbe bemalen.
- Federn vorsichtig in die Form hineinstecken: eine Schwanzfeder; je 2 Flügel seitlich in den Vogelkörper stecken.
- Nochmals 1–2 Tage trocknen lassen.
- Glimmer sehr sparsam zur weiteren Dekoration, z. B. am Bauch, auftragen.

Hinweis
Der Vogel kann auch an einem dünnen Perlonfaden vor das Fenster gehängt werden.

Lieder

STÄNDCHEN ZUM MUTTERTAG

(Weise aus: Tielmann Susato „Danserye", 1551)

FÜR MEINE MUTTER

1. Was bring ich wohl an diesem Tag meiner lieben Mutter? Geh zur Wiese hin und frag, ob sie mir nicht raten mag. Blümelein, Blümelein, bring ich meiner Mutter.

2. Was bring ich wohl an diesem Tag
   meiner lieben Mutter?
   Geh aufs Feld hinaus und frag,
   ob es mir nicht raten mag.
   Sonnenschein, Blümelein,
   bring ich meiner Mutter.

3. . . .
   Geh ich in den Wald und frag,
   ob er mir nicht raten mag.
   Vogelsang, Vogelsang,
   Sonnenschein, Blümelein,
   bring ich meiner Mutter.

4. . . .
   Geh zur Kirche hin und frag,
   ob sie mir nicht raten mag.
   Glockenklang, Vogelsang,
   Sonnenschein, Blümelein,
   bring ich meiner Mutter.

5. . . .
   Geh zum Vater hin und frag,
   ob er mir nicht raten mag.
   Lust und Scherz, Lust und Scherz,
   Glockenklang, Vogelsang,
   Sonnenschein, Blümelein,
   bring ich meiner Mutter.

6. . . .
   Geh zur Mutter selbst und frag,
   ob sie mir nicht raten mag.
   Kinderherz, Lust und Scherz,
   Glockenklang, Vogelsang,
   Sonnenschein, Blümelein,
   und ein Küßlein, süß und fein,
   bring ich meiner Mutter.

(Worte: Ludwig Reinhard, Weise: Richard Rudolf Klein, aus: Willkommen, lieber Tag, Band 2, Verlag Moritz Diesterweg, Frankfurt am Main)

Rezepte

BLUMENTOPF-KUCHEN

Zutaten (für 6 Blumentöpfe von 8 cm Durchmesser)
500 g Mehl, ein Beutel Trockenhefe, ⅛ l Milch, 100 g Zucker, ein Päckchen Vanillezucker, eine Prise Salz, 100 g Butter oder Margarine, Rosinen.

Geräte und Material
Schüssel, Mehlsieb, elektrisches Handrührgerät mit Knethaken oder Kochlöffel, sauberes Tuch, Waage, Meßbecher. Neue Blumentöpfe aus Ton (8 cm Durchmesser), Alufolie.

Zubereitung
– Mehl in Schüssel sieben, Trockenhefe, Zucker, Vanillezucker und Salz untermischen.
– Lauwarme Milch und zimmerwarme Butter (Margarine) sowie das Ei dazugeben. Teig so lange abschlagen, bis er sich von der Schüssel löst und glatte, gleichmäßige Beschaffenheit hat.
– Rosinen mit bemehlten Händen unterkneten.
– Teig an warmem Ort gehen lassen, bis dieser sein Volumen verdoppelt hat (ca. eine Stunde).
– Töpfe mit Alufolie auskleiden und oben am Topfrand umschlagen.
– Teig aufteilen und in die vorbereiteten Töpfe geben. Diese werden nur zu ⅔ gefüllt.
– Teig weitere 20 Minuten gehen lassen.
– Im vorgeheizten Ofen bei ca. 170°C 45 Minuten backen (Nadelprobe).
– Kuchen herausnehmen, abkühlen lassen und Alufolie entfernen. Kuchen in den Topf zurückgeben.

Hinweis
Für den Kuchen eignet sich auch sehr gut Quarkölteig!

Die Blume wird gefaltet (→ Kindergeburtstag – Tulpenstrauß). Es empfiehlt sich, den Stengel durch einen Schaschlikspieß zu stützen.

HONIGTEIGBILDER

Zutaten (für ca. 6 Bilder)
Für den Teig: 50 g Honig, ein Ei, 80 g Zucker, 50 g geriebene Haselnüsse, 230 g Mehl, ½ Tl Backpulver.
Für den Guß: ein Eiweiß, 200 g Puderzucker.

Für die Verzierung: Lakritze, verschiedene Geleestäbchen, ein Apfelring (Trockenobst).

Geräte und Material
Schüssel, elektrisches Handrührgerät, Teigrädchen, Teigroller, Backblech, Backtrennpapier, Backschaufel, Gefäß für den Guß, Schneebesen, Backpinsel, Teelöffel, Waage.

Zubereitung
- Honig, Zucker und Ei schaumig rühren.
- Die geriebenen Haselnüsse daruntermischen.
- Mehl mit Backpulver vermischen und unter die Masse geben und mit dem Rührgerät bzw. den Händen fest verkneten.
- Auf bemehlter Arbeitsfläche den Teig ca. ½ cm dick ausrollen und davon Vierecke von 9 × 12 cm Größe ausradeln (evtl. mit Hilfe einer Schablone).
- Ca. 10–15 Minuten im vorgeheizten Backofen bei 200°C backen.
- Für den Guß Puderzucker und Eiweiß vermengen.
- Den Guß auf die Vierecke verteilen.
- Darauf aus Lakritze Stengel für die Blumen anordnen und aus den Geleefrüchten die Blätter und die Blüten. Der Apfelring bildet die Vase.

Hinweis
Besonders hübsch sieht das Geschenk aus, wenn es in Klarsichtfolie verpackt und mit einem Geschenkband versehen wird.

HONIGTEIG-HERZ

Zutaten für den Teig (für ca. 6 Herzen)
→ Blumenbild.

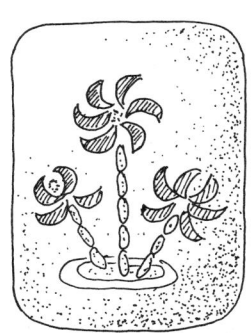

Für den Guß: ein Eiweiß, 200 g Puderzucker, rote Lebensmittelfarbe.
Für die Verzierung: Zuckerschrift und Gebäckschmuck.

Geräte und Material
Schüssel, elektrisches Handrührgerät, Teigroller, Backblech, Backtrennpapier, Backschaufel, Gefäß für den Guß, Schneebesen, Herzschablone, spitzes Messer, Waage.

Zubereitung
- Honig, Zucker und Ei schaumig rühren.
- Die geriebenen Haselnüsse daruntermischen.
- Mehl mit dem Backpulver vermischen und unter die Masse geben und mit dem Rührgerät bzw. mit den Händen verkneten.

MUTTERTAG · Rezepte

- Auf bemehlter Arbeitsfläche den Teig ca. ½ cm dick ausrollen und die Herzschablone darauflegen. Mit spitzem Messer ausschneiden und mit Hilfe der Backschaufel auf das gefettete Blech geben.
- Den Ofen auf 200°C vorheizen und anschließend die Herzen ca. 10-15 Minuten backen.
- Für den Guß Puderzucker und Eiweiß vermengen und mit ein Paar Tropfen roter Lebensmittelfarbe färben.
- Den Guß auf die Herzen verteilen und mit Zuckerschrift beschriften oder mit Gebäckschmuck verzieren.
- Die Herzen später in Klarsichtfolie als Geschenk verpacken.

KONFEKT

BUNTE KOKOSFLOCKEN (ca. 50 Stück)

Zutaten
Ein Eiweiß, ein El Zitronensaft, 100 g Puderzucker, 150 g Kokosflocken, 3 Tl Waldmeistergrundstoff oder Himbeersirup.

Geräte und Material
Schüssel, elektrisches Handrührgerät, Zitronenpresse, Eßlöffel, Teelöffel, Backblech, Backtrennpapier, Waage.

Zubereitung
- Eiweiß steif schlagen.
- Zitronensaft, Puderzucker, Kokosflocken unterheben.
- Waldmeistergrundstoff oder Himbeersirup unterrühren.
- Mit einem Teelöffel kleine Häufchen auf Backtrennpapier setzen.
- In den Backofen schieben, auf die kleinste Stufe schalten und zwei Stunden trocknen lassen.
- Die Flocken nach einer Stunde umdrehen.

NUSSTRÜFFEL (ca. 30 Stück)

Zutaten
75 g Butter, 75 g Puderzucker, ein Päckchen Vanillezucker, 200 g zartbittere Schokolade, 100 g gemahlene, leicht geröstete Haselnußkerne.

Geräte und Material
Schüssel, elektrisches Handrührgerät, Rührlöffel, 2 Töpfe für das Wasserbad, Pfanne zum Rösten der Haselnüsse, Waage, Papier-Pralinenförmchen.

Zubereitung
- Butter schaumig rühren.
- Puderzucker und Vanillezucker hinzufügen.

- Die Schokolade in kleine Stücke brechen, in einem kleinen Topf im Wasserbad bei schwacher Hitze zu einer geschmeidigen Masse verrühren und unter die Butter-Zuckermasse rühren.
- Die Hälfte der Haselnußkerne darunterrühren.
- Die Masse eine Zeitlang kaltstellen, kleine Kugeln daraus formen und in den restlichen Haselnußkernen wälzen.
- Die Nußtrüffel in die Pralinenförmchen geben und kühl aufbewahren.

ROSINEN-RUMKUGELN (ca. 50 Stück)

Zutaten
100 g Butter, 100 g Puderzucker, ein Päckchen Vanillezucker, 300 g geriebene Blockschokolade, 3 El Rum, 125 g Rum-Rosinen. Zum Wälzen: 100–150 g Schokoladenstreusel.

Geräte und Material
Schüssel, elektrisches Handrührgerät, Haarsieb, Eßlöffel, Waage, Papier-Pralinenförmchen.

Zubereitung
- Butter schaumig rühren und nach und nach Puderzucker, Vanillezucker, Blockschokolade und Rum unterrühren.
- Rosinen zufügen.
- Masse eine Zeitlang kaltstellen, kleine Kugeln daraus formen und in den Schokoladenstreuseln wälzen (am besten in einem kleinen Haarsieb).
- Die Rosinen-Rumkugeln in die Pralinenförmchen geben und kühl aufbewahren.

WALNUSS-APRIKOSEN-KONFEKT (ca. 45 Stück)

Zutaten
125 g getrocknete Aprikosen, ein El Apricot Brandy, 200 g Marzipan-Rohmasse, 100 g Puderzucker.
Zum Belegen: Etwa 100 g Walnußkernhälften.
Guß: 100 g Kuvertüre.

Geräte und Material
Schüssel, elektrisches Handrührgerät, Eßlöffel, Messer, 2 Töpfe für Wasserbad, Schneebesen, Brett, Waage, Pergamentpapier, Pralinenförmchen.

Zubereitung
- Aprikosen in sehr kleine Stücke schneiden, mit dem Apricot Brandy übergießen und zugedeckt etwa 2 Stunden stehenlassen.
- Das Marzipan hinzufügen und mit einem elektrischen Handrührgerät mit Rührbesen gut unterrühren.
- Den Puderzucker unterkneten.

- Aus der Masse etwa 2 cm dicke Rollen formen, in etwa 1½ cm dicke Scheiben schneiden und mit je einer Walnußkernhälfte belegen (etwas andrücken).
- *Für den Guß:* Die Kuvertüre in einem kleinen Topf im Wasserbad bei schwacher Hitze zu einer geschmeidigen Masse verrühren. Jedes Marzipanstückchen bis zur Walnußhälfte hineintauchen und auf Pergamentpapier setzen.

Naturkosmetik

Naturkosmetik erfreut sich steigender Beliebtheit. Großen Spaß macht es, sie selbst zu mixen. Alle Zutaten sind in Apotheken, im Reformhaus oder aber auch in den Hobbyläden für Naturkosmetik zu erhalten. Hobbyläden führen auch Zubehör.

HONIG-MANDEL-SEIFE

Zutaten
120 g unparfümierte Seife, 20 g Mandelöl, ein Tl Honig, 15 ml Rosenwasser, 3 Tropfen Duftöl (z. B. Orangenöl, Melissenöl).

Zubereitung
Die Seife möglichst klein schneiden, zusammen mit dem Mandelöl im Wasserbad erhitzen, bis die Seife ganz geschmolzen ist. Dann alle anderen Zutaten zugeben und gut verrühren. Solange die Seife noch warm ist, kann man sie zwischen zwei Lagen Alufolie ausrollen und mit Ausstechformen ausstechen. Die einzelnen Seifenstücke werden in gut verschlossenen Gläsern aufbewahrt.
Wenn bunte Seife gewünscht wird, können bei der Zubereitung noch einige Tropfen Lebensmittelfarbe unter die Masse gerührt werden.

LIPPENPOMADE

Zutaten
Ein bohnengroßes Stück Bienenwachs, 10 g Lanolinanhydrit, 20 g Rizinusöl, 2 knappe El Babyöl.

Zubereitung
Alle Zutaten im Plastiktopf in kochendem Wasserbad schmelzen. Mit Plastiklöffel oder Holzspachtel umrühren. Die Mischung wird gelb. Wird rote Lippenpomade gewünscht, so wird ein Lippenstiftrest dazugegeben.
Die Masse wird in kleine Cremedöschen gefüllt.

HAARSHAMPOO

Zutaten
60 g pulv. Grundseife, 15 g pulv. Natron, 10 g Volleipulver oder Sojalezithin, 100–300 ml dest. Wasser (je nach gewünschter Konsistenz).

Zubereitung
Alle Pulver gut mischen. Das destillierte Wasser zugeben und mit dem Mixer gut verrühren. Um das Haarshampoo duften zu lassen, vermischt man einige Tropfen Parfümöl mit 10 ml Alkohol und rührt sie unter.

Hinweis: Um das Haar nach dem Waschen mit dem selbstgemachten Shampoo von Kalkrückständen zu befreien, wird es zum Schluß mit einer Mischung aus ½ l Wasser und 2 El Obstessig gespült.

LAVENDELWASSER

Zutaten
10 g getrocknete Lavendelblüten, 100 g naturreiner Apfelessig, 100 g Hamameliswasser, ca. 300 g Wasser.

Zubereitung
Wasser 10 Minuten lang kochen lassen, handwarm abkühlen lassen. Getrocknete Lavendelblüten in ein gut verschließbares Gefäß mit breiter Öffnung einfüllen. Mit dem abgekochten Wasser und dem Essig aufgießen, daß die Blüten bedeckt sind. Ab und zu kräftig durchschütteln und eine Woche lang gut verschlossen an einem warmen Ort ziehen lassen. Evtl. Wasser nachgießen. Nach einer Woche die Flüssigkeit durch ein Küchensieb abseihen. Mit dem Hamameliswasser vermischen und in eine dunkle Glasflasche abfüllen.

Wirkung
Das Lavendelwasser wirkt klärend, erfrischend und mild antiseptisch auf die Haut.

Pfingsten

Religiöse Dimension · PFINGSTEN

PFINGSTEN – d. h.: der 50. Tag (griechisch)

Das Pfingstereignis geschah 50 Tage nach Ostern. Die Anhänger Jesu, die in Jerusalem versammelt waren, erkannten, „vom Hl. Geist erfüllt", daß die Botschaft Jesu weiterverkündet werden müsse. Sie begannen, in verschiedenen Sprachen zu reden.

GRÜNDUNGSTAG DER KIRCHE

Pfingsten wird als der Gründungstag der christlichen Kirchen angesehen. Durch das Wirken der Jünger Jesu bildeten sich erste christliche Gemeinden, immer mehr Anhänger schlossen sich ihnen an. Erst im 4. Jahrhundert begann sich ein eigentliches Pfingstfest herauszubilden.

FEST DES HEILIGEN GEISTES

Der Hl. Geist wird als die von Gott ausgehende schöpferische Kraft bezeichnet. In der Pfingstgeschichte wird er in den Bildern des Sturmes und des Feuers dargestellt. Diese bildhafte Umschreibung deutet an, daß es sich um eine Kraft handelt, die der einzelne nicht aus sich selbst heraus hat. Der Hl. Geist verleiht vielfältige Gaben, die zum Aufbau der Gemeinde beitragen.

Religiöse Dimension

Die Schilderung des Pfingstwunders in der Bibel (Apostelgeschichte 1–2) wird in wenigen Sätzen umrissen:
– Versammlung der Apostel in Jerusalem
– Herabkunft des Hl. Geistes
– Ansprachen in verschiedenen Sprachen
– Rede des Petrus
– Entstehung der ersten Gemeinden, Beschreibung des Zusammenlebens.
In den Ereignissen zu Pfingsten vollendet sich das Ostergeschehen. Das Leiden und Sterben Jesu ist nicht das Ende seines Wirkens. In den Wochen nach Ostern zeigt sich Jesus mehrmals seinen Anhängern. Diese begreifen: sie bleiben nicht allein zurück, die Begegnung mit Jesus von Nazareth hatte ihr Leben verändert. Nach Wochen der Trauer und Angst finden sie nun den Mut, an die Öffentlichkeit zu treten und von ihren Erfahrungen zu berichten. Sie gewinnen durch ihre überzeugenden Reden neue Anhänger, erste Gemeinden entstehen, in denen sich christliches Leben entwickelt.

PFINGSTEN · Planung

Planung

Tradition und Brauchtum um das Pfingstfest herum haben weniger das Feiern in der Familie beeinflußt, als dies beim Osterfest oder zu Weihnachten der Fall ist. Es ist daher auch nur schwer möglich, aus dem Brauchtum heraus Anregungen für die praktische Arbeit in Kindergruppen zu gewinnen. Pfingsten ist für viele Zeitgenossen ein Ereignis, an dem die erste Reisewelle beginnt und die Medien über Staus auf der Autobahn berichten.
Kinder fragen jedoch nach der Bedeutung des Festes. Erhalten sie zu Hause keine Antworten mehr, so sollte der Gruppenleiter versuchen, dies auszugleichen.

GESTALTUNGSBEISPIELE ZUR PFINGSTGESCHICHTE

Will der Gruppenleiter die Pfingstgeschichte vorlesen oder erzählen, so wird er dies so gestalten, wie er auch sonst bei religiösen Themen vorgeht:
Die Kinder sitzen im Kreis, er zündet die Kerze an, legt die Bibel dazu und läßt die Kinder erst einmal zur Ruhe kommen, bevor er mit dem Erzählen beginnt.
Es kann sich ein Gespräch anschließen, in dem die Kinder ihre Gedanken äußern können und in dem die Begriffe „Wind" und „Feuer" Anregungen zur Auseinandersetzung bieten.
In kirchlichen Gruppen kann ein Besuch der Pfarrkirche geplant werden. Auch wenn die Kinder dadurch sicher nicht bis ins letzte die Bedeutung des Pfingstfestes erfassen, so festigt dieser Besuch vielleicht doch die Erfahrung, sich in der Kirche zu Hause fühlen zu können und in der Kirche den Ort zu entdecken, in dem wir Gott begegnen können, wenn wir ihn suchen. Der Gruppenleiter kann in einfachen Worten kurz auf die lange Geschichte eingehen, die die Kirche von den Anfängen des ersten Gemeindelebens bis heute erfahren hat. Er schaut sich mit den Kindern den Taufstein, den Altar und die Kanzel an und erklärt deren Bedeutung.
Gibt es in der Gemeinde einen Missionskreis, so kann dieser einmal in den Tagen nach Pfingsten in die Gruppe eingeladen werden. Den Kindern wird durch Fotos, Dias, Landkarte und anderes Anschauungsmaterial die Entwicklung der Kirche in der Dritten Welt erklärt. Im allgemeinen haben Kinder im Schulkindalter ein großes Interesse an Berichten aus fremden Ländern. So erfahren sie auf kindgemäße Art etwas von der Verbreitung der Botschaft Jesu bis in unsere Tage.
Entsprechend einem alten Brauch kann in den Tagen nach Pfingsten ein Pfingstausflug mit den Kindern geplant und durchgeführt werden. Dieser Brauch geht auf die Tradition der Wallfahrten zurück, die früher in dieser Zeit begannen. Die Jahreszeit lädt zu einem Tag im Freien ein, der vielleicht schon mit Wandern, Picknick u. dgl. ausgefüllt sein kann.
In manchen Gegenden ist es üblich, in der Zeit um Pfingsten mit frischem Birkengrün das Haus zu schmücken. Der Gruppenleiter wird selbstverständlich darauf achten, daß die Zweige richtig abgeschnitten werden und daß nichts Überflüssiges einfach abgerissen und dann achtlos fortgeworfen wird.

Gespräch: Feuer – Wind

Ziel
Die Kinder sollen die Symbolik der Worte „Feuer" und „Wind", bezogen auf den Hl. Geist, erkennen.

Material
Bildliche Darstellungen von Feuer und Wind, Papier und Farben zum Malen.

Einstieg
Der Gruppenleiter erzählt die Pfingstgeschichte.

Weitere Gesprächsimpulse
In der Pfingstgeschichte ist davon die Rede, daß die Apostel vom Hl. Geist erfüllt wurden. Der Hl. Geist wird hier in den Bildern des Sturmes, der vom Himmel herabkommt, und des Feuers, das sich auf jeden einzelnen in Form einer Flamme niederläßt, dargestellt. Feuer und Wind sind Beschreibungen, die auf die gewaltige Kraft hinweisen sollen, die die Apostel an sich erfuhren und die sie befähigte, die Botschaft Jesu so weiterzuverkünden, daß viele Zuhörer sie verstehen konnten.
Wir wollen uns diese Bilder einmal etwas näher anschauen:

Wind, Sturm
Woran erkennen wir, wenn der Wind weht? Welche Wirkungen sind zu beobachten, wenn ein Wind oder ein Sturm draußen weht?
– Wir sehen den Wind nicht, aber wir sehen, daß er weht.
  Wir sehen, daß er Bäume und Pflanzen in Bewegung bringt, er bewirkt, daß der Samen von Blumen über das Land geweht wird, damit kann neues Leben entstehen; er bewegt die Wolken, er vertreibt dunkle Regenwolken, so daß die Sonne wieder scheinen kann; nach einem Spaziergang, in dem ein starker Wind uns so richtig durchgepustet hat, fühlen wir uns erfrischt und mit neuer Kraft erfüllt, an heißen Sommertagen bringt schon eine kleine Brise Abkühlung und Erfrischung; wir Menschen haben früher die Kraft des Windes für uns nutzbar gemacht: Windmühlen haben den Menschen die Energie für das Mehlmahlen geliefert, und auch heute besinnen sich Techniker wieder darauf, die große Kraft des Windes als Energiegewinnung zu nutzen.
  Der Wind kann aber auch zerstörerische Kräfte entfalten:
  Ein starker Sturm, ein Orkan oder ein Hurrikan kann Bäume entwurzeln, Dächer von den Häusern reißen und alles zerstören, was Menschen geschaffen haben.
Welche Sprichwörter kennen wir, die etwas im übertragenen Sinne vom Wind oder Sturm aussagen?
– Den Wind aus den Segeln nehmen
– Eine Flaute erleben
– Im Windschatten gehen
– Wie ein Wirbelwind daherkommen
– Begeisterungsstürme auslösen

PFINGSTEN · Pfingstbuschen

Feuer
Wie entsteht ein Feuer? Welche Wirkungen können wir durch das Feuer beobachten? Wozu brauchen wir Feuer?
– Auch Feuer kann große Kräfte freisetzen:
Wenn das Feuer richtig hell lodert, z. B. am Lagerfeuer, wird es uns ganz heiß, und wir müssen einen größeren Abstand halten; Feuer kann Wärme und Geborgenheit vermitteln: wenn das Feuer im Ofen brennt und das Holz so schön knistert, dann fühlen wir uns wohl. Vielleicht hat ein Kind zu Hause einen Kachelofen oder einen anderen Ofen, in dem das Feuer noch selbst hergerichtet werden muß. Wir brauchen das Feuer täglich im Haushalt: den Herd zum Kochen des Essens, warmes Wasser zum Duschen und Wäsche-Waschen; früher mußten die Menschen dafür noch das Feuer selbst zum Brennen bringen.
Aber auch das Feuer kann zerstören: Alles, was ein Mensch besitzt, kann durch ein Feuer in kurzer Zeit vernichtet werden. Große Waldbrände zerstören ganze Landschaften, die Feuerwehr ist da oft machtlos und kann nicht mehr helfend eingreifen.
Welche Sprichwörter sagen etwas von der Kraft des Feuers aus?
– Ein Funke springt über
– Feuer und Flamme für eine Sache sein
– Eine Fußballmannschaft anfeuern
– Brennend an einer Sache interessiert sein
Wir wollen uns nun das Sprichwort „Feuer und Flamme sein" einmal etwas näher betrachten, was bedeutet es?
– Wir sind begeistert von einer Sache, wir sind erfüllt von etwas.

Beendigung
Auch die Apostel, die versammelt waren, waren „Feuer und Flamme", waren „begeistert" von der Sache. Sie verstanden auf einmal, was Jesus gemeint hatte, als er sagte, daß er weiter mitten unter ihnen sein werde. Sie verstanden, daß sie seine Botschaft weiterverkünden mußten. Und obwohl sie ganz einfache und ungebildete Menschen waren, konnten sie durch die Kraft des Hl. Geistes die Menschen, die ihnen zuhörten, so ansprechen, daß diese sie verstanden und sich ihnen anschlossen.

Weiterführung und Vertiefung
Der Gruppenleiter teilt Papier und Farben aus. Die Kinder malen etwas vom Wind oder vom Feuer, was ihnen noch besonders im Gedächtnis geblieben ist.
Die Bilder werden im Gruppenraum aufgehängt.

Pfingstbuschen

Ein frischer Birkenzweig wird mit Schleifen aus weißem Geschenkband und Tauben aus Salzteig geschmückt.

Pfingstbuschen · PFINGSTEN

TAUBEN AUS SALZTEIG

Grundmischung
2 Tassen Mehl, eine Tasse Salz, ¾ Tasse Wasser.

Material
Plätzchenform (Vogelmotiv), Teigroller, kleines Messer, Zahnstocher, Pinsel, Tasse, Becher mit Wasser, Backblech, Wacholderbeere (Auge), Strohhalm, Band.

Durchführung
- Der Teig wird etwa 1 cm dick ausgerollt und mit der Plätzchenform ausgestochen.
- Aus Teigrest werden die Flügel geformt, an der Unterseite mit dem Pinsel befeuchtet und am Vogelkörper angebracht.
- Mit dem Zahnstocher Muster in Flügel und Schwanz drücken.
- Eine Wacholderbeere bildet das Auge.
- Mit einem Strohhalm wird das Loch für den Anhänger ausgestochen.
- Die Salzteigvögel werden im Herd langsam getrocknet und zwar ½ Std. bei 50°C, ½ Std. bei 75°C, 1 Std. bei 100°C.
- Blech auskühlen lassen und Vögel mit Aufhänger versehen.

Hinweise
Teigreste luftdicht in Plastikbehältern oder in Alufolie aufbewahren. Die Angaben der Trockenzeiten beziehen sich auf den Gebrauch von Weißblech. Wird Schwarzblech verwendet, so verringert sich die Temperatur in der zweiten Stunde auf 75°C.

PFINGSTEN · Lied 130

ZU OSTERN IN JERUSALEM

2. Zu Pfingsten in Jerusalem,
da ist etwas geschehn.
Die Jünger reden ohne Angst,
und jeder kann's verstehn.
Hört, hört, hört, hört –
und jeder kann's verstehn.

3. Zu jeder Zeit in jedem Land
kann plötzlich was geschehn.
Die Menschen hören, was Gott will,
und können sich verstehn.
Hört, hört, hört, hört –
und können sich verstehn.

(T.: Arnim Juhre/M.: Karl Wolfgang Wiesenthal)

Sommerfest

SOMMERFEST · Planung

SOMMERFEST – Verabschiedung der Kinder vor den Sommerferien und Abschied einzelner Kinder von der Gruppe.

SOMMERFEST – ein Fest für alle, die mit den Kindern und der Einrichtung verbunden sind.

SOMMERFEST – eine Möglichkeit, die Eltern mehr in die Arbeit der Einrichtung einzubeziehen.

SOMMERFEST – ein Fest unter freiem Himmel.

SOMMERFEST – eine Quelle der Freude, des Vergnügens.

SOMMERFEST – ein Fest der Begegnung.

Planung

ZEITLICHE PLANUNG

Der Zeitpunkt des Sommerfestes sollte auf einige Wochen vor Ferienbeginn gelegt werden. So kann das Erlebnis des Festes bei den Kindern und allen Beteiligten noch eine Weile nachwirken. Arbeiten, die noch vor den Ferien anfallen, können in Ruhe erledigt werden.
Als Wochentag bietet sich erfahrungsgemäß der Freitagnachmittag oder der Samstag an. Der Termin sollte in Absprache mit Elternbeirat, Träger und evtl. Vertretern anderer Personengruppen festgelegt werden. Es ist darauf zu achten, daß an dem vorgesehenen Wochentag keine andere wichtige Veranstaltung stattfindet.
Die Dauer des Sommerfestes erstreckt sich im allgemeinen auf ca. 3 Stunden. Beginn und Ende des Festes sollten bekanntgegeben werden.
Eine rechtzeitige Information über den Zeitpunkt des Festes ist Vorbedingung für eine zahlreiche Teilnahme.
Es empfehlen sich folgende Schritte:
– Elternabend und Elternbrief ermöglichen eine frühzeitige Bekanntgabe.
– Ca. 4 Wochen vor dem Fest Anschläge im Haus und evtl. in anderen Einrichtungen (Schule, Jugendheim . . .).
– Ca. 2 Wochen vorher werden von den Kindern gestaltete Einladungen verteilt bzw. verschickt. Bei ausländischen Gästen ist evtl. eine Übersetzung in die jeweilige Landessprache erforderlich.
– Einige Tage vorher werden geladene Gäste, insbesondere Eltern, nochmals persönlich auf das Fest hin angesprochen.

ÖRTLICHKEITEN

Grundsätzlich sollte das Sommerfest im Freien stattfinden. Die Aktivitäten müssen vom Betreuerteam jedoch auch so geplant werden, daß ein Ausweichen ins Haus jederzeit möglich ist.

Das Fest muß nicht unbedingt im Garten der Einrichtung stattfinden.
Es eignen sich auch:
eine große Wiese, ein Kinderspielplatz, die Straße vor der Einrichtung, ein geeigneter Platz im Wald oder am Wasser. Die Genehmigung muß hierfür von den zuständigen Behörden bzw. Eigentümern eingeholt werden.

FINANZIERUNG

Die Unkosten, die ein Sommerfest mit sich bringt, werden in der Regel durch die Einnahmen gedeckt. Eine Tombola, der Verkauf von Speisen und Getränken, Sach- und Geldspenden von Personen, welche die Einrichtung unterstützen, sind Möglichkeiten, die Finanzierung zu sichern.

GÄSTE

Eingeladen werden alle Personen, die mit der Einrichtung bzw. der Gruppe verbunden sind:
– Eltern, Großeltern, Geschwister
– Lehrer, Pfarrer, Vertreter des Trägers
– Nachbarn
– Angestellte des Hauses
– örtliche Presse

HELFER

Das Sommerfest erfordert eine größere Anzahl von Mitarbeitern und Helfern.
In Frage kommen:
– Eltern, Geschwister
– Personal der Einrichtung
– Lehrer
– Mitglieder des Pfarrgemeinderates oder einer Jugendgruppe

SOMMERFEST · Planung

Die Helfer übernehmen folgende Aufgaben:
- Mithilfe bei der Dekoration
- Aufbau der Stände
- Herstellen der Spiele
- Transport von Personen und Sachen
- Mithilfe beim Empfang der Gäste
- Durchführen von Spielaktionen
- Verkauf von Speisen und Getränken
- Losverkauf für die Tombola

Einige Betreuer sollten sich während des Festes freihalten für gesamtorganisatorische Aufgaben:
- Begrüßung der Gäste
- Führung durch das Programm
- Betreuung der Kinder und der Gäste
- Hilfestellung bei organisatorischen Problemen

PROGRAMMGESTALTUNG

Rahmen und Umfang des Festes müssen rechtzeitig in Betracht gezogen werden. Es bieten sich an:
- ein Fest der gesamten Einrichtung unter Einbeziehung des Umfeldes,
- ein gruppeninternes Fest, zu dem nur die Familienangehörigen der Kinder eingeladen werden.

Das Thema des Sommerfestes kann jedes Jahr wechseln:
- Gauklerfest
- Jahrmarkt
- Fest der Nationen
- Waldfest
- Ökofest

Grundsätzlich ist zu bedenken, daß das Programm mit seinen Aktivitäten alle Altersstufen anspricht.
Jüngere Geschwister, Schulkinder, Eltern, Großeltern sollen aktiv teilnehmen können und ihren Spaß haben. Das Programm bietet für jeden die Möglichkeit, seine Geschicklichkeit, seine Kreativität, sein Wissen unter Beweis zu stellen. Entspannung beim geselligen Beisammensein, Aktivität bei den gebotenen Spielen und Amüsement beim Zusehen wechseln sich ab.
Die Veranstalter müssen sich entscheiden, ob das Fest einen gemeinsamen Beginn und Abschluß hat oder ob dieser entfällt, weil die Gäste innerhalb eines zeitlichen Rahmens ihr Kommen und Gehen selbst bestimmen.

DEKORATION UND HINWEISSCHILDER

Bei einem Fest im Freien ist es wichtig, daß die einzelnen Bereiche und Aktionen voneinander abgegrenzt werden, z. B. Spielen – Essen und Trinken – Aufführung und dazu benötigte Bänke, Versammlungsplatz, kreatives Gestalten u. a.

Die Aktionsbereiche können durch Schnüre, die an Pflöcken oder Bäumen befestigt sind, abgegrenzt werden. Luftballons, Fähnchen, Girlanden dienen sowohl als Dekoration als auch zur räumlichen Trennung.
Die Dekoration sollte sich auf das Thema des Festes beziehen. So deuten z. B. beim Gauklerfest Kreppapierbänder oder bunte Stoffbahnen ein Zirkuszelt an, während beim Nationenfest Flaggen, Poster, Nachbildungen von berühmten Bauwerken der Dekoration und Information dienen. Für die Abendstunden schaffen Lampions, Gartenfackeln, Schwimmkerzen, Tischlaternen eine gemütliche Atmosphäre.
Hinweisschilder (z. B. Toilette, Küche, Telefon) erleichtern den Gästen das Zurechtfinden.

PREISE

Firmen, Sparkassen, Tankstellen, Banken, Geschäfte geben häufig kleine Artikel aus, die sich als Preise eignen.
Selbstgebastelte Preise sind zwar zeitaufwendig, steigern aber die Vorfreude auf das Fest. Eine Einbeziehung der Eltern ist hier wünschenswert. Als Preise eignen sich: Luftballons, Kaleidoskop, Kugel-Labyrinth, Fangspiel, Jo-Jo am Schnürchen, Purzelmännchen, originelle Spitzer und Radiergummis, Filzstifte, Kinderschmuck, Ansteckbroschen, Buttoms, Windräder, Fangbecher, Kosmetik- und Parfümproben, Süßigkeiten u. a.

TOMBOLA UND LOSE

Eine Attraktion jedes Festes ist die Tombola. Diese sollte am besten unter dem Motto stehen, daß jeder, der ein Los kauft, auch gewinnt.
Vorschläge für Lose:
- Bonbons oder Nüsse werden zum Teil mit einem Farbtupfer gekennzeichnet: ein Punkt = Kleingewinn, zwei Punkte = mittlerer Gewinn, drei Punkte = Hauptgewinn. Diese gekennzeichneten Bonbons oder Nüsse werden unter andere, nicht gekennzeichnete, gemischt und in einen undurchsichtigen Sack gegeben. Für einen Lospreis darf jeder drei Nüsse oder Bonbons entnehmen. Auch der, der keinen Gewinn gezogen hat, geht nicht leer aus. Ihm bleiben die Nüsse und Süßigkeiten.
- Enten heben – Plastik-Schwimmenten werden auf der Unterseite mit wasserfesten Farben markiert (siehe Punkteverteilung). Ein Teil der Enten wird nicht markiert. Für einen Lospreis darf jeder drei Enten hochheben. Wer eine Niete gezogen hat, bekommt einen Trostpreis. Besonders originell ist es, wenn die Enten in einem großen Wasserbehälter schwimmen.
- Die bekannten Losröllchen sind in Papiergeschäften und in Spezialhäusern für Vereinsbedarf erhältlich.

SOMMERFEST · Planung

SPEISEN UND GETRÄNKE

Zur Stärkung der Teilnehmer empfehlen sich Herzhaftes und Süßes.
In der Praxis bewährt haben sich das Kuchenbuffet mit Kaffee- und Teeausschank und Erfrischungsgetränken sowie ein großer Grill für Fleisch und Bratwürste.
Verschiedene Salate, Brot, Brezen, Ketchup und Senf gibt es als Beilage. Für die Erwachsenen steht ein Bierfaß bereit.
Sowohl dem Kuchenbuffet als auch dem Grill, der in ausreichender Entfernung steht, sind Tischgruppen zugeordnet, die ein gemütliches Zusammensein ermöglichen. Es empfiehlt sich, je einen eigenen Tisch für Geschirr, Besteck, Gläser, Servietten bereitzustellen. Ein großer Abfallbehälter steht in unmittelbarer Nähe.

Für die Beschaffung und Zubereitung der Speisen und Getränke ist die Mithilfe der Eltern erforderlich. Sicher sind einige Mütter bereit, Kuchen und Salate mitzubringen und für Kaffee und Tee zu sorgen. Die Mütter tragen sich in eine dafür vorgesehene Liste frühzeitig ein. Sie gewährt den Überblick, was noch zu besorgen ist. Väter übernehmen gerne den Aufbau des Grills und die Vor- und Zubereitung der Grilladen. Sicher findet sich auch ein Interessent für den Bierausschank.

An Material wird benötigt:
Partybecher, -tassen, -teller, -besteck,
Servietten,
Papiertischdecken,
Thermoskannen, Gefriertaschen für die kurzfristige Aufbewahrung von Eis, Getränken oder eine Wanne mit Stangeneis,
Kuchenmesser und -schaufel,
Grillzubehör, Wassereimer zum Löschen,
große Schüsseln für Salate und Salatbesteck,
große Behälter für den Abfall.
Die Materialkosten kommen über den Verkauf herein.

MUSIK

Musik ist ein wesentlicher Bestandteil des Festes. Hier ist zu überlegen, wie groß der Rahmen des Festes ist. Vielleicht läßt sich die örtliche Kapelle des Trachtenvereins oder der Feuerwehr organisieren, die auch zum Tanz aufspielt.
Bei Musik vom Band ist darauf zu achten, daß die Lautsprecher ausreichend stark sind. Für Ansagen ist evtl. ein Mikrophon erforderlich. Lautsprecher- und Musikanlagen, Mikrophone und Megaphone werden auch von Verleihfirmen angeboten.

MATERIALBESCHAFFUNG

Für ein Fest in großem Rahmen wird weit mehr an Material und Geräten benötigt, als in der Einrichtung zur Verfügung steht. Aushelfen können hier die benachbarte Schule, die Pfarrei, aber auch häufig Eltern. Außerdem lassen sich Adressen im Branchenfernsprechbuch – Gelbe Seiten – finden, die weiterhelfen. Hier kann Material ausgeliehen und gekauft werden.

Dazu einige Stichwörter:
- Alkoholfreie Getränke
- Bier/Bierausschankanlagen
- Dekorationsbedarf
- Drehorgelverleih
- Eis/Stangeneis
- Fahnen/Wimpel
- Grillgeräte
- Lautsprecheranlagenverleih
- Luftballons
- Partyservice/Partyzelte
- Musikkapellen

Eine Checkliste erleichtert dem Festkomitee die Übersicht über die erforderlichen Aufgaben und nennt die Verantwortlichen aus dem Kollegenkreis.

CHECKLISTE

Aufgabenverteilung: *Name:*
- Festkomitee
- Programmgestaltung
- Platzgestaltung
- Buden und Stände/Sitzgelegenheiten
- Essen und Trinken
- Dekoration
- Lose und Preise/Kontakte zu Firmen, Sparkassen, Geschäften ...
- Materialbeschaffung
- Geschirr
- Sonnen- und Regenschutz
- Technische Hilfsmittel
- Einladung und Begrüßung
- Kontakt zu Ämtern
- Erste Hilfe – Verbandskasten
- Aufräum- und Reinigungsarbeiten

Die Hauptverantwortlichen suchen sich weitere Helfer. Es ist empfehlenswert, weitere Listen zu führen, z. B.

Essen und Trinken   *Name:*
- Kuchen
- Kaffee/Tee
- Limonaden/Säfte
- Salate u. a.

Festgestaltung

- Begrüßung der Gäste im Freien oder im Haus. Der Ort muß so gewählt sein, daß derjenige, der spricht, von allen gesehen und gehört werden kann. Gegebenenfalls empfehlen sich ein Mikrophon und Lautsprecher.
- Bekanntgabe des Programmablaufs. Plakate, die Spiele, Aktionen und Vorführungen bekanntgeben und Zeitangaben machen, sind hilfreich.
- Begrüßungstanz oder -lied zur Einstimmung in das Fest. Werden im Freien Instrumente eingesetzt, so haben nur die lautstarken eine Chance, z. B. Akkordeon. Es ist immer gut, wenn der Spielleiter mehr Lieder zur Verfügung hat, als er tatsächlich braucht. Als Auftakt eignet sich besonders ein Lied mit leicht singbarem und eingängigem Text.
- Ausgabe von Gutscheinen für Speisen und Getränke. Die Gäste leisten hierfür einen kleinen Unkostenbeitrag. Gutscheine können ebenfalls für Spiele und Aktionen verteilt werden. Damit die Kinder die Gutscheine nicht verlieren, werden sie mit einem Band zum Umhängen versehen. An jedem Ausgabe- bzw. Spielestand werden die betreffenden Gutscheine entwertet. Natürlich können die Kinder auch Bons tauschen.

- Um unnötige Wartezeiten zu vermeiden, kann bei jedem Spiel begonnen werden. Die Helfer haben sich inzwischen an ihre Plätze begeben, um dem Ansturm gerecht zu werden. Es ist vorteilhaft, für jeden Stand bzw. jedes Spiel zwei Helfer einzusetzen, da sie sich so gegenseitig abwechseln können.
- Preise, die bei den verschiedenen Spielen gewonnen werden können, sammeln die Kinder am besten in Tüten. Diese werden zu Beginn der Veranstaltung ausgegeben.
- Alle Gäste und Kinder werden versammelt, um eine gemeinsame Aktivität zu starten bzw. eine von den Kindern einstudierte Vorführung zu erleben. Hier bieten sich z. B. ein Tanz, Sketch, Märchenspiel, Zauberkunststücke, Puppenspiel, Pantomime an.
- Gegessen und getrunken wird an einem dafür vorgesehenen Platz, der zum geselligen Beisammensein einlädt.
- Ein gemeinsamer Abschluß sollte nicht fehlen. Ein paar Dankesworte, ein Lied, ein Tanz eignen sich gut. Vielleicht erklären sich Eltern bereit, ein kleines Theaterstück vorzuführen.

- Wenn sich der Festspielplatz leert, muß noch mit einigen Helfern aufgeräumt werden.

Einige Tage später sollte im Kreis der Mitarbeiter nochmals über den Verlauf des Festes gesprochen werden. Es ist zu überlegen, was besonders gut bei Kindern und Erwachsenen angekommen ist bzw. was das nächste Mal anders angegangen werden muß.

Gauklerfest

Auf diesem Fest führen Kinder als Gaukler verkleidet Kunststücke vor.
Ideen für ein Gauklerfest:
- Seiltanz (Schwebebalken oder umgedrehte Turnbank, alter Schirm, Röckchen aus Tüll oder Kreppapier)
- Zielwerfen (eine Figur wird in Menschengröße auf festes Papier gemalt. Die Spieler versuchen mit Wurfpfeilen direkt neben die Figur zu treffen – ähnlich dem Messerwerfen)
- Gewichtheben mit Hanteln aus Pappmaché
- Jonglieren mit Bällen, Papptellern etc.
- Clowns, lustig verkleidet, in viel zu großen Kleidern, machen ihre Späße ✶
- Akrobaten, z. B. Handstand, Seilspringen, Radschlagen, Purzelbäume, eine Brücke u. a.
- Gang auf Stelzen
- Tierdressurnummer, d. h., Kinder verkleiden sich als Pferde, Elefanten, Raubtiere
- Schlangenbeschwörung (eine selbstgefertigte Schlange wird mit einem Nylonfaden an eine Flöte gebunden und zur Musik bewegt)
- Zauberkunststücke ✶
- Seifenblasen
- Sketche ✶
- Tauziehen
- Drehorgelspieler (Verleihfirmen) oder Drehorgelattrappe und Musik vom Band
- Ecke zum Schminken und Verkleiden → Fastnacht ✶
- Bauchladenverkäufer bieten Eis und Süßigkeiten an (Gefriertasche kann als Bauchladen für das Eis umgestaltet werden).

Fest der Nationen

Die Auswahl der Länder, die auf dem Fest vertreten sein sollen, orientiert sich auch an der Nationalität der Kinder, welche die Einrichtung besuchen.

SOMMERFEST · Fest der Nationen

Ideen für ein Nationenfest
- Volkstänze und Lieder der Heimat
- landestypische Kleidung
- Nationalhymne auf Band
- Landesflaggen
- einfache Nationalgerichte
- Diavortrag
- Märchen und Geschichten des betreffenden Landes
- Nachbildungen berühmter Gebäude
- Poster mit Bauwerken und Landschaften
- Weltkarte, Globus
- Quizfragen zu den entsprechenden Ländern
- Olympiade der Nationen

VORSCHLÄGE FÜR EINZELNE LÄNDER

Holland
- Fahrrad-Hindernisparcours ✶
- Holzschuhwettlauf
- Käse in ein Ziel rollen (Gummi- oder Autoreifen werden als Käseattrappe gestaltet)

Preis: Windrad

Türkei
- Kaffee mahlen mit der Kaffeemühle. Zwei Kinder oder Erwachsene mahlen um die Wette.
- Tanz der Haremsdamen oder Bauchtanz
- Bärendressur (Kinder verkleiden sich als Tanzbär und Bärenhalter)
- Teppichweben (Obstkisten mit Packschnur bespannen und Stoffstreifen, Wollreste, Schafwolle zur Verfügung stellen)
- anschließende Teppichversteigerung
- Schattentheater

Preis: Türkischer Honig

Italien
- Kellnerstaffel (auf einem Tablett eine leere Flasche und ein Glas Wasser über eine vorgegebene Strecke transportieren)
- Spaghetti aus Zeitungspapier herstellen (jedes Kind erhält einen Doppelbogen Zeitungspapier und muß innerhalb von 2 Minuten möglichst lange Spaghetti herausreißen)
- Pizza aus Pappmaché jonglieren

Preis: Tüteneis als Anstecknadel (z. B. aus Fimo)

Hawaii
- Hulahoop – wer schafft es am längsten?
- Anfertigen von Blumenketten aus Kreppapier
- Vulkanball: Waschmitteltonnen werden mit Tonpapier so umkleidet, daß vulkan-

Jahrmarkt · SOMMERFEST

ähnliche Gebilde mit Krater entstehen. Die Spieler versuchen mit Softbällen in die Krateröffnung zu treffen.
Preis: ein hübsch dekorierter „Südseedrink"

China
– Chinesenstaffel ✻
– Popcorn mit Stäbchen von einer Schüssel in die andere transportieren
Preis: Papierdrachen

Griechenland
– Säulen bauen (im Wettbewerb werden Dosen aufeinander gestapelt)
– Archäologenspiel ✻
– Olympiade, z. B. 100-m-Lauf, Zielwerfen, Weitwurf . . .
Preis: Medaille, Lorbeerkranz

Jahrmarkt

Bereits seit dem 9. Jahrhundert ist es in vielen Gegenden Brauch, alljährlich den Tag der Kirchweihe mit Tanz, Jahrmarkt und anderen Volksbelustigungen zu begehen. Dieses Fest, bekannt als Kirmes, Kirta, Kirchweih, findet gewöhnlich an einem Sonntag im Oktober statt. Es ist für alle eine willkommene Gelegenheit, ausgelassen und lustig zu sein.
Für das Sommerfest wollen wir auf diesen Brauch zurückgreifen und ein Volksfest für alle Kinder und Gäste veranstalten.

Ideen für ein Jahrmarktfest:
– Sackhüpfen
– Eierlauf
– Stelzenlauf
– Ringe werfen ✻
– Dosen werfen ✻
– Mausrennen ✻
– Nageln
– Angelspiel
– Tauziehen
– Grasski
– Hindernis- und Aufgabenparcours ✻
– Schminken und Verkleiden ✻ (→ Fastnacht)
– Malen ✻
– Riesenpuzzle ✻
– Fußball-Torwand
– Fotowand ✻

SOMMERFEST · Waldfest

– Luftballons mit Name und Adresse des Kindes steigen lassen
– Zielspritzen
– Fische angeln *
– Spielestraße *

Waldfest

Ein Fest im Wald ist ein großes Erlebnis für die Kinder. Der Wald bietet vielerlei Möglichkeiten sich zu beschäftigen und regt zum Entdecken und Forschen an.

Vorbereitungen
– Zuständige Behörde oder Besitzer über das geplante Fest informieren und Genehmigung einholen.
– Geeigneten Platz – am besten eine Waldlichtung – suchen. Ideal wäre eine nahegelegene Wasserstelle.
– Gefahrenquellen feststellen, um die Teilnehmer darauf hinzuweisen.
– Grenzen innerhalb des Geländes deutlich markieren, um den Kindern größtmögliche Bewegungsfreiheit zu geben.
– Sitzmöglichkeiten schaffen (Bretter, Kisten, Baumstümpfe, Baumstämme . . .).
– Transport organisieren (Teilnehmer, Essen, Getränke, Material).
– Weg zum Veranstaltungsort, evtl. mit Hilfe einer Skizze, bekanntgeben.

Ideen zum Waldfest (siehe Waldspiele S. 166 ff.)
– Schatzsuche *
– Waldlabyrinth
– Kimspiele mit Naturmaterial *
– Zuordnungsspiele mit Blättern und Waldfrüchten
– Lichterschiffchen *
– Rindenkörbchen
– Mini-Garten
– Sommerteppich weben *
– Blumenkränze flechten
– Blumenkörbe
– Floß bauen *
– Waldrallye *
– Waldgeister *
– Lagerfeuer *
– Geländespiele

Ökofest

Ein Ökofest ist Abschluß und zugleich Höhepunkt eines längerfristigen Projekts, das mit der Kindergruppe durchgeführt wird. Hier bieten sich die Themen „Natur", „Naturschutz", „Umwelt", „Umweltschutz", „Ernährung" und „Körperpflege" an. Bücher und Informationsschriften von Natur- und Umweltschutzverbänden geben dem Gruppenleiter eine Vielzahl von Anregungen für die Gestaltung seines Projekts (s. S. 188).
Es vergeht kaum ein Tag, an dem nicht Umweltfragen in den Medien diskutiert werden. Die Umweltverschmutzung, und damit die Umweltbelastung, nimmt ständig zu. Abwässer in Flüssen und damit verbundenes Fischsterben, Luftverschmutzung, die unsere Wälder zerstört, Müll, der ständig zunimmt, sind ein großes Problem, das angegangen werden muß.
Unsere Lebensgewohnheiten haben sich verändert. Zu einer Belastung der Umwelt tragen bei: die Zunahme von Chemikalien und damit Giften im Haushalt, der Gebrauch von Spraydosen mit umweltfeindlichem Treibgas, der gedankenlose Umgang mit Strom und Wasser, die Verwendung kurzlebiger Wirtschaftsgüter, aufwendige Verpackungen und die Beliebtheit von Einwegerzeugnissen.
Ein Ziel des Umweltschutzes liegt darin, Abfälle einer Wiederverwertung oder -verwendung zuzuführen (Recycling) bzw. Abfälle möglichst gar nicht erst entstehen zu lassen.
Ein weiteres Problem ist, daß unsere Gesundheit durch schadstoffbelastete Nahrungsmittel und falsche Ernährung gefährdet ist. Kinder ziehen häufig Süßigkeiten einem Pausebrot vor, und Fast-Food-Restaurants erfreuen sich bei Kindern und Jugendlichen steigender Beliebtheit. Viele Kinder leiden bei uns an Übergewicht.
Problematische Zusatzstoffe in Körperpflegemitteln und Kosmetika sind in den letzten Jahren ins Gerede gekommen, z. B. allergieverdächtige Konservierungsmittel, Dioxan als Restmenge in Shampoos.
Es ist wichtig, Kinder zu einer gesunden und umweltbewußten Lebensweise hinzuführen, ihr Interesse daran zu wecken.
Stadtkinder erleben oft wenig Natur. Ein Stück Wiese statt Rasen, ein Beet zum Bepflanzen, Obstbäume und Beerensträucher anstelle von Ziersträuchern, die Anlage eines kleinen Teiches, eines Komposthaufens, ermöglichen den Kindern Naturbeobachtungen und erwecken die Liebe zur Natur.
Nicht nur Politiker tragen Verantwortung für unsere Umwelt, sondern jeder einzelne ist aufgefordert, etwas zu tun und Beispiel für andere zu geben.
Ein Ökofest kann durchaus ernste, besinnliche Seiten haben. Eine gruppeninterne Feier bietet sich an, weil eine intensive Auseinandersetzung im vorausgehenden Projekt erfolgte. Ideen für das Fest erwachsen daraus und werden vom Gruppenleiter aufgegriffen. Es ist sinnvoll, das Thema für ein Ökofest einzugrenzen, d. h. einen Schwerpunkt zu wählen.
Mögliche Schwerpunktthemen aus dem Natur- und Umweltschutz:
– Blumenwiese
– Baum
– Wald
– Wasser
– Müll.

SOMMERFEST · Ökofest

IDEEN FÜR EIN ÖKOFEST MIT DEM SCHWERPUNKT „MÜLL"

Vorbereitungen
- Besorgen von Postern, Broschüren, Aufklebern (siehe Adressenverzeichnis).
- Sammeln von Schlagzeilen, Artikeln, Bildern, selbstgeschossenen Fotos, Texten zur Thematik.
- Sammeln von Abfall- und Verpackungsmaterial.
- Bereitstellen bzw. Besorgen von Klebstoff, Scheren, Papierbögen u. a.
- Erstellen von Quizbögen.
- Aussuchen geeigneter Preise, z. B. Urkunden, Umweltaufkleber, Sticker.
- Einkaufen der Speisen und Getränke. Bereits beim Einkauf ist darauf zu achten, daß möglichst wenig Verpackungsrückstände bleiben bzw. sich diese wiederverwerten oder -verwenden lassen.
So sind z. B. Mehrwegflaschen den Einwegflaschen vorzuziehen. Auch ist zu überlegen, ob bei der begrenzten Teilnehmerzahl nicht auf Einweggeschirr verzichtet werden kann, da dieses später auf dem Müll landet.
- Aufräumaktion in Haus und Garten, an der sich alle beteiligen.

Mögliche Aktionen beim Fest
- Ein Dorf, eine Stadt, wird in Gemeinschaftsarbeit aus Verpackungsmaterial gebaut. Hier werden Wunschvorstellungen der Kinder deutlich und sind Ausgangspunkt für ein Gespräch.
- Basteln und Werken mit Abfall:
  - Müllmensch
  - Instrumente
  - Verkleidung, z. B. aus Schachteln Hüte kreieren, aus alten Zeitungen Kleider . . .
  - Collage (Kronkorken, Schraubverschlüsse . . .)
  - Spielzeug, z. B. aus halben Milchtüten Schiffe herstellen, aus Glühbirnen Rasseln.
- Collage mit gesammelten Schlagzeilen, Artikeln, Texten, Bildern, Fotos zum Problemkreis erstellen.
- Umweltquiz ✶
- Umwelt-Brettspiele.

IDEEN FÜR EIN ÖKOFEST MIT DEM SCHWERPUNKT „BAUM"

Vorbereitungen
- Fotografieren von Bäumen in der Umgebung (gesunde, durch Abgase gefährdete, zubetonierte, kranke, abgeholzte Bäume).
- Besorgen von Postern, Broschüren, Aufklebern (siehe Adressenverzeichnis).
- Sammeln von Texten, Schlagzeilen, Bildern aus Zeitschriften, Illustrierten und Liedern (Volkslieder, kritische Lieder), Gedichte über den Baum. ✶
- Evtl. Besorgen eines Obstbaumes zum Einpflanzen oder Auswahl eines Baumes, für den die Patenschaft übernommen wird, und der erforderlichen Werkzeuge und Materialien.

Ökofest · SOMMERFEST

Mögliche Aktionen beim Fest
- Collage mit gesammelten Schlagzeilen, Artikeln, Texten, Fotos zum Problemkreis erstellen.
- Ausgewählte Geschichten, Gedichte, Lieder vortragen bzw. singen ✶.
- Umwelt-Brettspiele.
- Einpflanzen eines Obstbaumes oder
- Übernahme der Patenschaft für einen Baum in der unmittelbaren Umgebung der Einrichtung. Die Kinder sind in beiden Fällen verantwortlich für das Wohl des Baumes. Als Höhepunkt des Festes wird der Baum festlich geschmückt (z. B. mit Kreppapierbändern). Ein Lied oder ein Tanz um den Baum beenden den feierlichen Akt.

Zu einem richtigen Fest gehören auch *Speisen* und *Getränke*. Auch sie sollten den Anspruch auf eine gesunde Kost erfüllen.
Hierzu eine kleine Auswahl an Speisen und Getränken:
- Vollkornbrot und -semmeln selbst gebacken ✶
- Kräuterquark oder Honig
- Rohkost, Rohkostsalate
- Gesunde Schleckereien ✶
- Obst- und Gemüsesäfte frisch gepreßt
- Kräuter- und Früchtetee
- Brote phantasievoll belegt ✶ (→ Kindergeburtstag)
- Überraschungsspieße ✶ (→ Kindergeburtstag)

Besonders einladend ist es, wenn ein Buffet mit obengenannten Speisen und Getränken hübsch und appetitlich angerichtet wird.
Nach dem Fest wird gemeinsam der angefallene Müll sortiert. Einwegflaschen und Papier werden z. B. zum nächsten Container gebracht.

UMWELTQUIZ

Material
Illustrierte Broschüren der Natur- und Umweltschutzverbände bzw. des Staatsministeriums für Landesentwicklung und Umweltfragen liefern das Bildmaterial für ein Quiz und geben Hilfen für die Fragestellung. Papier und Stifte, Fragezettel.
Preise: Anstecker mit Umweltzeichen, Urkunde.

Organisation: Das Quiz kann einzeln oder aber in Gruppen gelöst werden.

Aufgabenbeispiele
1. Warum soll man alte Flaschen nicht in den Müll, sondern in die dafür aufgestellten Container werfen?
   Lösung: Es wird daraus neues Glas gemacht.
2. Was bedeutet Recycling?
   Lösung: Abfälle werden wiederverwertet.
3. Ordne folgende Abfallarten auf den Bildern zu: Hausmüll, Altautos, Gartenabfälle, Altreifen, Sondermüll, Sperrmüll.
   Hinweis: Die Broschüren liefern das erforderliche Bildmaterial.

4. Nenne mindestens drei Problemabfälle im Haushalt!
   Lösung: Altmedikamente, Lacke und Farben, Pflanzenschutzmittel, Batterien, Reinigungs- und Putzmittel, sonstige Chemikalien.
5. Wo gibt es die nächste Recycling-Sammelstelle, und was kannst du dort abgeben?
   Hinweis: Umweltschutzreferate geben Stadtpläne mit Sammelstellen heraus.
6. Setze das Puzzle zu einem Bild zusammen und beantworte, was es darstellt.
   Hinweis: ein Bild, z.B. von einer Müllverbrennungsanlage oder einem Container, wird als Puzzle zerschnitten.
7. Gib 5 Tips für umweltfreundliches Verhalten.
   Mögliche Lösung:
   – Altglas und Altpapier zum Container bringen
   – Abfall niemals achtlos wegwerfen, sondern in den Müllkorb werfen
   – Einkaufstaschen statt Plastiktüten
   – keine Wegwerf- sondern Pfandflaschen
   – unnötigen Lärm vermeiden
8. Setze die fehlenden Buchstaben ein
   . n . e r . / . m . e . t / s . ll / . a u . e . / s . i n
   Lösung: Unsere Umwelt soll sauber sein.

DER BAUM

In unsrer Straße stand ein Baum
mit kleinen raschelnden Blättern im Wind.
Ich hab' ihn schon immer von weitem entdeckt –
ein Zeigefinger, in den Himmel gestreckt,
schlank und hoch, wie Pappeln es sind.

Gestern haben sie ihn gefällt.
Gefällt, zerschnitten, weggeführt.
Ob der Baumstumpf noch etwas spürt?
Siebzehn Ringe hab' ich gezählt.
Der heurige Jahresring fehlt.

Ich fragte mich: Warum in der Welt
haben sie die Pappel gefällt?
Jemand hat mir zur Antwort gegeben:
„Sie hat die Nachbarin gestört,
der ein gepflegter Garten gehört.
Der Rasen war nicht mehr eben,
die Baumwurzeln haben den Boden gewellt –
und deshalb hat man die Pappel gefällt..."

Das war der einzige Grund.
Dabei war die Pappel gesund!

(Georg Bydlinski in Jutta Modler (Hrsg.), Brücken bauen, Herder-Verlag, Wien)

Einladung · SOMMERFEST

Einladung

Auf einer Einladungskarte sind die wichtigsten Angaben schriftlich vermerkt. Kinder und Erwachsene können an der Gestaltung beteiligt sein. Der Text kann auf etwas dickerem Papier oder Karton fotokopiert werden; die Gestaltung kann durch nachträgliches Bemalen, Bedrucken oder Bekleben erfolgen.
Die Einladungskarte enthält:
– Adresse der Einrichtung oder Bezeichnung der Gruppe, die einlädt
– Bezeichnung des Festes, zu dem eingeladen wird, evtl. Thema des Festes
– Datum
– Ort, genaue Adresse, evtl. Wegbeschreibung zu einem entfernter liegenden Ziel, Skizze
– Beginn, evtl. voraussichtliches Ende
– Angaben zu den Aktivitäten
– Besonderheiten, Höhepunkte, Attraktionen
– Hinweis auf Dinge, die mitgebracht werden sollen, z.B. Schreibzeug, bestimmte Kleidung u. dgl.
– Abschnitt für die Rückmeldung mit Angabe der Teilnehmerzahl.

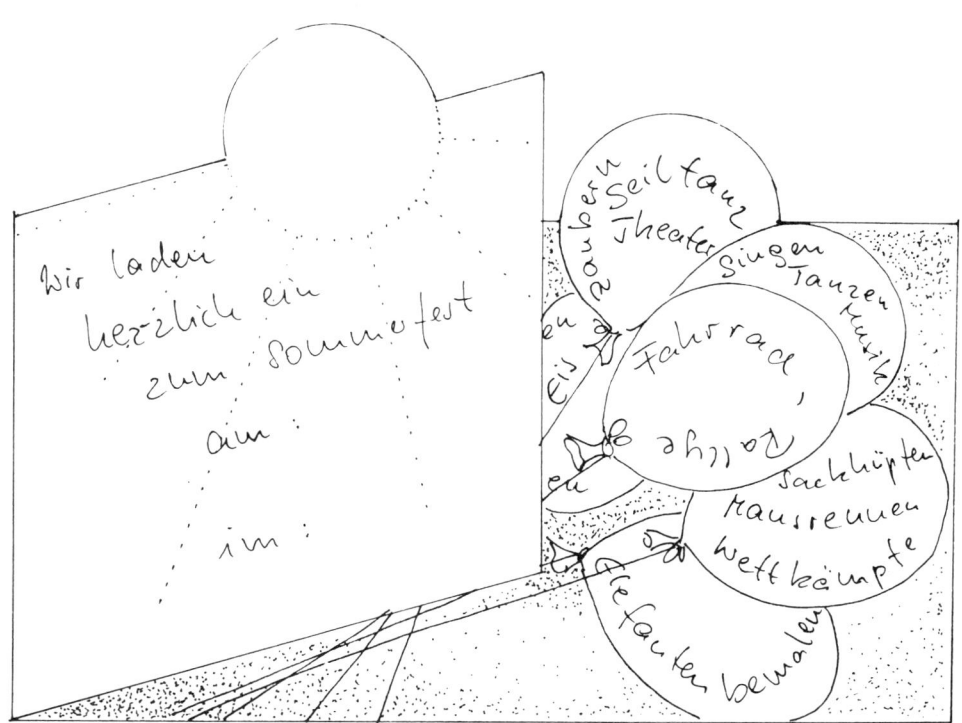

SOMMERFEST · Einladung

Die Kinder und Erzieher des Städt. Kinderhortes in der Müllerstraße 8 laden herzlich ein zu einem

Sommerfest auf der Wiese
am 20. Juli 19 . .

Wir treffen uns um 15.00 Uhr vor dem Hort und wandern gemeinsam den Weg zur Festwiese beim Bauern Huber. Für Nachzügler hängt eine Wegbeschreibung an der Eingangstür, bunte Pfeile helfen, den richtigen Weg zu finden.
Dort angekommen, erwartet Sie ein lustiges und abwechslungsreiches Programm:
– Geschicklichkeits- und Beobachtungsspiele bei der Wiesenrallye
– Fische-Angeln und lustiges Kühe-Wettmelken
– Suche nach dem verborgenen Schatz im Silbersee
– Tanz der Wiesenblumen und Schmetterlinge
– Auftritt des weltberühmten Zauberers Alifaxis mit seiner Wiesenfee Morgentau
– Sommerteppich-Weben und Blumengirlanden-Binden
– Lichterschiffchen-Basteln
– Grillen am Lagerfeuer
Auch bei schlechtem Wetter lassen wir uns die Laune nicht verderben und feiern in der Scheune des Bauern Huber.
Bitte geben Sie uns bis zum 1. Juli 19 . . auf beiliegender Rückmeldung Bescheid, wieviele Personen aus Ihrer Familie teilnehmen werden.

Es freuen sich auf das gemeinsame Wiesenfest

die Kinder und Erzieher
des Kinderhortes in der Müllerstraße

✂--

_____   _____
Name   Datum

An den
Städt. Kinderhort
Müllerstr. 8
80469 München

Ich/wir nehme/n mit

.... Erwachsenen

.... Kindern

                                         _____
am Wiesenfest teil.   Unterschrift

Tausendfüßler

Der Tausendfüßler ist eine gute Möglichkeit, die auf dem Festplatz verstreuten Kinder wieder zu sammeln oder eine gemeinsame Aktivität einzuleiten. Am Ende des Sommerfestes sammelt der Tausendfüßler alle Gäste ein und begleitet sie hinaus.

Material
Für den Kopf: 1 m Maschendraht, Drahtschere, Kneifzange, Zeitungen, Kleister, Joghurtbecher, Papierrollen, Klebeband, Pinsel und Dispersionsfarben.
Für den Körper: alte Stoffreste, Gardinen oder eingefärbte Bettücher.

Durchführung

Kopf des Tausendfüßlers
– Maschendraht zu einer Röhre formen, Drahtenden miteinander verhaken.

– Die obere Öffnung zu einer Rundung schließen, die untere Öffnung so modellieren, daß sie später gut auf den Schultern eines Erwachsenen sitzen kann (ausprobieren!).
– Alle Drahtenden gut miteinander verhaken, überstehenden Draht abknipsen.

– Drahtgeflecht mit großen Bögen Zeitungspapier umhüllen, mit Klebestreifen befestigen.

– Schlitz für die Augen anbringen.
– Zeitungspapier in Streifen reißen, in Kleister tauchen, in mehreren Schichten den Kopf rundherum bekleben.
Schlitz für die Augen offen lassen oder nach dem Trocknen herausschneiden.

– Den Kopf ausgestalten:
Augen: umgedrehte Joghurtbecher,
Augenbrauen: dicke Wülste aus Papierstreifen,
Ohren: Papierrollen anbringen,
Nase: dicke Papierwülste,
Maul: Schlitz für die Augen.
– Kopf gut durchtrocknen lassen.
– Kopf mit Dispersionsfarben anmalen.

SOMMERFEST · Stände/Mausrennen

Körper des Tausendfüßlers
- Alte Bettücher einfärben, aneinandernähen, Seiten begradigen.
  Fertige Breite: ca. 1,20 – 1,40 m.
  Fertige Länge: richtet sich nach der Anzahl der Kinder, unter einem Bettuch haben ca. 5–7 Kinder Platz.
- Bettücher am Kopf des Tausendfüßlers befestigen (mit Knipsgerät).
- Auf der Spielwiese kriechen die Kinder unter den Körper des Tausendfüßlers und halten die Seiten der Bettücher mit beiden Händen fest.

Stände

Material pro Stand
2 gleich große Tische, Kreppapier, Klebeband, Fähnchen, Luftballons, Papierblumen.

Anfertigung
- Die beiden Tische aufeinander stellen.
- Seiten mit Kreppapier schließen, Tischbeine mit Kreppapierstreifen umwickeln, vom oberen Tischrand (= Dach) Papierfransen herunterhängen lassen.
- Zusätzlich mit Luftballons, Fähnchen oder Papierblumen schmücken.

Mausrennen

Die ferngesteuerte Maus, die Luftballons zum Platzen bringt, ist sicher eine große Attraktion auf jedem Sommerfest.

Material
Für die Maus: ein Luftballon, Zeitungspapier, Kleister, ein Korken, eine Stecknadel, Bindfaden, Kleber, Plakafarben, Pinsel, graues Tonpapier.

Für das Spiel: ein ferngesteuertes Auto und Funkgerät, Klebeband, viele Luftballons, in die vor dem Aufblasen kleine Preise oder Lose hineingegeben werden, eine Tischtennisplatte oder eine andere glatte Fläche, 4 Leisten zum Eingrenzen der Tischtennisplatte.

Anleitung zur Herstellung der Maus
- Luftballon aufblasen (Größe des Autos beachten, es muß später unter dem halben Luftballon Platz haben!).
- Aus dem Zeitungspapier Streifen reißen, in den Kleister tauchen und den Luftballon rundum damit kaschieren.
- Mehrere Schichten übereinander kleben, trocknen lassen.
- Luftballon längs durchschneiden, aus einer Hälfte die Maus herstellen:
- Vorne an der Schnauze den Korken mit der Stecknadel (Spitze nach außen) ankleben.
- Aus Tonpapier runde Ohren zuschneiden, ankleben.
- An das Hinterteil der Maus ein Stück Bindfaden einknoten, das Ende etwas ausfransen.
- Maus anmalen, 3 × 20 cm lange Bindfäden als Barthaare an die Schnauze der Maus kleben.

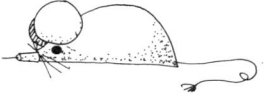

Spielanleitung
Die Maus wird über das Auto gestülpt und mit Klebeband unten befestigt.
Die Tischtennisplatte wird mit den Holzleisten umgeben, es entsteht eine kleine Begrenzung rund um die Fläche.
Die Luftballons werden vorbereitet, die Anzahl richtet sich nach der Zahl der zu erwartenden Mitspieler.

Spielregel
Jeder Spieler schickt die Maus mit dem Funkgerät ins Rennen und versucht, einen Luftballon zum Platzen zu bringen. Gelingt ihm dies, so darf er den darin enthaltenen Preis entgegennehmen oder das Los für die Tombola behalten.

Fische angeln

Dieses Spiel ist bei Kinderfesten in Südamerika sehr beliebt. Die Kinder „schlagen" mit verbundenen Augen aus einem Früchtekorb oder einem Blumentopf aus Papiermaché Süßigkeiten und kleine Geschenke.
Wir haben diese Idee aufgegriffen und in ein Fische-Angel-Spiel umgeändert. Die Fische werden aus einfachen Obsttüten einige Tage vor dem Sommerfest mit den Kindern gebastelt. Der Gruppenleiter füllt Süßigkeiten hinein. Die Fische werden an einem Bindfaden in einen Baum gehängt.

SOMMERFEST · Fotowand

Material
Für die Fische: Obsttüten, Tonpapier, Kleber, Plakafarben, Pinsel, Filzstifte, Bindfaden.
Zum Füllen: Bonbons, Nüsse oder kleine, in Papier eingewickelte Geschenke.

Hinweis
Die Anzahl der Fische richtet sich nach der Anzahl der Kinder, die mitspielen werden. In einem Fisch haben Süßigkeiten für 4–5 Kinder Platz. Es dürfen auch Nieten in den Fischen sein: Sand, Kastanien, Kronkorken usw.

Durchführung
- Tülle der Tüte umknicken, festkleben.
- Flossen und Kiemen aus Tonpapier zuschneiden, an den Fischkörper kleben.
- Fisch beidseitig bemalen.
- Süßigkeiten in die Tüte füllen.
- Tüte am offenen Ende zu einem Schwanz abbinden.
- Bindfaden in den Fischkörper knoten.
- Fische in einem Baum so aufhängen, daß sie etwa in Kinderhöhe erreichbar sind.

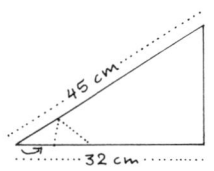 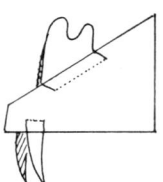  

Spielregel
Etwa 2–5 Kinder bilden eine Kleingruppe. Ein Kind beginnt mit verbundenen Augen und einem Kochlöffel in der Hand, blind nach einem Fisch zu schlagen. Jedes Kind darf dreimal blind einen Fisch „angeln". Im Laufe des Spieles platzt die Fischtüte auf, und die Süßigkeiten fallen auf den Boden. Nun stürzen sich alle Kinder auf die Schätze.
Noch schwerer wird es, einen Fisch zu „angeln", wenn das Kind mit verbundenen Augen sich nach jedem Schlagen einmal drehen muß.

Fotowand

Auf einen großen Karton (Umzugskarton oder noch größeres Verpackungsmaterial) werden lustige Figuren aufgemalt, große und kleine, evtl. auch Tiere. Die Gesichter werden herausgeschnitten.
Beim Fotografieren stellen sich die Personen hinter die Fotowand und schauen durch die offenen Löcher.

Fotorahmen· SOMMERFEST

Breite: 1,50 m   Höhe: 1,20 m   Durchmesser eines Lochs: 20 cm

Fotorahmen

Ein Erinnerungsfoto vom Sommerfest bekommt den richtigen „Rahmen".
Ein alter, großer Bilderrahmen vom Trödelmarkt (möglichst golden und mit vielen Schnörkeln) wird in der Nähe der Schmink- und Verkleidungsecke aufgehängt. Dahinter befindet sich eine Bank, auf die sich die Fotowilligen in Pose setzen können. In entsprechender Entfernung ist ein Fotoapparat mit Stativ aufgebaut. Besonders originell kann diese Ecke gestaltet werden, wenn der Fotoapparat mit einem schwarzen Tuch bedeckt, und der Fotograf wie zu Großmutters Zeiten bekleidet ist und etwas nostalgische Jahrmarktsatmosphäre verbreitet.

Malen

Eine ruhige Ecke des Festplatzes soll dem kreativen Umgang mit Pinsel und Farbe gewidmet sein. Kinder und Erwachsene können ihrer Phantasie freien Lauf lassen. Entscheidend sind: großflächiges Malen, großzügiger Umgang mit Papier und Farben und viel Platz.

Material
Eine Rolle Makulaturpapier[1], Besen, große Papierschere, feste Schnur zum Aufhängen, Fingerfarben, Dispersionsfarben, dicke Filzstifte, Pinselmaler, evtl. zusätzlich Buntpapier, Kleber, Borstenpinsel, Klebeband, Malkittel.

Vorbereitung
Der Besen wird durch die Rolle Makulaturpapier gesteckt, die Rolle und die Schere werden mit der Schnur an einen kräftigen Ast gehängt (oder an zwei in eine Wand eingedübelte Haken).

Durchführung der Malaktionen
Es werden große Bögen Papier von der Rolle abgeschnitten und mit Klebeband auf dem Boden oder an einer großen Wand befestigt.
Kinder und Erwachsene malen allein oder gemeinsam, je nach Lust und Laune.

MALEN NACH EINEM THEMA

Soll das Malen zu einer Aktion des Sommerfestes mit Preisverleihung ausgestaltet werden, so kann ein Thema vorgeschlagen werden. Kinder und Erwachsene können in kleinen Gruppen von 3–4 Teilnehmern ein Bild gemeinsam malen. Am Schluß des Festes gibt es eine Bildergalerie, und eine Jury vergibt Preise.

Material: → oben

Themenvorschläge
– Die lustigste Aktion auf dem Sommerfest.
– Selbstporträt.
– Ein Elefant (Drache, Ungeheuer, Tausendfüßler) wird bemalt:
  auf mehrere lange Papierstreifen werden die Umrisse von Elefanten (Drachen ...) grob aufgemalt. Jeweils 3–4 Teilnehmer malen eine Vorlage aus. Die fertigen Elefanten werden an einer Häuserwand mit Klebeband befestigt.
– Eine Stadt / ein Dorf wird bemalt:
  Eine große Anzahl Kartons in allen Größen, vom Medikamentenpäckchen bis zum Umzugskarton, wird in der Malecke angeboten. Zusätzlich zu Pinsel und Farben gibt es Kleber und Papier. Die Teilnehmer basteln Häuser, Türme, Brücken und bemalen diese.

---

[1] Makulaturpapier erhält man in großen Rollen in Zeitungsverlagen.

Variation: In ähnlicher Weise kann das obengenannte Thema „Elefanten bemalen" gestaltet werden, indem zuerst Elefanten aus Kartons in allen Größen gebastelt und dann bemalt werden.

Naturmaterial

SOMMERTEPPICH

Material
Eine Rolle Bindfaden, 6 Kieselsteine, Blätter, Blumen, Gräser usw.

Vorbereitung
– Sechs gleichmäßig lange Bindfäden zuschneiden.
– Im Abstand von 8–10 cm an dem Ast eines Baumes befestigen.
– Am unteren Ende Kieselsteine anbringen zum Beschweren.

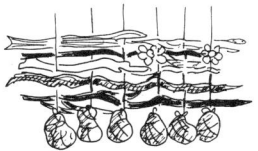

Ausführung
– Kinder sammeln Blätter, Blumen, Gräser, Zweige und dgl.
– Material nacheinander durch die Bindfäden weben, an den Seiten offen lassen.
– Zum Schluß Bindfäden oben und unten abschneiden, jeweils zwei Fäden miteinander verknoten.

Hinweis
Der Sommerteppich eignet sich in getrocknetem Zustand gut als Raumdekoration.

LICHTERSCHIFFCHEN

Material
Rinde, 20–35 cm langer Zweig, 2 cm langes Aststück, Transparentpapier, Nähgarn, Kleber, Teelicht mit Hülse.

Arbeitsschritte
– Rinde säubern, zurechtschneiden: 20–35 cm lang.
– In das Aststück ein Loch bohren, Zweig hineinstecken, evtl. mit Kleber befestigen.
– Transparentpapier zu einem rechteckigen Segel zurechtschneiden, auf den Zweig stecken.
– Fertiges Segel auf der Rinde mit Kleber befestigen.
– Teelicht mit einigen Tropfen flüssigem Wachs hinter dem Segel befestigen.

SOMMERFEST · Spielestraße

Hinweis: Die Lichterschiffchen mit angezündeten Kerzen in der Dämmerung abends im Bach oder auf einem Teich aussetzen und beobachten. Bis die Kerzen vollständig abgebrannt sind, können Geschichten erzählt und erfunden werden.
Am anderen Morgen sollten nach Möglichkeit die Reste wieder eingesammelt werden!

Spielestraße

Anlage der Spielestraße, Zubehör
Es treten einzelne Spieler oder Spielerteams gegeneinander an. Das dafür vorgesehene Gelände wird in Spielbereiche unterteilt. Hier können einzelne Spielblöcke, wie z. B. Kreativspiele, Geschicklichkeitsspiele, Quizspiele, einander zugeordnet werden. Die Abgrenzung erfolgt durch Fähnchen, Schnüre, Kegel u. a. Ein Plakat informiert über die jeweiligen Spielaufgaben und die zu erreichende Punktezahl.

Zubehör: Requisiten für die Spiele, Stoppuhr, Bandmaß, Bewertungsschlüssel, Laufzettel, Filzschreiber, Preise.
Es empfiehlt sich, eine Checkliste für das benötigte Zubehör anzufertigen.

Posten
Für jeden Spielbereich sind ein bis zwei Posten verantwortlich. Diese erklären das Spiel, achten auf die Einhaltung der Spielregeln, notieren die Anzahl der erreichten Punkte und bereiten alles für den nächsten Durchgang vor.

Bewertung
Vor dem Wettbewerb sind die Spiele zu erproben. Jedes Kind bzw. Team bekommt einen Laufzettel, worauf Name, Spiele, erreichte Punkte vermerkt sind (→ Muster Fahrradparcours).
Ein Bewertungsschlüssel ist Grundlage für die Punktevergabe. Hier ist die Höchstzahl an Punkten pro Aufgabe und die geplante Punkteverteilung festgehalten. Um eine Gleichwertigkeit der Spiele sicherzustellen, ist es günstig, jeden Aufgabenblock mit der gleichen Punktehöchstzahl zu versehen.

Spielvorschläge
Einzelne Spieler können die Aufgaben in beliebiger Reihenfolge lösen. Sie gehen dorthin, wo im Augenblick am wenigsten los ist. Nehmen Spielteams teil, so kann auf dem Laufzettel die Reihenfolge der Spiele vermerkt werden. Eine zeitliche Abstimmung der Spiele ist erforderlich, um lange Wartezeiten und Gedränge zu vermeiden.

Spielestraße · SOMMERFEST

Bei einzelnen Spielen kann ein Probespiel oder ein Dreimal-Versuch, bei dem der beste zählt, vereinbart werden. Die Aufgaben sollten möglichst unterschiedliche Fähigkeiten des Kindes ansprechen wie Wissen, Geschicklichkeit, Kreativität, Schätzvermögen u. a.

- Von einer Startlinie aus wird versucht, eine Kerze mit einer Wasserpistole zu löschen. In welcher Zeitspanne gelingt es?
- Von einer Startlinie aus werden Kirschkerne gespuckt. Wer spuckt am weitesten?
- Wer trifft die Flasche: Dem Teilnehmer wird eine Schnur um die Taille gebunden, an der hinten ein Bleistift heruntergehängt. Er muß sich nun breitbeinig so hinstellen, daß er, ohne mit den Händen nachzuhelfen, den Bleistift in eine am Boden stehende Flasche versenkt. Das erfordert viel Geschick und vor allem Geduld.
- ABC-Spiel: Der Spieler bekommt die Aufgabe, innerhalb von 5 Minuten Gegenstände zu bringen, deren Anfangsbuchstaben dem ABC entsprechen. Für A wird z. B. ein Apfel gebracht, für B ein Blatt. Die Gegenstände werden in der Reihenfolge des Alphabets hingelegt. Nach Ablauf der Zeit werden die Richtigkeit und die Anzahl der Gegenstände geprüft.
- Apfelbeißen: Eine große Schüssel wird auf den Boden gestellt. Die Schüssel wird so weit mit Wasser gefüllt, daß ein Apfel darin gut schwimmen kann. Der Spieler muß versuchen, den Apfel allein mit dem Mund und ohne Zuhilfenahme der Hände aus der Schüssel zu holen.
- Dosenwerfen.

- Von einer Startlinie aus sollen Bälle in entfernt stehende Körbe geworfen werden.
- Schätzspiele: Es wird die Anzahl der Pfennige, Knöpfe oder Gummibären in einem Glas geschätzt. Es wird das Gewicht eines Steines geschätzt.
- Prominentenraten: Auf einem Karton sind die Bilder verschiedener Prominenter aufgeklebt, die namentlich erraten werden sollen.
- Eine Panoramakarte der Heimat (erhältlich beim Fremdenverkehrsamt) ist Gegenstand des Ratespiels. Die Städte oder Seen werden zugeklebt und numeriert. Aufgabe ist es, diese zu erraten.
- Aus wertlosem Material soll eine möglichst originelle Plastik gestaltet werden.
- Musik auf Band fordert dazu auf, sich einen Tanz auszudenken. Besonderen Spaß macht es, wenn Requisiten zur Verfügung gestellt werden. Es zählen Rhythmus, Musikalität, Einfallsreichtum.

Siegerehrung und Preise
Es werden nicht nur die Spieler auf den ersten, zweiten und dritten Plätzen geehrt, sondern jedes Kind bekommt einen Trostpreis für die Teilnahme an den Spielen.
Als Preise bieten sich an:
– Papporden,
– Urkunden,
– kleine Aufmerksamkeiten und selbstgefertigte Geschenke, Vorschläge für eine lustige und spannende Preisverleihung.
– Die Preise befinden sich in einem großen Sack und müssen von den Teilnehmern gezogen werden.
– Die kleinen Gewinne werden in Joghurtbechern versteckt, die mit Sandkistensand gefüllt sind. Dies erhöht die Spannung.

SOMMERFEST · Fahrrad-Parcours

Fahrrad-Parcours

Anlage eines Parcours, Zubehör
Der Spieler hat die Aufgabe, die Strecke mit dem Fahrrad zurückzulegen und dabei verschiedene Aufgaben zu lösen bzw. Schwierigkeiten zu meistern. Die Anlage eines Parcours erfordert viel Platz. Es eignet sich ein Hartplatz, aber auch ein gemähter Rasenboden. Anspruchsvoll und damit für ältere, geübte Kinder interessanter ist ein hügeliges Gelände.
Zur Markierung dienen je nach Bodenbeschaffenheit Kreiden, Hobelspäne, in den Boden gerammte Holzpflöcke, Seile, leere Dosen und Flaschen, Kegel u. a. Start und Ziel können durch Transparente gekennzeichnet werden.

Weiteres Zubehör: Startnummern für die Teilnehmer, Requisiten für Geschicklichkeitsspiele, Erste-Hilfe-Kasten, Stoppuhr, Bandmaß, Bewertungsschlüssel, Laufzettel, Filzschreiber, Preise.

Streckenposten
Es sind ausreichend Posten an der Strecke nötig, damit Aufgaben erklärt, Fehler gesehen, erreichte Punkte notiert werden können. Bei Bedarf ist alles für den nächsten Durchgang wieder herzurichten.

LAUFZETTEL

Name: Startnummer:

Name des Wettbewerbs	Punkte
Spurfahren	
Korridorfahren	
Slalomstrecke	
Gesamtpunktzahl =	

Fahrrad-Parcours · SOMMERFEST

Bewertung
Vor dem eigentlichen Wettbewerb sollte eine Probefahrt gemacht werden. Nur so können Schwachstellen und erforderliche Zeiten für die Aufgaben festgestellt werden. Die Spielleiter erstellen einen Bewertungsschlüssel für die einzelnen Aufgaben. Hier ist die Höchstpunktezahl für jede Aufgabe festgelegt. Außerdem ist hier vermerkt, welche Fehler Punkteabzug bringen. Wird um Zeit gefahren, so erfolgt eine Umrechnung der Zeiten in Punkte.
Sieger ist, wer die höchste Punktezahl erreicht. Ein Parcours kann auch so angelegt werden, daß derjenige Sieger ist, der die Gesamtstrecke in möglichst kurzer Zeit zurücklegt. Fehler bei der Erfüllung der Aufgaben bedeuten zusätzliche Strafzeiten. Absteigen ist nur erlaubt, wenn es die Aufgabe vorsieht.
Bei unserem Beispiel zählt nicht nur die Schnelligkeit, da die Aufgaben ganz verschiedene Fähigkeiten ansprechen.
Für jedes teilnehmende Kind liegen am Start Laufzettel aus Karton bereit, die mit einem Band zum Umhängen versehen sind. Der Spieler trägt seinen Namen, evtl. seine Startnummer ein. Die Streckenposten tragen die erreichten Punkte ein. Am Ziel wird die Gesamtpunktzahl ermittelt.

Vorschläge für Aufgaben
Ein gut geplanter Parcours sollte eine bunte Aufgabenmischung enthalten:
- Über ein langes Brett fahren (ca. 5 × 0,2 m), ohne rechts oder links den Boden zu berühren.
- Der Fahrer muß absteigen und sein Rad über eine Strecke von 10 m tragen und dabei sein Rad über ein Hindernis heben (z. B. quer gespannte Schnur). Hier wird die Zeit gestoppt.
- Auf einem Tisch oder der Stufe einer Staffelei steht ein Becher Wasser bereit. Dieser soll während der Fahrt aufgenommen und gefüllt zum nächsten Streckenposten gebracht werden.
- Es ist eine bestimmte Strecke freihändig zurückzulegen.
- Bei einem Schneckenrennen ist eine bestimmte Strecke so langsam wie möglich zurückzulegen.
- Es ist durch einen schmalen Korridor zu fahren. Die Gasse wird durch Schnüre begrenzt, die an Pflöcken oder Dosen befestigt sind. Die Fahrtstrecke soll etwa 20 m lang und 20 cm breit sein. Wer die Schnur berührt oder darüber hinausfährt, bekommt Minuspunkte.
- Es ist eine Slalomstrecke zu fahren. Pflöcke, Flaschen oder Dosen markieren die Strecke.
- Der Durchmesser des Fahrradreifens ist zu erraten.
- Ein Kreis oder ein großer Achter ist zu fahren.
- Rechts und links der Strecke werden Eimer umgestülpt aufgestellt. Darauf wird jeweils ein Tennisball gelegt. Diesen gilt es mit dem Fuß vom Eimer zu stoßen.

SOMMERFEST · Zauberkunststücke

Zauberkunststücke

Auch ohne viel Übung lassen sich verblüffende Kunststücke vorführen. Anregungen dazu gibt eine Reihe von Büchern zum Thema Zaubern.
Folgende Beispiele können in kurzer Zeit einstudiert werden.

DAS VERHEXTE GELDSTÜCK

Wie durch Zauberkraft gehalten, haftet ein Geldstück in der Hand.

Material: Münze, Kleiderbürste.
Der „Zauberer" legt das Geldstück in die Mitte seiner geöffneten Hand und bittet einen Zuschauer, mit der Bürste die Münze aus seiner Hand zu bürsten. Es wird ihm nicht gelingen, die Münze wegzubürsten. Es ist wichtig, die Hand gestreckt zu lassen.

DIE EIGENWILLIGEN PAPIERRINGE

Material: 3 Papierstreifen von 5 cm Breite und 1,5 m Länge, Klebstoff, Schere.

Vorbereitung
Aus drei Papierstreifen werden drei Ringe folgendermaßen geklebt:
1. Ring wird normal geklebt;
2. Streifen wird einmal verdreht zu einem Ring geklebt;
3. Streifen wird zweimal verdreht zu einem Ring geklebt.

Vorführung
Den Zuschauern wird der erste Ring gezeigt und die Frage gestellt, was wohl passiert, wenn der Ring der Länge nach zerschnitten wird. Diese Frage wird auch bei den anderen Ringen gestellt.
Ein Zuschauer bekommt die Aufgabe, den ersten Ring in der Mitte der Länge nach durchzuschneiden – es entstehen zwei Ringe.
Beim zweiten Ring, der auf die gleiche Weise geschnitten wird, entsteht ein doppelt so großer Ring.
Beim dritten Ring entstehen zum Erstaunen aller Zuschauer zwei ineinandergekettete Ringe.

ZAHLEN RATEN

Material: Zettel, Teller, Streichhölzer, Stift.
Der Zauberer fordert das Publikum auf, ihm zweistellige Zahlen zu nennen. Er schreibt die erste Zahl auf, faltet den Zettel und legt ihn in den Teller. Bei den weiteren Zetteln schreibt er nicht die angegebene Zahl, sondern immer die erstgenannte Zahl. Es ist wichtig, daß er sich in gebührender Entfernung von den Zuschauern befindet.

Nun fordert er einen Zuschauer auf, einen Zettel zu nehmen, ihn jedoch nicht zu öffnen.
Der „Zauberer" entfacht das Zauberfeuer und spricht einen Zauberspruch, z. B.: „Ich sage, wenn der Zauber wirkt, welche Zahl sich darin verbirgt."
Nachdem alle Zettel verbrannt sind, nennt er die Zahl, und der Zuschauer öffnet zur Kontrolle den Zettel.

DURCH EINE POSTKARTE STEIGEN

Material: Postkarte, Schere.
Der Zauberer verkündet dem Publikum, daß er durch eine Postkarte schlüpfen kann.
Die Karte wird längs in der Mitte zu einem Buch gefalzt und, wie auf der Zeichnung dargestellt, eingeschnitten. Die Falzlinie wird bis auf einen kleinen Rand auf beiden Seiten eingeschnitten. Durch Auseinanderfalten entsteht ein großer Kreis, durch den man problemlos durchsteigen kann.

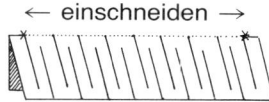

ZUCKERSTÜCK MIT KREUZ

Material: Zuckerstück, Glas mit Wasser, weicher Bleistift oder Augenbrauenstift.
Der Zauberer zeichnet vor den Augen der Zuschauer ein Kreuz auf ein Zuckerstück. Er hält das Zuckerstück so, daß sich das Kreuz, nachdem er es dem Publikum gezeigt hat, auf dem Daumen abdrückt. Nun wirft er das Zuckerstück mit dem Kreuz nach oben in ein Glas mit Wasser.
Er bittet einen Zuschauer, ihm zu assistieren. Dabei legt der Zauberer die Hand des Kindes folgendermaßen auf das Glas: Er ergreift die Hand, indem er mit dem Daumen auf die Handinnenfläche den Stempel drückt. Nun wird der Zauberspruch gesprochen und in dieser Zeit der Daumen saubergewischt. Hat sich der Zucker etwas aufgelöst, wird die Hand hochgehoben und dem erstaunten Publikum gezeigt. Durch seltsame Kräfte hat sich das Kreuz auf dem Zuckerstück auf die Handinnenfläche übertragen.

DER BANANENTRICK

Material: Banane, große Nadel.

Vorbereitung
Kurz vor der Vorführung wird eine reifere Banane präpariert. Mit einer Nadel wird in die Banane gestochen, bis diese auf der anderen Seite an der Schale anstößt. Die Nadel wird nun langsam herausgezogen, indem sie wie ein Hebel bewegt wird. Dadurch wird die Banane im Inneren geschnitten. Im Abstand von ca. 2 cm wird dies wiederholt, so daß die ganze Banane innen in einzelne Teile aufgeteilt ist.

SOMMERFEST · Theater/Zirkus

Vorführung
Der Zauberer zeigt dem Publikum die „unversehrte" Banane und behauptet, daß er mit Hilfe eines Zauberspruchs/Zauberstabs die Banane zerteilen kann, ohne sie vorher zu schälen. Nun schält er vor den Augen des Publikums die Banane, und es fallen einzelne Scheiben heraus.

Theater/Zirkus

Kinder lieben Theater. Da bereits die Organisation des Sommerfestes aufwendig ist, bieten sich Aufführungen an, die nur eine kurze Einstudierung erfordern. Gedacht ist an Sketche, gespielte Witze, Clownnummern, gespielte Lieder.
Eine Fülle ausgezeichneter Anregungen, mit Kindern Zirkus zu spielen, bietet: Elmar Müller, Manegenzauber, Don Bosco Verlag, München.

CLOWNNUMMERN

Schon das Verkleiden und Schminken bereitet den Kindern viel Spaß. Eine rote Knollennase, weiße Schminke, ein großer Mund, eine struppige Perücke, zu große Hosen und Schuhe stimmen die Kinder aufs Spielen und Spaßmachen ein.
Meist denken sich die Kinder selbst eine Clownnummer aus.
Deshalb hier nur ein paar Anregungen:

DIE GESANGSPILLEN

Ein Clown versucht zu singen, aber er bekommt nur falsche und krächzende Töne heraus. Da fallen ihm seine Gesangspillen ein. Umständlich kramt er sie, nach vielen anderen Gegenständen, aus seiner Hosentasche. Nach Einnahme der Gesangspillen schmettert er plötzlich eine Arie (die vom Kassettenrecorder kommt).

TAUZIEHEN

Zwei Clowns ziehen an einem Seil. Sie streiten und plagen sich. Mitten in der größten Anstrengung schleicht sich ein dritter Clown heran und schneidet mit einer großen Schere das Seil durch. Beide fallen mit viel Geschrei auf die Nase.

DER CLOWN MIT DER GUTEN NASE

Der kleine Clown fragt den großen Clown: „Kennst du Seife?" „Klar!" „Kennst du Knoblauch?" „Klar!" „Kennst du Rosen?" „Klar!" ... Was der kleine Clown auch fragt, der große kennt alles. „Kannst du auch alles blind riechen?" „Klar!" behauptet der große Clown. Dem großen Clown werden die Augen verbunden, und der andere stellt eine Schüssel mit Wasser auf den Tisch. Der große Clown soll schnuppern, riecht aber natürlich nichts. Der kleine Clown rät ihm, noch näher ranzugehen, und gibt ihm einen Schubs – die Nase landet im Wasser.

DER KLEINSTE MANN DER WELT

Die Vorbereitungen finden hinter einem Wandschirm oder einem vorgehaltenen Bettlaken statt.
Es werden zwei Spieler unterschiedlicher Größe benötigt. Der größere steht hinter einem Tisch, der vorne zugehängt ist. Der Spieler trägt eine weite Jacke, die er so anzieht, daß sie hinten offen ist. Er steckt jedoch seine Arme nicht durch die Ärmel, sondern in ein Paar Schuhe, das vor ihm auf dem Tisch steht. Auf dem Kopf trägt er einen großen Hut.
Hinter diesem Spieler steht ein zweiter, der seine Arme in die Ärmel der Jacke steckt. Er kann nun mit seinen Armen frisieren, füttern, Reden untermalen, klatschen und vieles mehr. Da beim Zuschauer die Illusion entsteht, der kleinste Mann stehe auf dem Tisch, und die Bewegungen der Arme recht komisch wirken, gibt es viel Gelächter.
Es ist wichtig, daß die Zuschauer das Geschehen nur von vorne sehen!

DIE LÜGENMUMIE

Der Vater betrachtet seine Neuerwerbung, eine Lügenmumie, zufrieden von allen Seiten. Er ruft seinen Sohn zu sich und erklärt ihm, was es mit der Lügenmumie auf sich hat: Sie wackelt, wenn jemand im Zimmer eine Lüge ausspricht.
Der Vater fragt seinen Sohn, ob er seine Klassenarbeit zurückbekommen hat. Der Sohn verneint, die Mumie wackelt, er gesteht. Nun fragt ihn der Vater nach der Note. Der Sohn beginnt bei einer Zwei. Die Mumie wackelt so, daß sie fast umfällt. Nun nennt er eine Drei. Die Mumie wackelt noch immer heftig. Bei jeder weiteren Note wackelt die Mumie immer weniger. Erst als er eine Sechs bekennt, hält die Mumie still. Der Vater ist außer sich. Er beschimpft den Sohn und stellt sich als ehemaligen Musterschüler hin. In seinem Eifer beachtet der Vater die Mumie nicht. Diese wackelt jedoch immer stärker, bis sie der Länge nach hinfällt.

DER SCHLAUE ESEL

Zwei Kinder hängen sich eine graue Decke um, die sie mit Sicherheitsnadeln befestigen. Hinten ist ein Schwanz angebracht. Das vordere Kind trägt eine Eselsmaske.
Der Zirkusdirektor fragt seinen vierbeinigen Liebling verschiedene schwierige Sachen. Der Esel beantwortet sie mit „Jahah!" oder mit Kopfschütteln. Das schlaue Tier kann auch rechnen. Der Direktor stellt Rechenaufgaben, bei denen höchstens ein Endergebnis von 10 herauskommt. Der Esel schlägt das Ergebnis mit dem rechten Vorderfuß auf den Boden . . . Um die Zuschauer zu prüfen, darf er sich auch einmal verrechnen.

SOMMERFEST · Lustige Staffelläufe

ELEFANTENNUMMER

Zwei Kinder hängen sich eine graue Decke um und befestigen an dieser einen langen Rüssel, Elefantenohren, Augen und einen Schwanz. Das hintere Kind hält einen Becher in der Hand, der halb mit Wasser gefüllt ist. Der Dompteur führt nun mit seinem Elefanten verschiedene Kunststücke vor: er läßt den Elefanten tanzen, das Bein heben, stellt ihm Fragen (→ „Der schlaue Esel"). Mit Trommelwirbel wird der Höhepunkt eingeleitet. Der Dompteur legt sich auf den Boden. Der Elefant steigt über ihn weg. Nun fordert der Dompteur einen mutigen Zuschauer auf, es ihm gleichzutun. Der Mitspieler legt sich nun ebenfalls auf den Boden, der Elefant steigt über ihn und „pinkelt" (Wasserbecher) auf das überraschte Kind zur Freude aller Zuschauer. Der Dompteur entschuldigt sich für den peinlichen Zwischenfall gestenreich beim Publikum.

Lustige Staffelläufe

Es werden zwei gleich große und gleich starke Mannschaften gebildet. Beide Mannschaften stehen an der Ziellinie. In zehn Metern Entfernung ist eine Wendemarke angebracht (Stock im Boden, Stein, Stuhl . . .).

SACKHÜPFEN

Material: Jutesäcke oder stabile Müllsäcke aus Plastik.

Spielregel
Nach dem Startsignal steigen die ersten Läufer einer jeden Mannschaft in ihre Säcke, halten den Rand fest und hüpfen auf die Wendemarke zu. Dort wird umgekehrt und, am Ziel angelangt, wird der Sack schnellstens an den nächsten Läufer weitergegeben. Erschwert wird das Spiel, wenn auf halber Strecke ein Seil flach über den Boden gespannt ist, das mit dem Sack übersprungen werden muß.

KEKSSTAFFEL

Material: zwei Schachteln Butterkekse.

Spielregel
Nach dem Startsignal darf jeweils der erste der Mannschaft die Keksschachtel aufmachen, einen Keks herausholen und essen. Ist er fertig, muß er deutlich vernehmbar pfeifen. Dann kommt der nächste dran: Keks herausholen, kauen, schlucken, pfeifen.

Lustige Staffelläufe · SOMMERFEST

BALANCE

Material: Gegenstand zum Balancieren auf dem Kopf, z. B. leere Dose, Buch.

Spielregel
Die Strecke muß mit einem Gegenstand auf dem Kopf zurückgelegt werden. Dieser darf nicht mit den Händen festgehalten werden. Wenn er herunterfällt, muß der Spieler an den Start zurück.
Erschwernis: auf halber Strecke ist in ca. 1 m Höhe ein Seil gespannt, das unterquert werden muß.

CHINESENSTAFFEL

Material: Chinesenhut, Schnurrbart aus Wolle, kleiner Ball.

Spielregel
Die Spieler jeder Mannschaft setzen sich den Hut auf, klemmen sich den Schnurrbart zwischen Oberlippe und Nase und den Ball zwischen die Oberschenkel. Da die Vorwärtsbewegung äußerst schwierig ist, trägt dies zur Belustigung aller Teilnehmer und Zuschauer bei. Wird der Ball verloren, muß man an dem Punkt weitermachen, wo der Ball verloren wurde.

ZWILLINGSLAUF

Material: Seil.

Spielregel
Innerhalb einer Mannschaft bilden sich Paare. Der linke Fuß des einen wird mit dem rechten Fuß des andern zusammengebunden. Diese „Zwillingspaare" versuchen nach dem Startpfiff, um die Wette ans Ziel zu gelangen.

DOSENLAUF

Material: sechs Blechdosen (Konservendosen).

Spielregel
Die Spieler jeder Mannschaft erhalten drei Dosen. Sie werden vor den Spielern in Richtung Ziel aufgestellt. Nun geht das Rennen los. Die Spieler steigen auf die Dosen, denn nur sie dürfen während des Laufes betreten werden. Je ein Fuß steht auf einer Dose, die dritte wird für den nächsten Schritt nach vorne gestellt. Tritt ein Mitspieler neben eine Dose, so muß er noch einmal am Start anfangen.

Waldspiele

WALDGEISTER

Material: Knete
Mit bunter Knete werden Gesichter von Gespenstern und Ungeheuern auf Baumstämme, Steine, Wurzeln und dgl. „geklebt". Die Waldgeister können prämiert werden oder dienen als Markierungspunkte für Geländespiele. Des weiteren kann ein Spiel daraus gestaltet werden:
Eine Gruppe geht mit 45 Minuten Zeitabstand voraus und macht die Gesichter; eine zweite Gruppe folgt, muß die Waldgeister suchen und ihnen Namen geben. Eine Jury prämiert den originellsten Waldgeist und den witzigsten Namen.
Nach Beendigung des Spiels wird die Knete wieder eingesammelt!

WALDRALLYE

Allgemeine Hinweise für die Organisation einer Rallye werden bei der Beschreibung der „Spielestraße" gegeben.
Den Teilnehmern werden Aufgaben gestellt, die Geschicklichkeit fordern oder zum Nachfragen und Nachdenken anregen sollen. Viel Spaß machen den Kindern auch Aufgaben, die Phantasie und Originalität verlangen.

Aufgaben, welche die Geschicklichkeit fördern
– Tannenzapfen werfen (auf ein Ziel, weitwerfen).
– Auf einem Baumstamm balancieren.
  Erschwernis: zwei Kinder balancieren auf einem Baumstamm aufeinander zu. Wenn sie sich in der Mitte treffen, müssen sie aneinander vorbei, ohne herunterzufallen.
– Einen Bach überqueren.
– Wasser in der hohlen Hand über eine Strecke von 20 m transportieren. Welche Gruppe schafft am meisten Wasser herbei?
– Über einen Graben springen.
– Durch Unterholz kriechen.

Aufgaben, die das Beobachten fördern
– Jahresringe an einem gefällten Baum zählen.
– Astholz oder Steine mit origineller Form suchen.
– Einen Becher voll Waldfrüchte sammeln.
– Das Gewicht eines Steines schätzen.
– Früchte und Blätter benennen und zuordnen.
– Tastkim mit Naturmaterialien (Moos, Rinde, Flechten, Steine, Zapfen, Erde . . .).
– Anzahl der Steine oder Tannenzapfen auf einem Haufen schätzen.
– Entfernungen schätzen.

Waldspiele · SOMMERFEST

Aufgaben, die die Kreativität fördern
- Mosaik aus Steinen, Zapfen . . . legen.
- Sich mit dem verkleiden, was man im Wald findet (Farne, große Blätter, Flechten).
- Einen Vierzeiler über den Wald dichten und als Lied vortragen.
- Aus Reizwörtern (z. B. Förster, Wilderer, Lieschen, Mondschein) einen Sketch erarbeiten und vorspielen).
- Bäume als Waldgeister verkleiden. ✶
- Blumenkränze flechten.

SCHATZSUCHE

Organisation
- „Schatz", z. B. Süßigkeiten in einer mit Goldfolie beklebten Kiste ✶ (→ Dreikönigsfest).
- Wegebeschreibung mit verschlüsselten Botschaften ✶ (→ Fastnacht).
- „Schatz" verstecken.

Spielregel
Der Schatz wurde in einem Wald mit dichtem Unterholz versteckt. Es werden mindestens zwei Parteien gebildet. Der Spielleiter händigt den Parteien Briefe aus, in denen altersgemäß verschlüsselt der Weg zum Schatz beschrieben ist. Anhand der Beschreibung und evtl. der Skizze versucht nun jede Partei, den Schatz zu finden. Die Gruppe, die ihn findet, darf ihn behalten. Es ist ratsam, einen Trostpreis für die Verlierer bereitzuhalten.

SIOUX UND APACHEN

Organisation
Spieler in zwei gleich starke Gruppen einteilen, und zwar in die „Sioux" und die „Apachen". Jede Gruppe erhält eine Markierung und wählt sich einen Häuptling. An einem bestimmten Platz im Wald wird ein Baum als Zielpunkt ausgemacht und markiert.

Spielregel
Die beiden Indianerstämme verstecken sich gut im Wald. Auf ein Zeichen des Spielleiters hin bestimmen die jeweiligen Indianerhäuptlinge einen Späher, der nun möglichst unbemerkt in Richtung des Baumes schleicht. Erkennt einer der Späher den Indianer des feindlichen Stammes, so muß er laut dessen Namen rufen. Der Aufgerufene wird nun zum Gefangenen des Stammes. Wer den ausgemachten Zielpunkt erreicht hat, ohne entdeckt zu werden, kann nicht mehr gefangen werden. Am Ende wird ausgezählt, welcher Stamm die meisten Gefangenen hat.

SOMMERFEST · Waldspiele

WALDKIM

Material: Augenbinde.

Es bilden sich Paare. Einem der beiden Spieler werden die Augen verbunden. Er wird zu einem Baum oder einer Pflanze (Moos, Farn, Baumpilz . . .) geführt. Nun bekommt er die Aufgabe, die Pflanze genau abzutasten. Bei einem Baum können Rinde, Baumstamm, Blattform, Baumfrucht . . . erforscht werden. Damit der Spieler die Orientierung verliert, wird er auf einem anderen Weg zum Ausgangspunkt zurückgeführt. Die Augenbinde wird abgenommen, und der Baum oder die Pflanze müssen wiedergefunden werden.

VERSTECKEN – ENTDECKEN

Material
Etwa 20 Gegenstände, die nicht in den Wald gehören. Einige davon sollten sich deutlich von der Umgebung abheben, wie z. B. ein Luftballon, ein weißer Turnschuh, ein bunter Schal, ein Spielzeugauto . . . Die anderen Gegenstände sollten der Umgebung so ähnlich sein, daß man sie nur bei genauem Hinschauen sieht, wie z. B. ein dunkler Wollknäuel, ein grünes Tuch . . .

Einige Mitspieler verstecken entlang eines Waldpfades (ca. 20–30 Meter) die Gegenstände. Die anderen Spieler gehen jetzt – jeder für sich – den Pfad entlang und versuchen, so viele Gegenstände wie möglich zu entdecken. Sie lassen die Dinge an ihrem Platz. Wenn alle durch sind, sagt jeder, was er gesehen hat. Sieger ist, wer die meisten Gegenstände benennen kann.

LAGERFEUER

Material für das Feuer: Zeitungspapier, Stroh, Reisig, Astholz, Streichhölzer, Steine, feuchter Sand, Eimer Wasser.

Sitzmöglichkeiten: Baumstämme, Bänke, Luftmatratzen, Sitzkissen, Decken u. ä.
Weitere Hilfsmittel: Taschenlampe, Verbandkasten, Brandsalbe, Lieder- und Vorlesebücher u. ä.

Vorüberlegungen
– Gemeindeverwaltung oder Feuerwehr nach geeigneten Plätzen fragen.
– Eigentümer des Platzes benachrichtigen, evtl. zum Lagerfeuer einladen.
– Zum Holzsammeln ebenfalls den Eigentümer um Erlaubnis bitten.
– Programm vorbereiten.

Waldspiele · SOMMERFEST

Vorbereitung
- Trockenen, sandigen Boden wählen (nicht im Moor und in der Heide).
- Mindestens 10 m Abstand zu ausgetrockneten Grasflächen und Baumbestand einhalten.
- Reisig und trockenes Astholz sammeln, je nach Stärke und Länge auf verschiedene Haufen aufschichten. Gut geeignet ist trockenes Buchenholz.

Anlegen der Feuerstelle
- Steine kreisförmig auf dem Boden anlegen, sie bilden die Begrenzung der Feuerstelle. Durchmesser ca. 1–2 m.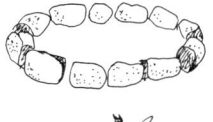
- Brennmaterial in der Kreismitte immer in folgender Reihenfolge aufschichten:
  - locker zerknülltes Zeitungspapier oder Stroh
  - Reisig
  - kurzes, dünneres Astholz
  - wenige, längere Äste pyramidenförmig um das Brennmaterial aufstellen.

Sitzplätze
- Sitzplätze so anordnen, daß keine Gefahr durch Funkenflug entstehen kann. Windrichtung beachten!
- Mindestens 2 m Abstand zur Feuerstelle einhalten.

Anzünden des Feuers
- Zeitungspapier mit Streichholz anzünden.
- *Hinweis:* Bei feuchtem Holz kann mit einigen Würfeln Kohleanzünder nachgeholfen werden.
  Nicht geeignet: Spiritus in Flaschen!
- Feuer braucht Sauerstoff. Deshalb immer darauf achten, daß das Brennmaterial locker aufeinanderliegt, evtl. mit kräftigen rhythmischen Bewegungen seitlich mit einer zusammengefalteten Zeitung Luft zufächeln.
- Zweige und Äste aus dem Holzvorrat nachlegen.
- Etwa eine Stunde vor dem Löschen kein weiteres Holz nachlegen.

Löschen des Feuers
- Kein hell brennendes Feuer löschen! Warten, bis das Feuer langsam verglimmt.
- Einige Eimer feuchten Sand auf die Glut geben, festtreten.
- Feuerstelle erst dann verlassen, wenn das Feuer vollständig gelöscht ist. Auch fast ganz abgebranntes Holz enthält noch Reste von Glut. Im Zweifelsfalle: Wasser nachgeben!
- Am nächsten Tag Asche und Kohlereste mit dem Boden so vermischen, daß keine Spuren zurückbleiben.
- Übriggebliebenes Holz in der Umgebung verteilen.

Verhaltensregeln am offenen Feuer
- Die Kinder in alle Vorbereitungen und weiteren Tätigkeiten mit einbeziehen.

- Unterhaltung, Singen, Spielen, Tanzen usw. lenken vom gefährlichen Spiel mit dem Feuer ab.
- Nicht zu nah an das lichterloh brennende Feuer kommen!
- Sitzplätze während des Programms nicht verlassen, nicht herumlaufen!
- Nichts in das Feuer hineinwerfen!
- Decken, Strickjacken bereithalten. Ein verglimmendes Feuer wärmt nicht mehr.
- Sitzplätze der Betreuer so anordnen, daß jeder Erwachsene eine kleine Kindergruppe überschauen kann.
- Braten und Backen erfolgt grundsätzlich in bzw. über der Glut, nie im offenen Feuer. Die Zeit bis zum Herunterbrennen des Feuers mit Singen, Spielen und Vorlesen ausfüllen.
- Erste Hilfe bei kleineren Brandverletzungen: Brandsalbe, kaltes Wasser.
- Plastiksack oder Eimer für Abfälle bereithalten. Abfälle am Schluß mitnehmen.

FEUERSTELLE ZUM KOCHEN

Material: Zeitungspapier, Reisig, Astholz, ca. 20 cm lang, 3–5 Steine.

Anlegen der Feuerstelle
- Auf Wiesen:
  kreisförmiges Wiesenstück in Größe des Topfes herausschneiden, zur Seite legen, es wird nach Beendigung des Kochens wieder eingepaßt.
- Boden festtreten.

- Steine so anordnen, daß an zwei gegenüberliegenden Stellen Abzugslöcher freibleiben. Ein Loch muß so groß sein, daß Holz zum Nachfeuern durchgeschoben werden kann.
- Die Steine sollten gleich groß sein und eher an einer Seite abgeflacht. Die flache Seite wird dann nach oben gelegt, damit der Topf fest stehen kann.
- Zeitungspapier und Reisig auflegen, anzünden. Astholz nachlegen.
- Topf mit Inhalt auf die Steine stellen.

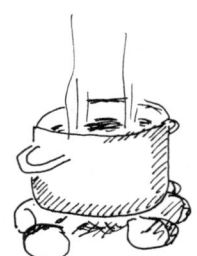

Wenn das Feuer schlecht brennt
- Abzugslöcher vergrößern oder mit einer zusammengefalteten Zeitung kräftig Luft zufächeln.

Verlassen der Feuerstelle
- Nach Beendigung des Kochens die Feuerstelle wieder in ihrem ursprünglichen Zustand verlassen:
  - Asche in den Boden eingraben, Sand darüberstreuen,
  - evtl. Wiesenstück wieder einpassen,
  - Steine und Holz wieder in der Umgebung verteilen.

FLOSS

Material: gleichmäßig lange und dicke Äste, Bindfaden oder Bast.

Verbindung
- Äste parallel nebeneinander anordnen.
- Zwei Äste darüberlegen und mit dem Bindfaden folgendermaßen verbinden:

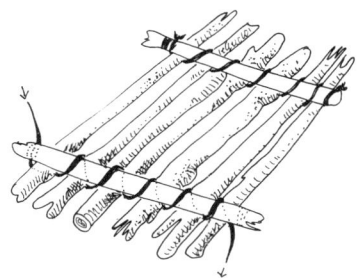

Wurfspiele

RINGE WERFEN

Spielmaterial: drei bunte Gummiringe, drei buntlackierte Holzstäbe, 60 cm.

Spielvorbereitung
Die Holzstäbe werden im Abstand von 1 m fest in den Boden geschlagen. In einer Entfernung von 2–3 m wird eine Markierung am Boden angebracht (Seil, Holzbrett, Steine usw.).

Spielregel
Die Spieler stehen hinter der Markierung und versuchen, die Ringe über die Holzstäbe zu werfen. Jeder Spieler hat drei Würfe. Am Schluß werden kleine Preise verliehen.

DOSEN WERFEN

Spielmaterial: sechs alte, leere Konservendosen, bunt lackiert, drei Tennisbälle, Hocker.

Spielvorbereitung
Auf einem Hocker werden die Dosen pyramidenförmig aufgebaut. In einer Entfernung von 4–5 m wird am Boden eine Markierung angebracht (Seil, Holzbrett, Steine usw.).

Spielregel
Ein Spieler steht hinter der Markierung und versucht, durch Werfen eines Tennisballes die Dosenpyramide zum Einsturz zu bringen. Jeder darf dreimal werfen.

SOMMERFEST · Riesenpuzzle/Archäologenspiel

Riesenpuzzle

Um ein Wettspiel zu ermöglichen, werden zwei gleiche Puzzles hergestellt.

Material für ein Riesenpuzzle
Ca. zehn Schuhschachteln ohne Deckel, ein Poster (erhältlich in Fremdenverkehrsämtern), Kleister, Kleisterpinsel, Schere, Bleistift, Lineal.
Die Anzahl der benötigten Schuhschachteln orientiert sich an der Größe des Posters.

Durchführung
– Poster entsprechend der Schachtelgröße in Felder einteilen.
– Poster zerschneiden und Bildteile auf der Rückseite mit Kleister einpinseln.
– Bildteile auf Schachtelboden aufziehen.

Hinweis: Auf die Schachteln kann auch ein Bild gemalt werden.

Spielregel
Beide Riesenpuzzles werden ungeordnet hingelegt. Auf das Startsignal hin versuchen zwei Spieler oder auch Gruppen, das Puzzle zu einem Bild zu ordnen.

Archäologenspiel

Material: Blumentöpfe aus Ton, Farben, Pinsel, Hammer, Zeitungspapier, Spezialkleber, Urkunden für die Siegerehrung.

Vorbereitungen
– Für jede teilnehmende Gruppe einen Blumentopf von ca. 12 cm Durchmesser in unterschiedlicher Farbe anmalen.
– Topf mit zerknülltem Zeitungspapier ausstopfen und vorsichtig mit dem Hammer in ca. vier Teile schlagen.
– Scherben im Haus oder Garten verstecken.

Durchführung
Einstimmung auf das Spiel. Der Spielleiter erzählt den Kindern folgendes: „Bei Ausgrabungen finden Archäologen des öfteren Scherben von Gefäßen aus dem Altertum. Falls genügend Scherben eines Gefäßes vorhanden sind, werden diese zusammengesetzt, und die Vase oder der Krug wird rekonstruiert. Das Gefäß kann dann im Museum bewundert werden. Jetzt spielt ihr die Archäologen. Mir ist berichtet worden, daß hier im Garten (Haus) Scherben von kostbaren, alten Blumentöpfen liegen. Euere Aufgabe ist es, die Scherben zu finden und diese wieder zu einem Blumentopf zusammenzusetzen."

Spielregel
Die Kinder werden in Kleingruppen eingeteilt. Jede Gruppe erhält einen Namen, z. B. „Gruppe Blau", d. h., diese Gruppe muß die blauen Scherben suchen.
An einem vorher bestimmten Ort tragen die jeweiligen Gruppen ihre Scherben zusammen und kleben mit Hilfe des Spezialklebers den Blumentopf zusammen. (Spielleiter weist auf den sachgerechten Umgang mit dem Kleber hin!)
Der Spielleiter verteilt Punkte für Schnelligkeit und Punkte für ordentliches Zusammenkleben. Eine Urkunde, die an die Teilnehmer ausgehändigt wird, soll an den „Wettbewerb der Archäologen" erinnern.

Tanzspiele/Lieder

Dieses alte Volkslied eignet sich gut als Eröffnungstanz. Er ist leicht zu lernen, und eine große Zahl von Teilnehmern kann spontan mitmachen.

KANON

(mündlich überliefert)

Methodische Hinweise
Teilnehmerzahl: 30 – 100
Grundregel: Lied und Tanz 2× singen, Einsatz und Ausklingen erfolgen nacheinander.
Gruppen: 3 Gruppen, die von 1–2 Erwachsenen angeführt werden.
Symbole: Pro Gruppe ein farbiges Kennzeichen, Hut, Papierband o. ä.
Der Kanon sollte einige Tage vorher mit den Kindern eingeübt werden, beim Tanzen auf dem Fest können dann auch viele Teilnehmer schnell integriert werden. Durch die häufigen Wiederholungen prägen sich Text und Melodie gut ein.

SOMMERFEST · Tanzspiele/Lieder

TANZSCHRITTE

1. Alle singen und tanzen zusammen (kein Kanon)
– Schlange:
frei durch das Gelände.

– Spirale:
einrollen – ausrollen.

– Kreis:
in Tanzrichtung – gegen Tanzrichtung.

2. Drei Gruppen singen und tanzen mit unterschiedlichem Einsatz
(Kanon)
– Drei Schlangen.

– Drei Kreise an verschiedenen Plätzen.

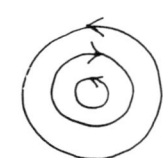

3. Drei Kreise ineinander
   1. Kreis in Tanzrichtung
   2. Kreis gegen Tanzrichtung
   3. Kreis in Tanzrichtung

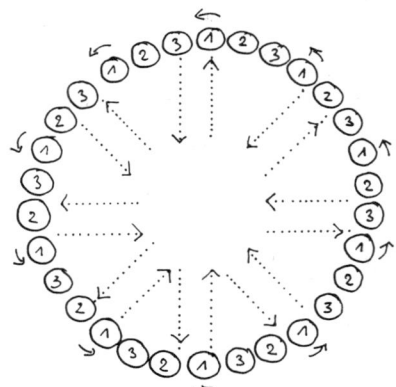

– Ein großer Kreis:
Jeder Tänzer erhält eine Nummer von 1–3 oder trägt sein farbiges Gruppensymbol.

Aufstellung: 1 – 2 – 3 – 1 – 2 – 3 – 1 – 2 – 3
usw.

Schrittfolge
Die Schrittfolge ist für alle Tänzer gleich, die Tänzer der ersten Gruppe beginnen, beim zweiten Einsatz setzen die Tänzer der zweiten Gruppe ein, dann alle Tänzer der dritten Gruppe. Das Ausklingen erfolgt ebenfalls nacheinander:
Vier Schritte in die Kreismitte im Walzerschritt,
vier Schritte zurück im Walzerschritt,
Drehen auf dem Platz.

Tanzspiele/Lieder · SOMMERFEST

DER TAUSENDFÜSSLER

(Türkei)

Spielweise

Alle sitzen (stehen) im Kreis. Der Tausendfüßler geht herum. Bei der Zeile: „. . . einen hat er sich geschnappt . . ." geht er auf einen Spieler zu, der sich anschließt. Das Lied wird so lange gesungen und gespielt, bis alle hinter dem Tausendfüßler herziehen.

(aus: Klaus W. Hoffmann, So singt und spielt man anderswo, Ravensburger Buchverlag Otto Maier GmbH)

DIE RIESENSCHLANGE

(nach der Überlieferung)

2. Seht die große Riesenschlange,
   sie geht aus zu ihrem Fange,
   hin und her gehn Kopf und Schwanz,
   ja, das ist der Schlangentanz.

3. Seht die große Riesenschlange,
   sie geht aus zu ihrem Fange,
   ringelt sich nun auch noch ein,
   sieht grad aus, als wär' sie klein.

SOMMERFEST · Tanzspiele/Lieder

4. Seht die große Riesenschlange,
   sie geht aus zu ihrem Fange,
   haltet aber alle fest,
   denn das ist das Schlangennest.

Die Kinder fassen sich an den Händen und bilden eine Reihe. Das erste Kind bildet den „Schlangenkopf" und führt die Reihe in Schlangenlinie frei durch das Gelände (1. und 2. Strophe). Dem Text der 3. und 4. Strophe entsprechend wird eine Spirale gebildet. Der Schlangenkopf führt die Reihe wieder aus der Spirale heraus.

EIN ELEFANT WOLLT BUMMELN GEHN

(Amerikanisches Tanzlied/
Fassung und deutscher Text: Ulrich Kabitz)

1. Ein Elefant wollt bummeln gehn, sich die weite Welt ansehn.

2. Langsam setzt er Fuß vor Fuß,
   denn er ist kein Omnibus.

3. Bald ist er nicht mehr allein,
   alles trampelt hinterdrein.

4. Und schon singt das ganze Land
   dieses Lied vom Elefant.

Spielweise
Fünf Kinder bilden hintereinander stehend eine Reihe, ihren Vordermann an der Hüfte fassend. Der erste bildet den Kopf des Elefanten und bekommt einen Kochlöffel oder Holzstab in die Hand. Der Elefant bewegt sich im Takt vor, alle mit links beginnend. Jeder Zuschauer, der mit dem Kochlöffel angestupst wird, schließt sich hinten an, bis alle Teilnehmer mitmachen.

Variation
Ein etwas schwierigerer, aber lustiger Gehschritt entsteht, wenn der Elefant mit Tupfschritten sich vorwärts bewegt: links über rechts, rechts über links usw.

(Aus: DER EISBRECHER, Fidula-Verlag, Boppard/Rhein und Salzburg)

ZIRKUSPARADE

(Italien/
Deutscher Text: Margarete Jehn)

1. Hipp, hurra! Zirkus kommt gefahren.
   Tralala, buntes Volk in Scharen.

Tanzspiele/Lieder · SOMMERFEST

Ti - ger und vie - le E - le - fan - ten, und ein Hund, der Fuß - ball spie - len kann.

2. Und die Clowns,
   hast du sie gesehen,
   der da kann
   auf den Händen gehen,
   wackelt so, Junge, muß ich lachen,
   mit dem Po, sieh, jetzt hat er gewinkt.

3. Steht das Zelt,
   kannst du was erleben,
   mein Applaus
   bringt das Dach zum Beben.
   Hipp, hurra!
   Eine Mark soll's kosten!
   Tralala,
   und morgen geh' ich hin.

(Jeder Vers wird auf Silbe „la" wiederholt)

(Aus: „48 Kinderlieder aus aller Welt", Verlag Eres, Lilienthal-Bremen)

TANZ: KOMM, HENDRIK AUS HOLLAND

1. Komm, Hen - drik aus Hol - land, wir tan - zen mit dir. So tanzt man in Hol - land, so tan - zen wir hier. Rund-her - um, (Echo...) rund-her - um, rund-her - um, rund - her - um. Der Holz-schuh-tanz, der Holz-schuh-tanz. Rund-her - um, rund-her - um, rund - her - um, (Echo...) rund-her - um, der Holz-schuh-tanz geht um, geht um.

SOMMERFEST · Tanzspiele/Lieder

2. Komm, komm, Pierre aus Frankreich . . .
   Der Tangotanz geht um.
3. Komm, Iwan aus Rußland . . .
   der Kasatschok geht um.
4. Komm, Pedro aus Mexiko . . .
   Der Cha-Cha-Cha geht um.
5. Komm, Mary aus USA . . .
   Der Rock 'n' Roll geht um.
6. Komm, Franzl aus Österreich . . .
   Der Walzertanz geht um.
7. Komm, Roman aus Polen . . .
   Der Krakowiak geht um.
8. Komm, Mika aus Finnland . . .
   Der Mückentanz geht um.
9. Komm, Shanto aus China . . .
   Der Tellertanz geht um.
10. Komm, Maxi aus Bayern . . .
    Der Watschentanz geht um.
11. Komm, Jonny aus Texas . . .
    Der Cowboytanz geht um.

(Text: Rolf Krenzer, Musik: Ludger Edelkötter. Aus: „Ich gebe dir die Hände". Alle Rechte im Impulse-Musikverlag, 48317 Drensteinfurt)

ABFALLSAMMELSONG

In un-serm Wald, da ha-ben sie ge-haust und lie-ßen so viel Müll zu-rück, daß ei-nem nur so graust. Der Wald, der Wald soll wie-der sau-ber sein! Wir sam-meln den ver-gam-mel-ten, ver-geß-nen Ab-fall ein.

Refrain
Pla-stik-be-cher, Keks-pa-pier, lee-re Do-sen, Co-la, Bier, Schach-teln, Kip-pen, Ein-weg-fla-schen, Zei-tun-gen und Pla-stik-ta-schen.

Tanzspiele/Lieder · SOMMERFEST

(Text: Rolf Krenzer, Musik: Ludger Edelkötter. Aus: „Mit Kindern unsere Umwelt schützen". Alle Rechte im Impulse-Musikverlag, 48317 Drensteinfurt)

LIED VOM MÜLL

2. Der Spiegel ist verkratzt,
   der Reißverschluß verklemmt.
   Bananen sind verfault.
   Ein Obstfleck ziert das Hemd.
   Wo kommt das alles hin,
   wenn keiner es mehr will?
   Dann werfen wir es einfach weg,
   dann kommt es auf den Müll!

3. Die Bücher sind verschmiert.
   Die Fernsehkiste brummt.
   Die Uhr wurd' überdreht.
   Die Klingel ist verstummt.
   Wo kommt das alles hin,
   wenn keiner es mehr will?
   Dann werfen wir es einfach weg,
   dann kommt es auf den Müll!

(Klaus W. Hoffmann, © Aktive Musik Verlags-GmbH, Edition V „pläne", Dortmund)

SOMMERFEST · Tanzspiele/Lieder   180

DER LETZTE BAUM DER STADT

1. Ich war ein schö-ner, star-ker Baum, nun reicht die Kraft zum Grü-nen kaum, und al-le Glie-der tun mir weh, ich steh al-lein auf der Chaus-see.
Refrain
Ich bin der letz-te Baum der Stadt, der nicht mehr lang zu le-ben hat.

2. Früher stand ich in einem Wald,
   heut' steh ich zwischen Beton und Asphalt,
   und meine Zweige hängen tief,
   kein Wunder bei dem Automief.
   Refrain

3. Kinder haben an mir geschnitzt,
   Verliebte ein Herz hineingeritzt,
   und der Rauch der vielen Fabriken
   droht mich gänzlich zu ersticken.
   Refrain

4. Die Vögel singen an fernem Ort,
   denn alle Bäume der Stadt sind fort.
   Freunde, ihr solltet eure Umwelt
   schützen,
   denn gesunde Natur kann eurem
   Leben nur nützen.

   Refrain:
   Er war der letzte Baum der Stadt,
   der sein Leben gelassen hat.

(Text und Musik: Astrid Haschenburger, aus „Werkbuch Liedermachen", Gustav Bosse Verlag, Regensburg)

Rezepte: Gesunde Schleckereien · SOMMERFEST

SONNE GEHT UNTER

2. Liegen im Bettchen wir, dann geht der Vollmond auf,
leuchtet so silbern, führt die Sternlein dann herauf,
hoch in ihren Zweigen träumen leis die Vögelein,
morgen soll ein schöner neuer Tag für alle sein!

(aus Japan, entnommen aus: Kurt Pahlen: Kinder der Welt und ihre Lieder. Reich Verlag AG, Luzern)

Rezepte

Gesunde Schleckereien

Um dem großen Bedürfnis der Kinder nach Süßem entgegenzukommen, gibt es viele gesunde Alternativen zum Zucker.

WUNDERKUGELN

Haferflocken, Honig nach Geschmack, Rosinen, Kokosflocken, etwas Milch in einer Schüssel vermischen. Sonnenblumenkerne rösten und dazugeben. Teig durchkneten und Kugeln daraus formen.

SOMMERFEST · Rezepte: Vollkornbrot

GOFFIOS

150 g Weizenschrot, 50 g geriebene Haselnüsse, 50 g ungeschwefelte Rosinen, 20 g Kokosflocken, 20 g Haferflocken, 30 g Sonnenblumenkerne, 4 El Sanddorn, ca. 120 g Wasser.

Alle Zutaten gut miteinander vermengen. Zum Schluß soviel Wasser dazugeben, bis sich aus dem Teig kleine Kugeln formen lassen, die weder an den Händen kleben noch auseinanderfallen. Am besten schmecken sie durchgetrocknet nach etwa 1–2 Tagen.

Vollkornbrot

2 kg Mehl (Weizen- und Roggenmehl gemischt), 2 P. Trockenhefe, 1½ l lauwarmes Wasser und Milch gemischt, 3 gestrichene Tl Salz, 3 El Honig, 3 El Leinsamen oder Sesam.

Geräte und Material
Schüssel, Waage, Meßbecher, Backpinsel, elektr. Handrührgerät mit Knethaken, sauberes Tuch zum Abdecken, Teelöffel, Eßlöffel, Kastenform, Messer.

Zubereitung
– → Hefeteigzubereitung Vollkornbrötchen.
– Eine Stunde zugedeckt an warmem Ort gehen lassen.
– Teig auf bemehltem Backbrett nochmals durchkneten und soviel Mehl zugeben, daß der Teig nicht mehr klebrig ist.
– Teig in eine gebutterte Kastenform geben.
– Teig nochmals ½ Stunde gehen lassen.
– Brot mit Wasser bepinseln und mit dem Messer der Länge nach einritzen.
– Brot eine Stunde bei 200 Grad Hitze backen.

Hinweis: Um eine schöne Oberfläche zu erzielen, wird ein kleines Gefäß mit heißem Wasser mit in den Ofen gestellt, das Wasserdampf abgibt. Um festzustellen, ob das Brot fertiggebacken ist, wird es abgeklopft. Klingt es hohl, ist es gar.

VOLLKORNBRÖTCHEN (ca. 12 Stück)

450 g Weizenmehl, 50 g Haferflocken, 1 P. Trockenhefe, ⅜ l lauwarmes Wasser, ½ Tasse Öl, 2 gestrichene Tl Salz. Zum Bestreuen: Mohn, Sesam oder Kümmel.

Geräte und Material
Schüssel, elektr. Handrührgerät mit Knethaken, Backpinsel, Messer, Tasse, Waage, Meßbecher, Teelöffel, sauberes Tuch zum Abdecken, Backbrett, Blech, Backtrennpapier.

Zubereitung
- Alle Zutaten vermischen und Teig mit elektr. Handrührgerät so lange abschlagen, bis er sich von der Schüssel löst, glatte und gleichmäßige Beschaffenheit hat.
- Teig an warmem Ort zugedeckt ½ Stunde gehen lassen.
- Teig auf bemehltem Backblech nochmals durchkneten und soviel Mehl zugeben, daß man den Teig gut kneten kann und ein geschmeidiger Teig entsteht.
- Aus dem Teig einen länglichen Wecken formen und 12 Portionen abschneiden.
- Mit bemehlten Händen Kugeln formen, mit Wasser bestreichen.
- Mit Mohn, Sesam oder Kümmel bestreuen, evtl. einschneiden.
- Ca. 5 Minuten auf Backblech ruhen lassen.
- Im vorgeheizten Herd ca. ½ Stunde bei 200 Grad Hitze backen.

Hinweis: → Vollkornbrot!

Jahrmarktherzen

Zutaten (für 3–4 Herzen)
400 g Mehl, ½ Tl Salz, 180 g Butter, 200 g Zucker, ein Ei, 5 gestr. El Kakao.
Verzierung: Gebäckschmuck, selbsthergestellter Zuckerguß mit Lebensmittelfarbe oder „Zuckerschrift".

Geräte und Material
Schüssel, elektr. Handrührgerät, Teigroller, spitzes Messer, Backblech, evtl. Gefäß für Zuckerguß, Spritztüte, Teelöffel, Eßlöffel, Waage, Herzschablone (15–20 cm groß), Band, Klarsichtfolie.

Zubereitung
- Zucker mit Butter schaumig rühren. Das Ei dazugeben.
- Mehl, Kakao, Salz unterrühren und mit bemehlten Händen den Teig durchkneten.
- Teig ca. 1 Stunde in den Kühlschrank stellen.
- Backblech fetten und Teig darauf ausrollen.
- Schablone auflegen und Herz ausschneiden. Teigreste vorsichtig entfernen.
- Für das Band zwei Löcher ausstechen (1 cm Durchmesser).
- Im vorgeheizten Herd bei 180 Grad ca. 15 Minuten backen.
- Auskühlen lassen.
- Das Herz mit Zuckerschrift, evtl. auch mit Gebäckschmuck verzieren.
- Band zum Umhängen durch beide Löcher ziehen, wenn die Glasur trocken ist.
- Auf Wunsch mit Klarsichtfolie verpacken.

Tip: Aus den Teigresten kleine Herzen ausstechen. Die Herzen können auch aus Honigteig hergestellt werden (→ Muttertag – Blumenbild).

Grillrezepte

Gegrillt wird über bzw. in der Glut des Lagerfeuers oder auf dem Rost des Holzkohlengrills.

PFADFINDER-RACLETTE

Nicht zu große Käsewürfel auf Weidenstöcke spießen und so lange über der Glut drehen, bis der Käse anfängt zu laufen. *Vorsicht!* Käse erst etwas abkühlen lassen.

SCHWARZE BANANEN

Bananen mit der Schale in die heiße Asche legen und backen, bis sie außen schwarz sind. Vor dem Essen wird die Schale auf einer Seite aufgerissen und mit Zimt und Zucker bestreut. Die Banane wird aus der Schale gelöffelt.

ALUKARTOFFELN

Mittelgroße Kartoffeln waschen und in Alufolie einwickeln. In der heißen Glut ca. 50–60 Minuten garen. Kartoffeln mit der Grillzange aus der Glut nehmen und die Folie auseinanderfalten. Kartoffeln kreuzweise einschneiden und salzen und pfeffern. Sehr gut schmeckt saurer Rahm mit Kräutern dazu, der mit Joghurt verlängert werden kann.

BRATWURST AM SPIESS

Je eine Bratwurst auf einen langen Stock spießen und so lange über der Glut drehen, bis sie gar ist. Mit Ketchup oder Senf servieren.

MARSHMALLOWS

Marshmallows auf Weidenstöcke spießen und so lange über der Glut drehen, bis sie zu fließen beginnen.

SPARERIBS (für 8 Personen)

Zutaten
2 bis 3 kg Spareribs (Schälrippchen von Schweinen), 6 El Honig, 2 El Sojasauce, 1 Tl Zitronensaft, Salz.

Zubereitung
Honig mit Sojasauce, Zitronensaft, Salz gut verrühren. Spareribs auf den Holzkohlenrost legen und grillen, bis das Fleisch an den Knochen leicht braun wird. Jetzt von allen

Bowlen für Kinder · SOMMERFEST

Seiten mehrmals mit der Honigmischung bestreichen. Es ist darauf zu achten, daß die Rippchen nicht zu dunkel werden, da Honig schnell verbrennt.
Beilage: Alukartoffeln.

ĆEVAPČIĆI (für 8 Personen)

Zutaten
500 g Rinderhack, 500 g Schweinehack, ein Bund Petersilie, eine große Zwiebel, eine Knoblauchzehe, 2 gehäufte El Mehl, 2 El Butter, Salz, Pfeffer, ½ Tl Paprikapulver, 4 El Öl.

Zubereitung
Hackfleisch mit der feingeschnittenen Zwiebel, der zerdrückten Knoblauchzehe, gehackter Petersilie, zerlassener Butter, Mehl, Salz, Pfeffer und Paprika mischen. Einen geschmeidigen Teig kneten. Hände anfeuchten und aus der Masse ca. 3 cm lange, dicke Würstchen formen. Würstchen mit Öl bestreichen und auf dem heißen Holzkohlenrost unter ständigem Wenden ca. 8 Minuten grillen. Dabei immer mit Öl bestreichen. Die gegrillten Hackfleischwürstchen auf 8 Holzspieße stecken.
Beilage: Salat und Stangenweißbrot.

BOCKWURST AUF DEM ROST

Bockwürste kurz überbrühen. Mit Öl bepinseln und 10 Minuten auf dem Rost grillen. Mit Tomatenketchup, Curryketchup oder Senf servieren.

GRILLTOMATEN IN FOLIE

Tomaten gründlich waschen und oben kreuzweise einschneiden. Entsprechend der Anzahl der Tomaten Alufolie zurechtschneiden, mit etwas Öl bestreichen. Tomate auf die Folie geben und zusammengefaltete Päckchen über der Holzkohlenglut ca. 20 Minuten garen.

Bowlen für Kinder

FRUCHTBOWLE (Mengenangabe für zehn Kinder)

Zutaten
2 Aufgußbeutel Pfefferminztee, ½ l Wasser, eine Zitrone, 4 El Zucker, 3 kleinere Äpfel, eine Banane, eine kleine Dose Mandarinen mit Saft, 1 l Apfelsaft, eine Flasche Sprudel.

SOMMERFEST · Bowlen für Kinder

Geräte
Kanne, Zitronenpresse, Bowlenkrug, Brettchen, Obstmesser, langstielige Löffel, Eßlöffel, Meßbecher.

Zubereitung
– Pfefferminztee mit kochendem Wasser übergießen und 5 Minuten ziehen lassen. Abkühlen!
– Zitronensaft auspressen und mit dem Zucker in einen Krug geben.
– Äpfel schälen und in kleine Stücke schneiden. Banane in Scheiben schneiden.
– Apfelstückchen, Bananenscheiben und Mandarinen mit Saft in den Krug geben. Alles vorsichtig umrühren.
– Apfelsaft und abgekühlten Tee zugeben.
– Bowle mindestens eine Stunde im Kühlschrank durchziehen lassen.
– Vor dem Servieren mit Sprudel auffüllen. Langstielige Löffel für das Obst reichen.

WALDMEISTERBOWLE (Mengenangabe für zehn Kinder)

Zutaten
⅜ l Waldmeister-Sirup, 3 Zitronen, 3 Flaschen Sprudel.

Geräte
Zitronenpresse, Bowlenkrug, Brettchen, Obstmesser, Meßbecher.

Zubereitung
Den Sirup mit dem Saft einer Zitrone verrühren. Kurz vor dem Servieren mit gut gekühltem Sprudel auffüllen. Restliche Zitronen in Scheiben schneiden, bis zur Hälfte einschneiden und die Gläser damit verzieren.

COOL UND CLEVER (für ca. zehn Kinder)

Zutaten
¼ l Sanddornsaft, ¼ l Zitronensaft in Würfeln gefroren, Früchte nach Wahl und Jahreszeit, 2 l Sprudel, nach Bedarf Zucker oder Honig.

Geräte
Zitronenpresse, Bowlenkrug, Brettchen, Obstmesser, Eiswürfelbehälter, Meßbecher.

Zubereitung
Obst in kleine Stücke schneiden. Alle Zutaten im Krug mischen und mit gut gekühltem Sprudel auffüllen. Zuletzt gefrorene Zitronensaftwürfel hinzugeben.

Tip: Es sieht hübsch aus, den Glasrand zu befeuchten und in Zucker zu tauchen.

Popcorn

Für die Kinder ist es ein Erlebnis, wenn sie unter Anleitung selbst Popcorn zubereiten können. Ein Plakat kündigt „Frisches Popcorn" an.

Zutaten
Popcorn-Mais (erhältlich im Reformhaus), Öl, Puderzucker.

Material
Großer Topf mit Deckel, Topfhandschuhe, Schüssel, Tüten zum Abfüllen.

Zubereitung
– In den Topf soviel Öl gießen, daß der Boden bedeckt ist.
– Popcorn (Maiskörner) bodenbedeckend einstreuen.
– Deckel auf den Topf geben und Topf erhitzen. Topf auf der Herdplatte hin und her schieben.
– Nach 5–7 Minuten platzen die Maiskörner auf und springen gegen den Deckel.
– Der Topf kann nun geöffnet werden und das Popcorn in eine Schüssel gefüllt werden.
– Das Popcorn wird mit Puderzucker bestreut und in Tüten abgefüllt.

Tip: Der Gebrauch einer hitzefesten Glasschüssel für die Zubereitung von Popcorn gibt den Kindern die Möglichkeit, den gesamten Vorgang zu beobachten.

ADRESSEN

Organisationen, die Informationsmaterial für die Vorbereitung eines Ökofestes bereithalten sind z. B. Natur- und Umweltschutzverbände. Viele Verbände haben eigene Jugendorganisationen.

Jugendorganisation im Bund für Umwelt und Naturschutz Deutschland e.V. Friedrich-Breuer-Str. 79, 53225 Bonn.

Bayer. Staatsministerium für Landesentwicklung und Umweltfragen. Rosenkavalierplatz 2, 81925 München. (Veröffentlichungsreihe „Umweltschutz in Bayern" und „Meine Umwelt – Eine Kinderfibel".)

Gesundheitsämter und Krankenkassen (Poster, Broschüren, Aufkleber).

Erntedank

ERNTEDANK · Brauchtum/Religiöse Dimension

ERNTEDANK – FEST IM OKTOBER

Erntedank gehört zu den beweglichen Festen. Es wird an einem Sonntag im Oktober gefeiert. In einigen Gegenden wird die Erntedankfeier am Kirchweihtag begangen. Zu diesem Zeitpunkt ist die Arbeit auf den Feldern getan.

ERNTEDANK – FEST DES DANKES UND DER FREUDE

Von der Aussaat bis zur Ernte ist es ein langer, mühevoller Weg. Gute Ernte ist nicht selbstverständlich. Hagel, Regen, Sonne, Sturm und Ungeziefer können das Wachstum beeinträchtigen oder vernichten. Wir freuen uns über eine gute Ernte und danken dafür, daß wir genug zu essen und zu trinken haben.

ERNTEDANK – FEST DER BESINNUNG

Wasser, Brot, Reis sind lebensnotwendige Grundnahrungsmittel, die nicht in allen Ländern der Erde ausreichend zur Verfügung stehen. Wir wollen uns darauf besinnen, daß Wasser und Brot kostbares Gut sind.

Brauchtum

Erntefeste haben ihren Ursprung in heidnischem Brauchtum. Sie waren Opferfeste für den Gott des Erntesegens und der Fruchtbarkeit. Die Menschen überließen ihm einen Teil der eingebrachten Ernte. Mit diesem Opfer wollten sie Erntesegen für das kommende Jahr erbitten.
In christlicher Zeit entwickelten sich aus den Opferfesten Dankesfeste.

Religiöse Dimension

Die zentrale Aussage des Erntedankfestes ist der Dank an Gott für die Erhaltung unseres Lebens. Wir danken für:
– gutes Wachstum und reiche Ernte,
– die Schönheit der Natur und die uns umgebende Schöpfung,
– die Gaben, die wir von Menschen bekommen haben,
– Dankenswertes in unserem ganz persönlichen Leben. Wir besinnen uns darauf, was in uns wachsen, reifen und geerntet werden durfte: Freude, Zuwendung, Geborgenheit, Liebe, Hilfe, Erfolg.
Danken heißt auch: die Liebe weitergeben an andere, die sie brauchen. Wir sollten bereit sein, zu teilen.

Planung

VORÜBERLEGUNGEN

Stadtkinder haben im Vergleich zu Kindern auf dem Land kaum Gelegenheit, den Reifungsprozeß von der Aussaat bis zur Ernte zu beobachten. Sie erfahren nicht, wieviel Mühe in der Feldarbeit, dem Gemüse- und Obstanbau steckt. Allein ein Stück Brot erfordert die Arbeit des Bauern, des Müllers und des Bäckers.
Viele Kinder erleben, daß Obst, Gemüse, Brot im Supermarkt gekauft werden. Sie wissen wenig über deren Herkunft. Hinzu kommt, daß Früchte das ganze Jahr über erhältlich sind, da sie aus dem Ausland importiert werden.
Für den Gruppenleiter stellt sich nun die Aufgabe, den Kindern Zusammenhänge aufzuzeigen und erlebbar zu machen. Sie sollen erfahren, daß Nahrung etwas sehr Kostbares ist und nicht einfach weggeworfen werden darf.

PROGRAMMGESTALTUNG

Es ist zu überlegen, welchen Rahmen das Fest haben soll:
– Fest in der Gruppe
oder
– Festlich gestalteter Familiengottesdienst.
Die Kinder werden rechtzeitig auf das Fest eingestimmt. Das Thema kann jedes Jahr wechseln.

Themenbeispiele
– Wasser
– Korn und Brot
– Früchte und Gemüse
– Kartoffeln

Ideensammlung zu den Schwerpunktthemen

Wasser
– Wasserkreislauf
– Experimente mit Wasser, z. B. Pflanzen mit Wasser, Pflanzen ohne Wasser, Samenkörner auf unterschiedlichen Bodenarten (Sand, Watte, Löschpapier, Erde)
– Wasser in unserem täglichen Leben
– Wasser: Freuden – Gefahren
– Wasserversorgung in anderen Ländern:
  Wassermangel – Dürre – Hungersnot
  Wasser muß aus weit entfernten Brunnen transportiert werden. Menschen haben nicht genug Wasser zum Trinken.
– Wir überlegen uns, auf welche Weise wir mit Wasser sparsamer umgehen können.

ERNTEDANK · Planung

– Bewußtes Erfahren von Regen. Wir spüren die Tropfen auf der Haut. Wir laufen barfuß durch eine regennasse Wiese an einem warmen Tag.
– Regenbogen betrachten und bildnerisch gestalten.
– Märchen und Geschichten, z. B. das Grimm-Märchen „Das Wasser des Lebens"
– Lieder: „Ohne Regen können wir nicht leben", „Leuchte, leuchte Regenbogen" aus 111 Kinderlieder zur Bibel.

Korn und Brot
– Spaziergang zu einem Getreidefeld. Ährenstrauß mit Feldblumen mitbringen und im Gruppenzimmer aufstellen
– Gestalten eines Getreidefeldes oder einzelner Ähren in verschiedenen Techniken
– Getreidesorten nach Verwendung und Aussehen unterscheiden
– Figuren aus Maisblättern herstellen *
– Getreidekörner mit der Kaffeemühle mahlen
– Gespräch: Vom Korn zum Brot
– Brot backen * (→ Sommerfest)
– Bäcker bei der Arbeit beobachten
– Geschichten und Märchen – „Das ewige Brot" (Wiechern)
– Lied: „Ungarisches Erntelied" *
– Gedicht: „Vom Brot" *

Früchte und Gemüse
– Mithilfe der Kinder bei der Obsternte
– Obst zerlegen und betrachten
– Obstkim (Geschmack, Geruch)
– Collage: verschiedene Obst- und Gemüsesorten
– Obstsalat zubereiten
– Gemüsetheater *
– Gemüsesuppe kochen
– Auf einem Ausflug Wildfrüchte (Holunderbeeren, Brombeeren, Schlehen, Hagebutten) und Baumfrüchte (Bucheckern, Eicheln, Kastanien, Ahornnasen) sammeln
– Basteln mit Baumfrüchten
– Marmeladen und Kompotte herstellen
– Geschichten, z. B. „Der Bauer und der Teufel" (Grimm)
– Lied „Mein Apfelbaum" *

Kartoffeln
– Spaziergang zu einem abgeernteten Kartoffelacker. Die Kinder buddeln die übriggebliebenen Kartoffeln aus.
– Kartoffeln genau betrachten, originelle Formen finden
– Kartoffelfeuer: Kartoffeln garen in der Glut.
– Gespräch: Wie kam die Kartoffel zu uns?
– Kartoffeldruck
– Zubereiten verschiedener Kartoffelgerichte *
– Märchen: „Der Kartoffelkönig"

Feier · ERNTEDANK

Das Erntedankfest bildet den Abschluß und zugleich Höhepunkt des Projektes.

Elemente einer Feier
– Schmücken des Erntedanktisches mit den Gaben
– Legen einer „Früchtesonne" *
– Erntedanklieder, -tanz
– Spiel: Rollenspiel, Schattenspiel, Gemüsetheater *
– Geschichten, Gedichte *
– Meditationstexte
– Essen der mitgebrachten Früchte
– Zubereiten von Speisen *

Raumgestaltung
– Strauß mit Ähren und Feldblumen
– Erntekrone oder -kranz aus Ähren *
– Bilder, Fotos zum Schwerpunktthema
– Arbeiten der Kinder zu den Themen:
  Früchte, Gemüse, Blumen, Ähren, Brot, Wasser
  Techniken: kratzen, knüllen, reißen, kleben (Papier, gepreßte Blumen, Blüten, Blätter, Körner)
– Erntedanktisch – auf ihm werden die Gaben, welche die Kinder zum Festtag mitbringen, dekorativ angeordnet.

Feier

Den Mittelpunkt des Festes bildet das Legen einer „Früchtesonne".
Das Lied: „Erntedank ist heute" gibt den Rahmen. Begleitend dazu werden von den Kindern selbst erarbeitete Texte gesprochen.
Dem Dank für die Früchte schließt sich ein Gespräch an, was der einzelne an Dankenswertem in der Gruppe erlebt hat.
Dem mehr besinnlichen Teil des Festes folgt als Ausklang ein gemeinsames Obstessen.

Material
Obst (Kürbis, Äpfel, Trauben, Birnen), gelbes, quadratisches Tuch, Strohhalme, Triangel, Körbe oder Schalen, Teller, Tuch, Frucht-Puzzles, Puzzlevorlagen, gelbe Zettel (ca. 10 × 10 cm), Filzstifte.

Vorbereitung
● Herstellen der Frucht-Puzzles
  Auf Papierbögen von 20 × 20 cm wird je eine Frucht gezeichnet, und zwar ein Kürbis, ein Apfel, eine Traube und eine Birne.

Die farbliche Gestaltung sollte deutliche Unterschiede aufweisen, z. B. blaue Trauben, roter Apfel . . .
Diese Bilder werden später in einzelne Puzzleteile zerschnitten und vermischt.

- Herstellen der Puzzlevorlagen:
  Der Umriß jeder Frucht wird mit Blaupapier auf je einen Tonpapierbogen (DIN A 2) übertragen. Das Bild wird in der Mitte angeordnet, farblich gleich gestaltet und mit Linien umrahmt (20 × 20 cm). Diese dienen als Begrenzung für das Puzzle.

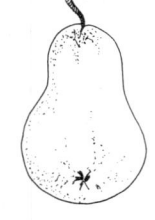

- Auf vier Tische, die in ausreichendem Abstand voneinander stehen, wird je eine Puzzlevorlage gelegt.

Verlauf des Festes
- Die Kinder sitzen mit dem Gruppenleiter im Kreis. In einem Korb, der mit einem Tuch zugedeckt ist, liegen ein Kürbis, ein rotbackiger Apfel, eine Traube und eine Birne.
- Nacheinander ertasten die Kinder je eine Frucht und beschreiben sie, ohne den Namen zu nennen. Sie sagen etwas aus über Form, Größe, Oberfläche und Besonderheit der Frucht. Die anderen Kinder erraten und benennen sie. Die Frucht wird dann auf einen bereitgestellten Teller gelegt.
- Die Kinder teilen sich in Gruppen. Die Einteilung erfolgt durch das Puzzle. Der Gruppenleiter gibt die einzelnen Puzzleteile an die Kinder aus. Diese orientieren sich an den Vorlagen auf den Tischen und legen ihr Puzzleteil auf die entsprechende „Frucht". Die Kleingruppe hat sich gefunden, wenn aus den Teilen ein Gesamtbild entstanden ist.
- Jede Gruppe erhält nun eine Frucht und die Aufgabe, gemeinsam zu überlegen, was die Frucht besonders kennzeichnet, von anderen Früchten unterscheidet (Gewicht, Geschmack, Wachstum, Aussehen . . .). Den Kindern steht es frei, ob sie nur Merkmale benennen oder aber einen Vers, eine kleine Geschichte verfassen. Dieser Text wird beim Legen der „Früchtesonne" von den Kindern vorgetragen.
- Die Kinder begeben sich wieder in den Stuhlkreis. In dessen Mitte wird das gelbe Tuch gelegt. Die Ecken werden so eingeschlagen, daß sich ein Kreis (Sonne) ergibt.
  An Material stellt der Gruppenleiter bereit:
  – Strohhalme für die Sonnenstrahlen
  – Triangel
  – zusätzliche Äpfel, Trauben, Birnen. Die Menge richtet sich nach der Gruppengröße. Jedes Kind sollte sich am Legen der „Früchtesonne" beteiligen können.

Feier · ERNTEDANK

Das Obst liegt nach Sorten getrennt in Körben oder Schalen.
– gelbe Zettel und Filzstifte
- Gemeinsam wird das Lied gesungen:
  „Erntedank ist heute. Feiert mit das Fest.
  Seht die vielen Gaben, die Gott uns wachsen läßt.
  Für den gelben Kürbis,
  für die roten Äpfel,
  für die süßen Trauben,
  für die gelben Birnen
  laßt uns Danke sagen."
  Das Lied gibt vor, in welcher Reihenfolge die „Früchtesonne" gelegt wird.
- Die Kinder singen nun Strophe für Strophe des Liedes. Sie ordnen die Früchte auf dem Tuch an. Der Kürbis bildet den Mittelpunkt, die Äpfel, Trauben, Birnen werden kreisförmig darum gelegt. Begleitend dazu sprechen die Kinder ihren Text.
  Die nachfolgenden Texte dienen nur als Anregung. Lied → S. 202.

Kürbis:
Aus einem kleinen Kern ist er gewachsen. Die Sonne hat ihm die Kraft gegeben, so groß und schwer zu werden.
Apfel:
In seinem Inneren trägt er viele Kerne. Aus jedem einzelnen Kern kann ein neuer Apfelbaum wachsen.
Trauben:
Licht und Wärme der Sonne haben sie süß gemacht. Aus den Trauben macht der Winzer Wein.
Birne:
Sie ist besonders saftig und schmeckt süß.

- Der Gruppenleiter weist darauf hin, daß die Früchte Wasser und Sonne brauchen, um reifen zu können. Er regt an, mit Strohhalmen die Strahlen der Sonne zu legen.
  Er beginnt damit, 2–3 Halme als Strahlen zu legen. Die Triangel gibt das Zeichen dafür, daß ein anderer das Legen der Strahlen fortführt.
- Wenn die Sonnenstrahlen gelegt sind, stellen die Kinder mit gefaßten und erhobenen Händen die Sonnenstrahlen dar.
- Nun führt der Gruppenleiter im Gespräch darauf hin, was jeder einzelne in der Gruppe an Schönem und damit Dankenswertem erlebt hat. Er erinnert an einzelne Situationen, z. B. gute Noten durch stärkeres Bemühen bei der Hausaufgabe, einen Streit, der gemeinsam gelöst werden konnte, einen erlebnisreichen Ausflug usw.
  Nun wird jedes einzelne Kind aufgefordert, sich zu überlegen, wofür es danken möchte, und dies auf den gelben Zettel zu schreiben. Die Zettel werden zwischen die Strahlen gelegt.
- Die „Früchtesonne" bleibt bis zum nächsten Tag liegen. Die Früchte werden dann zu einem Obstsalat verarbeitet.

Kartoffelfest

Die Kinder sind vom Gruppenleiter bereits auf das Thema des Festes eingestimmt, da sie sich in vielerlei Aktivitäten mit der Kartoffel befaßt haben. Das Fest selbst sollte für die Kinder noch einige Überraschungen bereithalten und vor allem fröhlichen Charakter haben.

Ideen für das Fest
— Bedrucken von Tischsets aus Tonpapier mit Kartoffeln
— Zubereiten eines Kartoffelgerichts:
  Pommes frites mit Senf oder Ketchup *
  Kartoffelpuffer mit Apfelmus, Preiselbeerkompott *
  Gebackene Kartoffeln in Alufolie mit Kräuterdip *
— Dekorieren des Tisches:
  Tischsets mit Kartoffeldruck
  Kartoffelmännchen
  Feldblumen- oder Wiesenblumenstrauß
— Gemeinsames Dankgebet und Essen
— Kartoffelstaffel *
— Gemüsetheater: *
  Einige Kinder haben als Überraschung eine Geschichte erarbeitet, in der eine Kartoffel die Hauptrolle spielt.

Gedichte

Wer mag die Tomate?
Agathe, Agathe!
Ist rot und so rund,
ist gut und gesund.

Wer mag die Karotte?
Charlotte, Charlotte!
So zupf sie heraus
und trag sie ins Haus.

Wer mag Petersilie?
Ottilie, Ottilie!
So schneide sie fein
ins Süppchen hinein.

Wer mag denn Radieschen?
Marlieschen, Marlieschen!
Ist würzig und rot,
schmeckt köstlich zum Brot.

Wer mag denn die Kartöffelchen?
Das Steffelchen, das Steffelchen!
Ich habe, schnick, schnack,
den besten Geschmack.

(aus: Ich bin das kleine Steffelchen, von Lene Hille-Brandts, Gerhard Stalling Verlag, Oldenburg und Hamburg)

Maispüppchen · ERNTEDANK

VOM BROT

Wir pflügen und wir streuen
den Samen auf das Land,
doch Wachstum und Gedeihen
steht in des Himmels Hand.

Er tut mit leisem Wehen
sich mild und heimlich auf
und träuft, wenn heim wir gehen,
Wuchs und Gedeihen drauf.

Er sendet Tau und Regen
und Sonn- und Mondenschein
und wickelt seinen Segen
gar zart und lieblich ein
und bringt ihn dann behende
in unser Feld und Brot.

Es geht durch unsre Hände,
kommt aber her von Gott.

Was nah ist und was ferne,
von Gott kommt alles her,
der Strohhalm und die Sterne,
das Sandkorn und das Meer.

Er läßt die Sonn aufgehen,
er stellt des Mondes Lauf,
er läßt die Winde wehen
und tut die Wolken auf.

Er schenkt uns so viel Freude,
er macht uns frisch und rot,
er gibt dem Vieh die Weide
und seinen Menschen Brot.

(Matthias Claudius)

ALTES ERNTEFESTLIED

Vorbei ist Müh und Plag.
Heut ist der Erntetag.
Willkommen all, ihr Gäste
bei unserm hohen Feste!
Der Ernte ganze Pracht
froh uns entgegenlacht

im goldnen Ährenkranze.
Spielt auf, spielt auf zum Tanze!

Heut wollen wir fröhlich sein.
Des Segens uns erfreun
und dankend Gott laut loben
im hohen Himmel droben.

(Volksgut)

Maispüppchen

Maisblätter können entweder im Bastelgeschäft fertig abgepackt und sortiert oder direkt beim Bauern bezogen werden.
Nut gut erhaltene, junge Blätter verwenden, evtl. einige Tage trocknen lassen!

Material
Maisblätter, Wattekugeln (1,5–3 cm), Blumendraht, Nähgarn, Schere, Schale mit Wasser.

ERNTEDANK · Maispüppchen

Arbeitsschritte
- Maisblätter in Wasser einweichen.
- 40 cm Blumendraht durch das vorgebohrte Loch der Wattekugel stecken, Drahtenden umwickeln.
- Ein dünnes Blatt hinter den Kopf legen, nach vorne umbiegen, mit Nähgarn umwickeln.

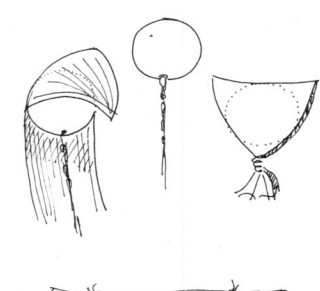

- Für die Arme zwei Drähte von 15 cm Länge zuschneiden, umeinander wickeln.
  Ein breites Maisblatt der Länge nach um den Draht legen, die über den Draht hinausstehenden Enden zurechtschneiden, mit Garn umwickeln.

- An den beiden Handgelenken jeweils ein Blatt gekräuselt so anlegen, daß es nach außen gerichtet abgebunden werden kann.

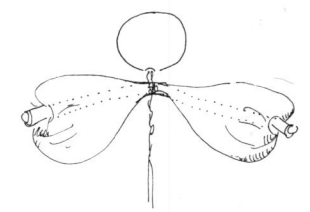

- Blätter nach innen wenden, so daß man die abgebundene Stelle nicht mehr sieht. Blätter zu Puffärmeln formen und abbinden.
- Arme mit den fertigen Puffärmeln ca. 1 cm unter dem Kopf mit Nähgarn befestigen.

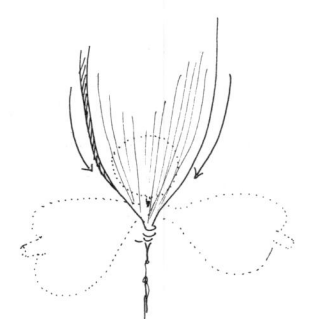

- Zwei Maisblätter für den Körper mit der Spitze nach unten vorne und hinten an den Hals anlegen, abbinden und nach unten stülpen.

- Evtl. mit etwas Watte den Körper verstärken, Taille abbinden.
- Um die Schultern zwei schmale Maisblätter kreuzweise anlegen, in der Taille abbinden.
- Für den Rock vier schöne breite Blätter mit der Spitze nach unten an die Taille legen, abbinden, nach unten umstülpen, zurechtschneiden.
- Weitere Ausgestaltung: Gesicht mit ganz sparsamer Andeutung der Augen und des Mundes, Haare aus Wolle, Hanf.

Erntekrone/Gemüsetheater · ERNTEDANK

Erntekrone

Material
Peddigrohr, Blumendraht, Getreideähren, Wildfrüchte, farbige Bänder.

Durchführung
- Peddigrohr zu einem Reifen mit Blumendraht binden.
- Für die Krone Peddigrohr überkreuzen. Die Kreuzungsstellen festbinden.
- Von links nach rechts immer wieder neue Ährenbüschel und Wildfrüchte am Reifen festbinden, bis der Kranz dicht ist.
- Die Krone mit Bändern schmücken.

Gemüsetheater

Gemüsetheater ist nur dann zu akzeptieren, wenn das Gemüse nach dem Spiel Verwendung findet. Es läßt sich zum Beispiel daraus eine Gemüsesuppe kochen.

Material
Verschiedenes Gemüse, z. B. Kartoffel, Blumenkohl, Rübe, Sellerie, Lauch, Krautblätter, Tomate
Perlen, Knöpfe, Stecknadeln
Stoff- und Wollreste
Gabeln zum Führen der Figur

Durchführung
Die Kinder suchen sich ein Gemüse aus und überlegen sich, welchen Charakter sie ihm zuordnen können. So wirkt die Tomate z. B. eher gutmütig, der hochgewachsene Lauch eher stolz.
Mit ein paar Handgriffen werden nun Perlen oder Knöpfe als Augen, Wollreste als Haare, Krautblätter als Flügel oder Umhang mit Stecknadeln befestigt. Zuletzt wird noch eine Gabel zur Führung ins Gemüse gesteckt.
Die Figuren sprechen für sich, und sicher fällt den Kindern eine kleine Handlung ein, die sie anderen Kindern vorspielen.

Die Bühne: Eine behelfsmäßige Bühne läßt sich wie folgt erstellen:

Tischbühne
Ein Tisch wird auf einen anderen Tisch so gestellt, daß die Tischplatte zum Publikum und die -beine zu den Spielern zeigen. Die Tische können mit Decken bzw. großen farbigen Bettlaken verkleidet werden.

Türpfosten-Bühne
Zwischen zwei Türpfosten wird eine Decke, die bis zum Boden reicht, gespannt.

Tücherbühne
Quer durch den Raum wird eine Schnur gespannt. An dieser wird ein großes Bettlaken befestigt.

Spiele

KARTOFFELSTAFFEL

Material
Vier Körbe (Schüsseln), zwei Eßlöffel, so viele Kartoffeln, wie Kinder beteiligt sind.

Spielregel
Es werden zwei Mannschaften gebildet. Neben beiden Mannschaften steht ein leerer Korb. In einiger Entfernung befinden sich die beiden anderen Körbe, mit Kartoffeln gefüllt. Auf das Startzeichen hin laufen die ersten beiden los und holen ohne Hilfe der Hände, nur mit dem Löffel, eine Kartoffel aus dem Korb. Diese wird zum leeren Korb transportiert. Wer unterwegs die Kartoffel verliert, muß sie wieder aufnehmen.

Variation
Der Weg wird mit Hindernissen versehen. Einige davon müssen überstiegen, andere mittels Durchkriechen überwunden werden.

OBSTKORB

Alle Spieler sitzen im Kreis. Der Spielleiter steht in der Mitte. Für ihn ist kein Stuhl frei. Er teilt die Spieler in vier Gruppen ein. Jede Gruppe entscheidet sich für eine bestimmte Obstsorte, z. B. Äpfel. Wenn der Spielleiter „Äpfel und Birnen" ruft, müssen die beiden Gruppen die Plätze tauschen. Der Spielleiter sucht sich ebenfalls einen Platz. Ein anderer Spieler kommt in die Mitte, der erneut das Kommando gibt. Jeder Spieler gehört während des gesamten Spiels zur anfangs gewählten Obstsorte, egal wo er während des Spiels sitzt. Wenn der Spieler in der Mitte ruft „Der Obstkorb fällt um", müssen alle Spieler die Plätze wechseln.

WER ERRÄT DIE FRUCHT?

Material
Früchte aus Karton, Sicherheitsnadeln.

Spielregel
Die Kinder sitzen im Kreis. Zwei Kindern werden auf dem Rücken Früchte (Karton) mit Sicherheitsnadeln befestigt. Es ist wichtig, daß hierbei keiner auf den Rücken des anderen schauen kann. Die Kinder verschränken die Arme und versuchen nun die Frucht auf dem Rücken des anderen zu erraten. Das ist schwierig und lustig zugleich.

Lieder

OHNE REGEN KÖNNEN WIR NICHT LEBEN

2. Ohne Sonne können wir nicht leben,
   Frucht und Ernte kann es dann nicht geben.
   Doch Gott schenkt uns Sonne hier auf Erden,
   darum soll dies unser Danklied werden.

(T. und M.: Wolfgang Longardt, © ABAKUS-Schallplatten und ULMTAL Musikverlag, Greifenstein)

ERNTEDANK · Lieder

ERNTEDANK IST HEUTE

(T. und M.: Franz Kett, RPA-Verlag, Landshut)

ICH BIN DAS GANZE JAHR VERGNÜGT

(Worte: nach Chr. F. D. Schubart)

2. Und kommt die liebe Sommerzeit,
   wie hoch ist da mein Herz erfreut,
   wenn ich vor meinem Acker steh'
   |: und soviel tausend Ähren seh'! :|

3. Rückt endlich Erntezeit heran,
   dann muß die blanke Sense dran;
   dann zieh' ich in das Feld hinaus
   |: und schneid' und fahr' die Frucht
   nach Haus. :|

4. Im Herbst schau' ich die Bäume an,
   seh' Äpfel, Birnen, Pflaumen dran.
   Und sind sie reif, so schüttl' ich sie.
   |: So lohnet Gott des Menschen Müh! :|

5. Und kommt die kalte Winterszeit,
   dann ist mein Häuschen überschneit;
   das ganze Feld ist kreideweiß
   |: und auf der Wiese nichts als Eis. :|

6. So geht's jahraus, jahrein mit mir;
   ich danke meinem Gott dafür
   und habe immer frohen Mut
   |: und denke: Gott macht alles gut. :|

MEIN APFELBAUM

(Tschechoslowakei/
Deutscher Text: Margarete Jehn)

1. Reif sind die Äpfel, komm mit in den Garten,
   mein Apfelbaum ist der schönste von allen.
   Reif sind die Äpfel, komm mit in den Garten,
   mein Apfelbaum ist der schönste von allen.

2. Rot sind die Äpfel und herrlich geraten,
   mein Apfelbaum ist der schönste von allen.

3. Schüttle dich, Baum, wirf die Äpfel herunter!
   Mein Apfelbaum ist der schönste von allen.

4. „Sollst alle haben, mein Kind", sagt er munter;
   mein Apfelbaum ist der schönste von allen.

(Aus: „48 Kinderlieder aus aller Welt", Verlag Eres, Lilienthal-Bremen)

ERNTEDANK · Rezepte

ACH SEGNE, HERR, MIT DEINER HAND

1. Ach seg-ne, Herr, mit dei-ner Hand die vie-len Früch-te auf dem Land: Wend ab Frost, Ha-gel, Don-ner-schlag und al-les, was uns scha-den mag.
2. Du hast die Blu-men auf dem Feld, die bun-ten Wie-sen wohl be-stellt. Du gibst uns Re-gen, Son-nen-schein, wir al-le wol-len dank-bar sein.

(T.: Anna Jäger, M.: Wilhelm Keller, aus: Liselotte Rockel, „Das Liedernest", © Fidula-Verlag, Boppard/Rhein und Salzburg)

Rezepte

KARTOFFELPUFFER

Zutaten (für 8 Personen)
2 kg rohe Kartoffeln (mehlig), 4 El dicker, saurer Rahm, 2 Eier, 4 El Grieß, Salz, zum Ausbacken reichlich Fett.

Geräte
Kartoffelschäler, elektrische Küchenmaschine mit Reibeinsatz, Eßlöffel, Schüssel, Rührlöffel, Pfanne.

Zubereitung
– Rohe, gewaschene, geschälte Kartoffeln reiben, evtl. Kartoffelsaft bei stark wasserhaltigen Kartoffeln abtropfen lassen.
– Kartoffeln sofort mit saurem Rahm mischen (Verfärbung wird vermieden), Ei, Grieß und Salz zugeben.
– Fett in der Pfanne erhitzen und mit Eßlöffel kleine Puffer hineinlegen, mit Löffel flachdrücken, bei guter Backhitze auf beiden Seiten knusprig backen.
– Mit Apfelmus oder Preiselbeerkompott servieren.

POMMES FRITES

Zutaten (für 8 Personen)
1 kg rohe Kartoffeln (festkochend), Backfett oder Öl, Salz.

Geräte
Kartoffelschäler, Brett, Messer, Küchensieb, Schüssel, Topf mit Fritierkorb oder Friteuse, Küchenkrepp.

Zubereitung
– Gewaschene rohe Kartoffeln dünn schälen und in bleistiftstarke Stifte schneiden.
– Kartoffelstifte in Küchensieb geben und mit kaltem Wasser nochmals waschen, um Stärke auszuwaschen.
– Kartoffeln auf Küchenkrepp zum Abtropfen geben.
– Kartoffelstifte in kleinen Portionen in heißem Fett vorbacken, bis sie halb gar sind (Farbe lichtgelb). Fritierkorb dazu verwenden!
– Kurz vor dem Anrichten vorgebackene Kartoffelstifte in etwas größeren Portionen im Fritierkorb zum zweitenmal in gut heißem Fett backen (ca. 4–5 Minuten).
– Zu den fertigen Pommes gibt es Senf oder Ketchup.

GEBACKENE KARTOFFELN IN ALUFOLIE

Mittelgroße Kartoffeln waschen und in Alufolie einwickeln. Im vorgeheizten Backofen bei großer Hitze ca. 50 bis 60 Minuten backen (Nadelprobe!).

KRÄUTERQUARK

Zutaten
Quark, Creme fraîche, Knoblauchzehe, Kräuter (frisch oder gefroren), Salz, Pfeffer.

So werden Kartoffeln in Alufolie gegessen: Kartoffel in Alufolie belassen, Kartoffel oben der Länge nach mit dem Messer tief einschneiden, auseinanderklappen, Kräuterquark darauf geben und Kartoffel mit Löffel aus der Schale essen.

BUNTER OBSTBAUM

Zutaten für den Hefemürbeteig
500 g Mehl, 200 g Butter oder Margarine, 20 g Frischhefe, 100 g Zucker, 2 Eier, eine Prise Salz, ein Ei zum Bestreichen, Butter für das Backblech.
Belag und Dekor: Mandelblättchen, 2 El Aprikosenkonfitüre, 1 kg gemischtes Obst nach Wahl, ein Päckchen weißer Tortenguß, ¼ l Fruchtsaft (weißer Traubensaft).

Geräte und Material
Teigroller, Backbrett, Eßlöffel, Messer, Blech, Waage, Backpinsel, Brett zum Obstschneiden, Topf, Gabel, Backtrennpapier.

Schablone
Auf ein festes Papier einen Baum von etwa 38 cm Gesamthöhe zeichnen: Stamm etwa 15 cm hoch, 10 cm breit, runde Krone ca. 28 cm Durchmesser. Schablone ausschneiden.

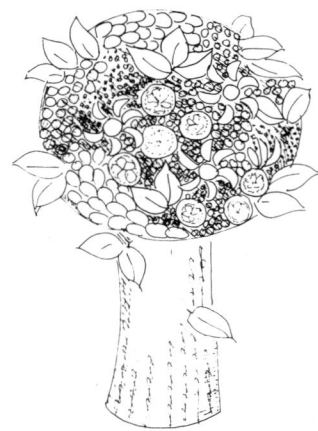

Zubereitung
- Mehl mit Butter oder Margarine verkneten, bis feine Brösel entstehen.
- Hefe mit Zucker vermengen, mit Eiern und Salz zur Mehl-Fett-Mischung geben und gut verkneten.
- Den Teig auf leicht bemehlter Unterlage ca. 1 cm dick ausrollen.
- Mit Hilfe der Papierschablone einen großen Kreis und einen Stamm ausschneiden.
- Vorsichtig auf das Blech legen.
- Aus Teigresten kleine Blätter schneiden und neben den Baum auf das Blech setzen.
- Mit dem Messer in Stamm und Blätter Muster kerben. Mit verquirltem Ei bestreichen. Stamm und Blätter mit Mandelblättchen bestreuen.
- Blech in den vorgeheizten Herd geben und bei 200° Celsius ca. 20 Minuten backen. Die Blätter nach ca. 10 Minuten aus dem Herd nehmen.
- Die Baumkrone mit Aprikosenkonfitüre bestreichen und mit geputzten, aufgeschnittenen Früchten belegen.
- Tortenguß mit Fruchtsaft aufkochen, Früchte damit übergießen.
- Blätter in die Baumkrone legen, bevor der Tortenguß gänzlich erkaltet ist.

St. Martin

ST. MARTIN · Religiöse Dimension/Brauchtum

MARTIN – SOHN EINES RÖMISCHEN OFFIZIERS

Martin wurde 311 als Sohn eines hohen römischen Offiziers geboren. Seine Eltern sahen ihn für eine Karriere in der römischen Legion vor. Martin wurde zunächst Soldat im Dienste Kaiser Konstantins.

MARTIN – VERTRETER DES FRÜHEN CHRISTENTUMS

Nachdem Martin in jungen Jahren den christlichen Glauben kennenlernte und sich taufen ließ, bat er um die Entlassung aus dem Militärdienst. Er wollte in Zukunft nur noch einer Sache dienen: der Verkündigung der christlichen Lehre. Er gründete in Frankreich mehrere Klöster und wurde Bischof von Tours. Martin starb im Alter von 86 Jahren.

MARTINSFEST – KINDERFEST MIT LATERNENUMZUG AM 11. NOVEMBER

Zahlreiche Legenden berichten uns von den Wundertaten des hl. Martin; in der bekanntesten begegnet Martin einem Bettler und teilt seinen Mantel mit ihm. Der Brauch, am Martinstag Laternenumzüge zu veranstalten, hat sich aus Lichterprozessionen und Fackelzügen entwickelt. Bei Beginn der Dämmerung ziehen die Kinder auch heute mit selbstgebastelten Laternen durch die Straßen und singen Martinslieder.

Religiöse Dimension – Brauchtum

Mit dem Martinsfest am 11. November beginnt eine Reihe von Festen in der kälter und dunkler werdenden Jahreszeit, die alle eine gemeinsame, zentrale Aussage haben:
Es gibt Menschen, die durch ihr Tun für andere zum Vorbild werden, ihre guten Werke, die Überzeugungskraft ihrer Worte, die Liebe, die sie an andere weitergeben, sollen uns Orientierung für unser Leben sein. Dies kommt im Symbol des Lichtes zum Ausdruck: so wie das Licht die Dunkelheit erhellt und erwärmt, so sollen auch wir Licht sein für andere, trösten und helfen, da wo es notwendig ist, Freude und Hoffnung den Menschen bringen.
Gottes Liebe zeigt sich im besonderen Maße im Leben der Heiligen, die ganz auf sein Wort vertrauen.
In der Person des hl. Martin sollen uns Nächstenliebe und Hilfsbereitschaft besonders in der Form des Miteinander-Teilens sichtbar werden.

Laternenumzug · ST. MARTIN

BRAUCHTUM

Mit dem Martinstag ist schon seit dem Mittelalter eine Fülle von Bräuchen verbunden. So wechselten an „Martini" häufig Knechte und Mägde auf den Bauernhöfen ihre Stellung; der jährliche Pachtvertrag begann oder endete am 11. November, die Pachtgelder wurden an diesem Tag gezahlt.
Gänsebraten und üppige Festessen waren Höhepunkt des Martinstages.

Laternenumzug

Kinder im Grundschulalter nehmen in der Regel noch gerne an einem Laternenumzug teil. Organisation und Planung sind hier besonders wichtig. Einige Wochen vor dem 11. November überlegen sich die Mitarbeiter folgende Punkte:
– *Zeitpunkt*
  bei beginnender Dämmerung, gegen 16.00/16.30 Uhr.
– *Dauer*
  1–1½ Stunden.
– *Wegstrecke, Verlauf*
  Geeignet sind Grünanlagen, Parks und dgl. Beim Überqueren verkehrsreicher Straßen sind die Behörden zu informieren.
– *Gäste*
  Eltern, Trägervertreter, Freunde der Kinder, Nachbarn usw.
– *Aufstellung des Zuges*
  Entweder bilden die Kinder eine geschlossene Gruppe, die von einigen Helfern begleitet wird, und die Eltern bzw. Gäste folgen; oder Eltern begleiten ihr Kind, Kinder und Erwachsene gehen gemeinsam.
  Oft wird der Zug von einem Reiter angeführt, der den hl. Martin darstellt; vielleicht begleitet von der örtlichen Musikkapelle. Ein langer Zug sollte von Vertretern der Polizei, der Feuerwehr und des Roten Kreuzes begleitet werden.
– *Martinsfeier*
  Den Abschluß des Laternenumzuges bildet eine Martinsfeier, z. B. in der Pfarrkirche, im Gemeindezentrum oder in der Eingangshalle der Kindertagesstätte.
  Alle Teilnehmer versammeln sich im Kreis, es werden die Martins- und Laternenlieder gesungen, die Martinsgeschichte wird als Rollen- oder Schattenspiel ✱ vorgeführt, die Kinder erhalten eine kleine Überraschung, z. B. eine kleine Martinsgans aus Hefeteig. ✱
– *Nicht vergessen mitzunehmen*
  Streichhölzer, Erste-Hilfe-Koffer, ausreichend warme Kleidung.
  Einige Laternen bereithalten für Kinder, die keine Laterne mitbringen!
  Lieder für Eltern und Gäste; evtl. vor Beginn des Umzuges kurz ansingen!

Martinsfeier

MARTINSFEIER IM GARTEN ODER IM GRUPPENRAUM

Vielleicht ist es nicht sinnvoll, jedes Jahr einen großen Umzug durchzuführen. Auch für ältere Kinder und Jugendliche sind folgende Vorschläge gedacht:

– *Martinsfeier im Garten*
  Einfache Glaslaternen * werden im Garten aufgestellt, die Gruppe versammelt sich draußen.
– *Martinsfeuer oder Fackelzug*
  Einem alten Brauch aus Frankreich folgend, kann die Martinsfeier um ein großes Feuer herum gestaltet werden.
  Statt eines Laternenumzuges wird ein Fackelzug durchgeführt. Ziel ist ein Garten oder offenes Grundstück, auf dem die Martinsfeier stattfinden kann.
– *Martinsfeier im Gruppenraum*
  Die Gruppe versammelt sich um eine große Kürbislaterne * (Tischlaternen oder Schwimmkerzen sind ebenfalls geeignet).
– *Ideen für die Martinsfeier:*
  Gespräch über das Teilen *
  Dias über das Leben des hl. Martin
  Schattenspiel *
  Lichtertanz *
  Martinsgebäck *

Vom Hergeben und Teilen

GESPRÄCH

Ziel
Die Kinder erfahren, was Teilen bedeutet.

Material
Brot oder einfache Butterkekse in einem Körbchen, Kerzen oder Teelichter.

Hinweis
Das Brot oder die Butterkekse sollten so bemessen sein, daß es nicht für alle ausreicht, Teelichter in der Anzahl der Teilnehmer.

Einstieg in das Gespräch
Der Gruppenleiter wiederholt mit den Kindern die Geschichte von St. Martin und dem Bettler. Er geht besonders auf die Situation ein, in der Martin mit dem Schwert seinen Mantel teilt.

Weitere Gesprächsimpulse
Warum hat Martin seinen Mantel wohl in zwei Teile geteilt? Hätte er nicht auch den ganzen Mantel abgeben können? Oder ihn nur für sich behalten sollen? Beide Möglichkeiten werden diskutiert: Hätte Martin seinen ganzen Mantel abgegeben, so wären die Verhältnisse nur vertauscht gewesen; einer friert weiter. Etwas mit einem anderen teilen heißt also, selbst ein Stück behalten und den anderen Teil hergeben. Jeder hat dann etwas, zwei oder mehrere haben etwas gemeinsam.

Welche Wörter, auch Sprichwörter, kennen wir, in denen das Wort „teilen" oder „Teil" enthalten ist?
– Sich mitteilen, etwas aufteilen, etwas austeilen, verteilen, teilnehmen.
– Geteilte Freude ist doppelte Freude, geteiltes Leid ist halbes Leid.

Wie können wir in der Gruppe, zu Hause, in der Schule teilen?
– Bleistifte, Filzstifte mit jemandem teilen, der seine Sachen vergessen hat.
– Ein gutes Buch weitergeben, sich über den Inhalt mitteilen.
– Eine übriggebliebene Nachspeise mit anderen Kindern teilen.
– Zeit mit anderen teilen, Interessen mit anderen teilen.

Übung
Der Gruppenleiter stellt das Körbchen mit dem Brot oder den Keksen in die Kreismitte. Er schneidet einige Scheiben Brot ab. Die Kinder zählen die Brotscheiben oder Kekse und stellen fest, daß sie nicht für alle reichen. Die Gruppe überlegt sich, wie die Lebensmittel verteilt werden sollen. Sollen nur einige Kinder Brot oder Kekse bekommen und die anderen leer ausgehen? Wie würden diese Kinder das empfinden? Sollen die Dinge so aufgeteilt werden, daß jeder etwas davon hat?
Der Gruppenleiter führt die Kinder darauf hin, daß zwar jeder nur ein kleines Stückchen bekommt, daß aber jeder jetzt etwas hat und zufrieden ist; keiner muß neidisch zuschauen. Die Kinder sollen spüren, daß etwas mehr entsteht, wenn alle die Bereitschaft zum Teilen und Hergeben haben. Dieses „Mehr" besteht nicht darin, einen großen und ganzen Keks zu besitzen, sondern könnte sich ausdrücken in der gemeinsamen Freude: Wir haben alle etwas, wir freuen uns an dem Gemeinsamen, das wir geteilt haben.

Beendigung
Jedes Kind erhält eine Kerze. Der Gruppenleiter zündet seine Kerze an und gibt das Licht an ein Kind weiter. Wenn jeder sein Licht mit einem anderen geteilt hat, wird spürbar und sichtbar, daß aus dem Miteinander-Teilen zum Schluß ein gemeinsames Ganzes entsteht: es wird hell und warm um uns herum.

Weiterführung und Vertiefung
Bei Jugendlichen kann sich eine Diskussion über die Problematik der Verteilung elementarer Güter in der Dritten Welt anschließen. Wie können wir, die wir alles im Überfluß haben, mit denen teilen, die nichts oder nur wenig haben? Die Gruppe erarbeitet Möglichkeiten, wie jeder etwas von seinen lebenswichtigen Dingen hergeben kann. Die Gruppe informiert sich näher über Hilfsorganisationen, Sammel- und Spendenaktionen.

Legenden

MARTIN UND DER BETTLER

Als Martin noch ein junger Mann war und beim Militär diente, ritt er einmal mit einer Gruppe Soldaten auf einer Landstraße in Frankreich. Es wurde schon dunkel und kalt, in der Ferne waren die Häuser einer Stadt zu sehen. Der Anführer sagte: „Seht ihr die Stadt dort hinten, das wird Amiens sein. Dort können wir die Nacht verbringen und uns ein wenig ausruhen!" Sie kamen näher zur Stadt, bald hatten sie die Stadtmauer erreicht und wollten durch das Stadttor hineinreiten. Da mußten sie plötzlich anhalten. Ein Mann lief ihnen in den Weg, er war ganz in Lumpen gehüllt, sein Gesicht war hager und blaß, er sah hungrig aus. Der Anführer der Soldaten wollte ihn barsch zur Seite drängen: „He da, laß uns weiterreiten! Versperre uns nicht den Weg!" Der Bettler aber rief: „Hilfe! Hilfe! Helft mir doch in meiner Not!" Martin sah den armen Mann; er sah, daß er hungrig war und fror. Er hatte Mitleid mit ihm. Wie konnte er ihm helfen? Er hatte nichts anderes als seinen warmen Mantel. Die Soldaten damals schliefen nachts im Freien und brauchten ihren Mantel zum Zudecken. Ohne langes Zögern nahm Martin sein Schwert und teilte seinen Mantel. Er gab dem Bettler einen Teil, der ihn voller Freude entgegennahm und laut rief: „Danke! Danke!"
Martin nahm seinen Mantelteil und ritt mit seinen Soldaten weiter durch das Stadttor in die Stadt hinein. Nachts im Schlaf hatte Martin ein besonderes Erlebnis; er träumte, daß ihm in dem Bettler Jesus Christus erschienen sei.

MARTIN UND DIE GÄNSE

Als Martin schon einige Jahre in Frankreich lebte und er schon weit über die Grenzen seines Ortes hinaus bekannt war als ein Mensch, der viel Gutes tat und half, wo er konnte, wurde für die Stadt Tours ein neuer Bischof gesucht. Martin wurde für dieses Amt vorgeschlagen. Er war aber ein sehr bescheidener Mensch, der sich nicht nach Ämtern und Posten drängte. Deshalb glaubte er, daß er für die Bischofswürde nicht geeignet sei. Er verließ die Stadt und versteckte sich in einem Gänsestall.
Die Menschen hörten auf das Geschnatter der Gänse, öffneten die Stalltüre und entdeckten endlich den, den sie suchten.
Dies nahm Martin als Zeichen dafür, daß es Gottes Wille war, ihm als Bischof in einem hohen Amt zu dienen.
In vielen Kirchen wird der heilige Martin mit einer Gans dargestellt.
Gänsebraten gehörte seit dem Mittelalter zum wichtigsten Bestandteil des Festessens am 11. November.

Geschichte/Darstellendes Spiel/Lichtertanz · ST. MARTIN

Die Geschichte von der Laterne Lumina

GESCHICHTE

Es war einmal eine Laterne. Ihr Name ist Lumina. In der Nacht geht sie gerne im Wald spazieren.
Einmal wandert Lumina durch den dunklen Wald. Ihr Licht leuchtet hell, ihr Schein fällt auf den dunklen Weg. So kann sie gut sehen. Erst ist es ganz still im Wald. Aber dann werden die Äste der hohen Bäume unruhig. Immer fester zerrt der Wind an den Zweigen. Da flackert Luminas Licht immer mehr. Bald wird der Wind ein richtiger Sturm.
Lumina fürchtet sich: „Wenn nur mein Licht nicht ausgeblasen wird", denkt sie und geht ganz vorsichtig.
Da, plötzlich ein Windstoß, das Licht geht aus. Lumina steht einsam im dunklen Wald. Wie soll sie nun ihren Weg finden?
Müde und traurig stolpert sie zwischen hohen Bäumen hin. Da hört es endlich auf zu stürmen. Woher aber soll Lumina nun Licht bekommen?
Doch, was ist das? Weit weg ist ein Licht. Und das Licht kommt immer näher.
„Eine Laterne", denkt Lumina, „wie schön sie leuchtet!"
Da läuft Lumina auf sie zu und sagt: „Bitte, gib mir von deinem Licht, der Wind hat mein Licht ausgeblasen."
„Nein!" sagt die andere Laterne.
„Wie soll ich dir von meinem Licht geben, dann sehe ich ja nicht mehr so gut", und wendet sich mit ihrem Licht ab.
Doch Lumina bittet ganz fest die andere Laterne: „Bitte, teile doch dein Licht mit mir!"
Da hat die andere Laterne Mitleid und teilt Lumina von ihrem Licht mit. Wie staunen da beide, als ihr beider Licht schön und hell aufleuchtet.
Es ist so, als hätte ihr Licht nie heller gestrahlt.
„Ich danke dir", sagt Lumina und wandert froh nach Hause.

(Hubertus und Christine Vorholt, aus „BAUSTEINE KINDERGARTEN", Heft 3/1980, Bergmoser + Höller Verlag, Aachen)

DARSTELLENDES SPIEL/LICHTERTANZ

Die Geschichte von der Laterne Lumina ist Ausgangspunkt des Spieles und des Lichtertanzes. Sie kann als Einstimmung von einem Sprecher erzählt werden.

Teilnehmer
– 12–20 Kinder in schwarzen T-Shirts und Gymnastikhosen als Spieler
– 2 Laternenspieler
– 3–5 Kinder als Musikgruppe
– ein Sprecher
– ein Helfer mit Streichhölzern

ST. MARTIN · Darstellendes Spiel/Lichtertanz

Musikinstrumente
– Handtrommel zur Begleitung der Schritte
– Becken mit Besen zur Darstellung des Windes
– Glockenspiel zur Darstellung des Lichtes
– evtl. 1–2 Flöten

Material
Grüne Rhythmiktücher, Blumenlichter. ✻

Spielverlauf
Die Spielaktion besteht aus drei Teilen:
– Erzählung der Geschichte, Begleitung mit Orff-Instrumenten
– Darstellendes Spiel mit Rhythmiktüchern, Begleitung mit Orff-Instrumenten
– Lichtertanz, Begleitung mit Orff-Instrumenten

Erzählung der Geschichte, Begleitung mit Orff-Instrumenten
Der Sprecher erzählt die Geschichte von der Laterne Lumina. Die Musikgruppe begleitet mit wenigen Instrumentaleinsätzen. Die Spieler sitzen im Raum verteilt im Schneidersitz; neben jedem Spieler befindet sich ein zusammengefaltetes Rhythmiktuch und ein Blumenlicht.

Durchführung

... im Wald spazieren	– einfaches Schlagen mit der Hand auf der Handtrommel
... Bäume unruhig	– sehr leises Streichen mit dem Besen auf dem Becken
... an den Zweigen ...	– lauter und heftiger werdend
... ein Windstoß ...	– 1 × mit dem Schlegel auf das Becken
... stolpert sie ...	– Stolperrhythmus auf der Handtrommel
... weit weg ist ein Licht	– helles C auf dem Glockenspiel 1 × ganz leise
... von ihrem Licht mit	– F–C 3 × auf dem Glockenspiel
... nach Hause ...	– einfache Melodie oder Tonleiter mit den Flöten und/oder dem Glockenspiel

Darstellendes Spiel
Die Spieler bewegen sich ruhig, nur begleitet durch die Orff-Instrumente. Der Text kann noch einmal ganz leise mitgesprochen werden.

Spielanregungen
– Bäume, Wald – die Spieler entfalten langsam das Rhythmiktuch und halten es mit beiden Händen hoch.
– Lumina – zündet ihr Blumenlicht an (Helfer!) und wandert zwischen den Bäumen herum.
– Wind – die Bäume beginnen sich langsam zu bewegen, die Tücher werden auf und ab geführt, immer schneller werdend. Luminas Laterne verlöscht (ausblasen).

- Zweiter Laternenspieler – kommt mit seiner leuchtenden Laterne aus einer Ecke des Raumes und läuft durch den Wald.
- Begegnung der beiden Laternen: in der Mitte des Raumes, Lumina macht Geste des Hilfesuchens, die zweite Laterne wehrt ab, hält ihr Licht umklammert.
- Erste und zweite Wiederholung – jeweils mit sich steigerndem Ausdruck.
- Beendigung – beide halten ihre leuchtenden Laternen in gleicher Höhe. Aufstellung: zueinander, Auf- und Abbewegen der Laternen.

Lichtertanz

Die Spieler legen die Rhythmiktücher ab, die von dem Helfer eingesammelt werden. Die beiden Laternenspieler stehen mit ihren leuchtenden Laternen in der Mitte des Raumes.

Tanzschritte und Figuren
- Herumgehen der beiden Laternenspieler und Entzünden der anderen Blumenlichter
- paarweise Aufstellung im Kreis, Blickrichtung zueinander
- langsames Heben und Senken der Laternen
- Halten über dem Kopf, eine Drehung am Platz
- Platzwechsel: der außen stehende Spieler geht nach innen und umgekehrt
- der außen stehende Spieler geht mit seinem Licht um den Partner herum
- dasselbe mit dem innen stehenden Spieler
- die außen stehenden Spieler gehen in Schlangenlinien um die innen stehenden Spieler herum
- dasselbe mit den innen stehenden Spielern
- Paare drehen sich mit dem Rücken zueinander, beide Spieler machen dieselben Bewegungen
- Paare stehen mit dem Rücken zueinander, jeweils ein Paar hebt, das nächste senkt die Laterne usw.
- Aufstellung im Kreis: die innen stehenden Spieler drehen sich einmal um die außen stehenden und bleiben neben ihnen stehen
- alle Spieler im Kreis heben und senken ihre Laternen
- einige Schritte zur Mitte: alle heben ihre Laternen, so daß eine Lichterkrone entsteht
- der Abschluß kann erfolgen, indem die Laternen im Raum verteilt auf Tischen ihren Platz finden oder indem sie an einzelne Zuschauer weitergegeben werden.

Menschen-Schattenspiel

Höhepunkt einer Martinsfeier kann ein Schattenspiel sein, in dem die Geschichte von St. Martin und dem Bettler mit lebenden Figuren dargestellt wird.

ST. MARTIN · Menschen-Schattenspiel

Bühne
- In einen Türrahmen mit Klebeband ein Bettuch so einpassen, daß keine Ritzen entstehen, durch die das Licht dringen kann.
Zuschauer und das Spiel begleitende Personen, z. B. kleine Orff-Gruppe, Chor, Erzähler usw., sitzen im Gruppenraum, die darstellenden Spieler befinden sich im Flur.

Beleuchtung
- 2000-Watt-Lampe im Abstand von 2–3 m so auf das Bettuch richten, daß es voll ausgeleuchtet wird. Lampen dieser Stärke gibt es im Fachhandel zum Ausleihen.

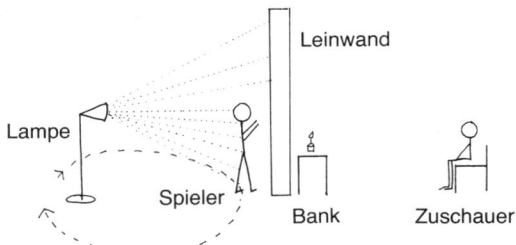

Spielverlauf
- Einstieg
4–5 Kinder gehen mit Laternen langsam hinter der Leinwand vorbei, einen Laternenumzug darstellend. Wiederholung zwei- bis dreimal, mit wechselnden Laternen. Kinder im Gruppenraum singen dazu Laternenlieder oder begleiten ein kleines Stück mit Orff-Instrumenten.
- Spiel
St. Martin kommt auf seinem Pferd von rechts; zweimal wiederholen. Dazu das Lied: St. Martin ritt durch Schnee und Wind . . .
Der Bettler kommt langsam von links ins Bild, überquert einmal die Bühne und hockt sich links hin; Gesten des Hilfesuchens, Arme ausstrecken. St. Martin kommt von rechts, Bettler steht auf, streckt seine Arme ihm entgegen; St. Martin zögert mit dem Weiterreiten, nimmt sein Schwert, teilt seinen Mantel und hängt einen Teil dem Bettler um, den anderen nimmt er selbst.
St. Martin hebt die Hand zum Gruße und zum Abschied, reitet nach links aus der Bühne. Der Bettler folgt ihm.
- Beendigung
Laternenumzug wie beim Einstieg.

Requisiten
- Bühne
  untere Begrenzung: auf der Zuschauerseite eine Langbank, geschmückt mit Laternen, Teelichtern oder Tannengrün
  obere Begrenzung: auf der Spielseite Transparentsterne, mit Tesafilm angeklebt
- St. Martin
  Mantel: zwei Tücher oder Decken, mit Klebeband in der Mitte gehalten
  Helm: aus Papier gefaltet, einfache Faltform
  Schwert: aus Pappe hergestellt
  Pferd: aus Karton, hinten mit Holzleiste verstärkt

Figuren-Schattenspiel · ST. MARTIN

- Bettler: ärmelloses Hemd oder Weste, Strumpfhose
- Laternenkinder: verschiedene Laternen, die bei jedem Durchgang ausgewechselt werden.

Methodische Gesichtspunkte
- Figuren so nah wie möglich an der Leinwand spielen lassen, sonst werden die Schatten zu unscharf. Besonders die Laternen müssen ganz nah an dem Bettuch entlanggeführt werden.
- Spielablauf ruhig, meditativ gestalten, sich Zeit lassen, Pausen zwischen Laternenzug und Auftritt des St. Martin einbauen. Einzelne Szenen evtl. mit etwas Orff-Musik einleiten.
- Gruppenleiter sollte hinter der Bühne stehen, um den Kindern Hilfestellung geben zu können.

Figuren-Schattenspiel

BÜHNE

Material: ein großer Karton, Detailpapier, Klebeband, große Steine zum Beschweren.

Anfertigung
- Aus dem Boden des Kartons eine rechteckige Spielfläche herausschneiden.
- Detailpapier mit Klebeband in der Innenseite befestigen.
- Steine zum Beschweren in die Ecken legen, um der Bühne mehr Standfestigkeit zu geben.
- An der Vorderseite den unteren Rand der Spielfläche mit Tannengrün schmücken.

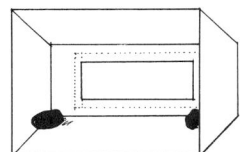

ST. MARTIN · Figuren-Schattenspiel

Beleuchtung
– Diaprojektor oder Lampe mit entsprechend starker Glühbirne und Dimmer (An- und Ausschalten zwischen den Szenen kann langsam gesteuert werden);
Entfernung muß ausprobiert werden.

Organisation
– Die Bühne steht auf einem Tisch, seitlich verdecken Raumteiler den Einblick von außen.
– Hinter der Bühne sitzen zwei Spieler. Je ein Helfer links und rechts assistiert z. B. mit dem Tonband und dem Dimmer.
– Der Sprecher sitzt seitlich von der Bühne, mit Blickkontakt zu den Zuschauern und gleichzeitig zur Bühne.

Spielfiguren
– Stadt, Stadttor
– St. Martin in drei verschiedenen Größen, einmal mit Bischofshut, Bischofsstab
– Menschengruppe
– Gänse als Gruppe, Baumgruppe

Tonbandaufzeichnungen
– Straßenlärm
– Glockengeläut
– Naturgeräusche: Vogelgezwitscher, Plätschern eines Baches
– Gänsegeschnatter, evtl. Knarren einer Türe

Organisation

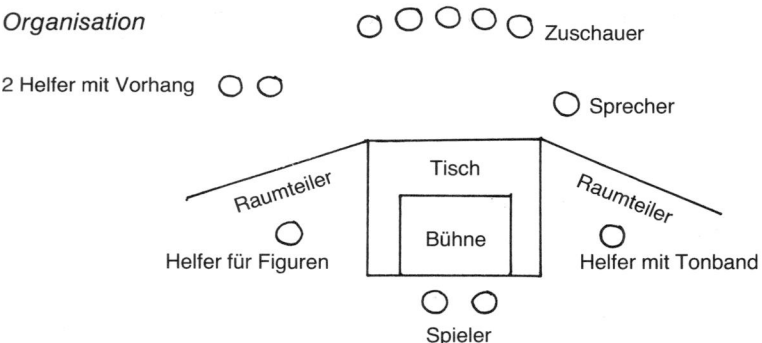

FIGUREN

Material
Schwarzer Fotokarton, Stäbe, Graupappe, Heftklammern, Bleistift, Blaupapier, Schere, Fotokopiergerät zum Vergrößern der Musterzeichnungen.

Hinweis
Es eignen sich einfache Stäbe aus Holz oder Acryl. Letztere sind beim Spielen fast unsichtbar. Man erhält sie als Abfallmaterial beim Schreiner oder in Möbelgeschäften.

ST. MARTIN · Figuren-Schattenspiel

Durchführung
– Figuren mit Blaupapier auf den Fotokarton übertragen. Die Figur des Martin wird einmal in Originalgröße, in mittlerer Größe und einmal vergrößert auf 18 cm hergestellt.
– Figuren ausschneiden.
– Aus Graupappe 4 cm breite Streifen zuschneiden, diese an den Figurengruppen (Gänse und Menschengruppen) ankleben.
– Bewegliche Teile, z. B. Arme des Martin, entstehen, indem die Arme als zweiter Teil mit einer Heftklammer am Körper befestigt werden.
An den Armen wird ein Stab angebracht, der beim Spielen auf und ab bewegt werden kann.
– Die nicht beweglichen Motive, z. B. Stadttor und Bäume, können direkt mit Tesafilm auf das Transparentpapier geheftet werden.

Spielablauf
Die Legende „St. Martin und die Gänse" wird in fünf Szenen dargestellt. Jede Szene wird mit einer Tonbandaufzeichnung eingeleitet. Während die Figuren sich bewegen, erzählt ein Sprecher die Geschichte.

1. Szene
Tonband: Straßenlärm
Bild: Häuser, Türme, Stadttor

Sprecher
Eine Stadt in Frankreich, die Stadt heißt Tours. In der Stadt leben viele Menschen: Bürger, Kaufleute, Handwerker, Händler, Marktfrauen, Männer, Frauen und Kinder; Reiche und Arme, Junge und Alte, Gesunde und Kranke ... Auch Martin lebt in Tours. Früher war Martin ein Soldat in einer römischen Legion des Kaisers Konstantin gewesen, mit 18 Jahren ließ er sich taufen, trat aus den Diensten des Kaisers aus und verzichtete auf eine große Karriere als Offizier. Er will nur noch Gott dienen und die christliche Botschaft der Nächstenliebe verkünden. Er hilft Armen und Schwachen, Kranken und Einsamen. Er ist in der ganzen Stadt bekannt und beliebt.

2. Szene
Tonband: Glockengeläut
Bild: Häuser, Stadttor

Sprecher
Es ist im Jahre 371. Der Bischof von Tours ist gestorben. Er wird zu Grabe getragen, die ganze Stadt begleitet ihn. Die Kirchenvorsteher setzen sich zusammen und beraten, die Leute auf der Straße und auf den Marktplätzen haben nur ein Thema: „Wer wird nun Bischof werden?" Viele meinen: dieser sei geeignet, er hat schon so gute Beziehungen zu den einflußreichsten Menschen in der Stadt; oder jener, der schon eine steile Karriere hinter sich hat. Die einfachen Leute auf der Straße aber meinen: „Martin soll unser neuer Bischof werden. Er hat uns geholfen, wo er nur konnte; ihm können wir vertrauen. Er wird auch als Bischof die Geschicke unserer Stadt zum Guten lenken."

Martin kommen alle diese Reden zu Ohren. Er ist ein sehr bescheidener Mensch, er will kein Aufsehen um seine Person machen. Er möchte lieber als Einsiedler weiterleben und im stillen Gutes tun. Er meint: „Es gibt andere, die sind besser für solch ein hohes Amt geeignet." Und er beschließt, die Stadt Tours zu verlassen.

3. Szene
Tonband: Naturgeräusche
Bild: Martin (kleine Figur) tritt durch das Stadttor, geht nach links; Figurenwechsel: Martin (mittlere Figur) geht nach rechts; Figurenwechsel: Martin (große Figur) geht nach links. Häuser und Stadttor werden entfernt.

Sprecher
Martin geht heimlich zum Stadttor hinaus, niemand soll ihn sehen. Sein Weg führt ihn durch Felder und Wiesen, an einem kleinen Bach vorbei. Er denkt sich: „Sie werden schon einen anderen finden, der besser als ich geeignet ist, Bischof zu werden." Und so geht er weiter. Da sieht er in der Ferne einen Bauernhof, den will er erreichen, um ein wenig auszuruhen.

4. Szene
Tonband: 1. Teil der Szene: Naturgeräusche
2. Teil der Szene: Gänsegeschnatter
Bild: Martin am linken Bildrand, Gänse, Menschengruppe

Sprecher
1. Teil: Doch die Menschen in Tours merken, daß Martin nicht mehr in ihrer Stadt ist. Sie beginnen, ihn zu suchen. Sie suchen ihn auf Märkten und Plätzen, auf den Gassen und Straßen, dort, wo er sonst immer zu finden war: bei den Armen, Kranken und Schwachen. Doch sie können ihn nirgends entdecken. So ziehen sie vor die Tore der Stadt, streifen durch Felder und Wiesen. Sie fragen alle, die ihnen entgegenkommen: „Habt Ihr Martin gesehen?" Sie antworten: „Ja, vor einiger Zeit, vielleicht gestern, ist er hier vorbeigekommen." Aber wo wird er jetzt sein? Sie suchen und suchen und können ihn nirgends finden. So kommen sie auch zu dem Bauernhof. Dort wollen sie ein wenig verweilen und weiter überlegen.
Da beginnen auf einmal die Gänse im Gänsestall zu schnattern.

2. Teil: Ob Martin sich dort versteckt hat? Die Gänse werden immer lauter und aufgeregter. „Laßt uns doch einmal nachschauen, was in dem Gänsestall los ist!" Sie öffnen die Tür (evtl. als Geräusch Türeknarren), das Geschnatter wird immer lauter, und da sehen sie Martin in der hintersten Ecke des Stalles.
Nun kann Martin nicht anders, er muß mit den Leuten zurück nach Tours.
Er erkennt, daß er sich nicht vor der Verantwortung drücken kann; daß es seine Bestimmung ist, Bischof von Tours zu werden.

5. Szene
Tonband: Glockengeläute
Bild: Häuser und Stadttor, Martin (große Figur, zusätzlich mit Mitra und Bischofsstab), Menschengruppe

ST. MARTIN · Martinsgans

Sprecher
Die Glocken läuten zum Gottesdienst. Heute soll ein großes Fest gefeiert werden. Alle freuen sich, daß die Stadt einen neuen Bischof hat. Und ganz besonders freuen sich die Armen, Kranken und Alten, daß der neue Bischof Martin heißt. Das ganze Volk ist auf den Beinen, alle strömen zur Kirche, um ihn zu sehen: die Bürger, Kaufleute, Handwerker, Händler und Marktfrauen; die Männer, Frauen und Kinder; die Reichen und Armen. Ihnen allen will Martin in Zukunft ein guter Bischof sein. Er will ihre Sorgen und Nöte teilen und er will ihnen helfen, so wie er es immer schon getan hat.
So haben die Gänse mit ihrem lauten Geschnatter den Leuten von Tours ein Zeichen gegeben und ihnen geholfen, den richtigen Mann für das Amt des Bischofs zu finden. Martin lebte noch 26 Jahre. Im Alter von 86 Jahren starb er am 11. November als Bischof von Tours.
Die Menschen aber konnten ihn nicht vergessen, sie dachten immer wieder daran, wieviel Gutes sie durch Martin erfahren hatten.
Bis heute halten wir die Erinnerung an ihn lebendig. Jedes Jahr am 11. November ziehen Kinder mit Laternen durch die Stadt, im Gedenken an diesen großen Heiligen.

Beendigung
– Martinslied „Martin, Martin, Martin ist ein frommer Mann"
– Laternenlied „Durch die Straßen auf und nieder"

Martinsgans

Material
Eine weiße Serviette, ein mittelgroßer Apfel, roter und schwarzer Filzstift.

Hinweis
Feste, einlagige Servietten in der Größe 33 × 33 cm sind gut geeignet, evtl. Seidenpapier in der Größe zuschneiden. Mehrlagige Servietten sind zu weich.

Durchführung
– Apfel etwas seitlich von der Mitte auf die Serviette legen.

– Untere und obere Spitze der Serviette fest um den Apfel legen.

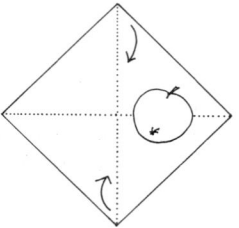

– Rechte Spitze zum Schwanz drehen.

– Linke Spitze zum Hals drehen, dabei den Zipfel der Serviette kräftig abbiegen (Kopf).

– Am Kopf mit Filzstiften Augen und Schnabel der Gans aufmalen.

Einfache Glaslaternen

BEMALTE LATERNEN

Material
Alte Einmachgläser, Marmeladengläser, Glasfarben, Fensterfarben, Teelichter.

Durchführung
- Farben mit den Fingern großflächig auf das Glas auftragen.
- Es sollten keine naturalistischen Muster gemalt werden, sondern nur großzügige Farbflächen.

Diese Laternen eignen sich gut für eine Feier im Garten. Sie sollten in allen möglichen Größen angefertigt werden. In große 5-l-Einmachgläser entsprechend mehr Teelichter stellen.

BLUMENLICHT

Geeignet für einen Lichterkranz.

Material
Kompottschälchen (Durchmesser 10–12 cm), Seidenpapier, Tapetenkleister, Schere, Bleistift, Teelichter.

Durchführung
- Kompottschälchen mit der geöffneten Seite auf das Seidenpapier stellen, Kreis umfahren.
- Fünf Blütenblätter um den Kreis gruppieren.
- Blüte ausschneiden.
- 2–3 Blüten derselben Farbe außen an den Boden und bis zur Hälfte der Seitenwände des Kompottschälchens kleben.

Kürbislaterne

Material
Ein großer Kürbis, scharfes Küchenmesser, Löffel, Schüssel, Kerzen.

Durchführung
- Von dem ganzen Kürbis an der oberen Rundung einen Deckel abschneiden.
- Weiches Kürbisfleisch mit dem Löffel herausholen, in die Schüssel geben (kann später zu Kompott weiterverarbeitet werden ✶; Kerne entfernen!).

ST. MARTIN · Lieder

- Kürbisschale etwa 2 cm dick herausarbeiten.
- In die Schale mit dem Küchenmesser Öffnungen schneiden: z. B. Dreiecke, Vierecke, Sterne usw.
- Je nach Größe der Kürbislaterne mehrere Kerzen hineinstellen, anzünden.

Lieder

MARTINSLIED

2. Einer hat ihn wahrgenommen und hat sich auch Zeit genommen,
   bei dem Bettler zu weilen und den Mantel zu teilen.

3. Vom hohen Roß ist er gestiegen, um den frierenden Bettler zu lieben
   und ihn so zu beschenken, seine Nöte zu enden.

4. In den Nächten träumte der Reiter, daß der Fremde ihm ist Begleiter,
   als Herr Jesus Christ selbst der Bettler ist.

5. Es wird hell in Martins Leben, da ihm Gott das Licht gegeben.
   Laß auch du dich lenken – so wird Licht dein Denken.

(T.: Sr. Imelda Huf, M.: Franz Fischereder, aus: Franz Fischereder, „Singen, Spielen, Musizieren mit dem Kind", RPA-Verlag, Landshut)

Lieder · ST. MARTIN

MARTIN IST EIN FROMMER MANN

(Sechstonweise aus Thüringen)

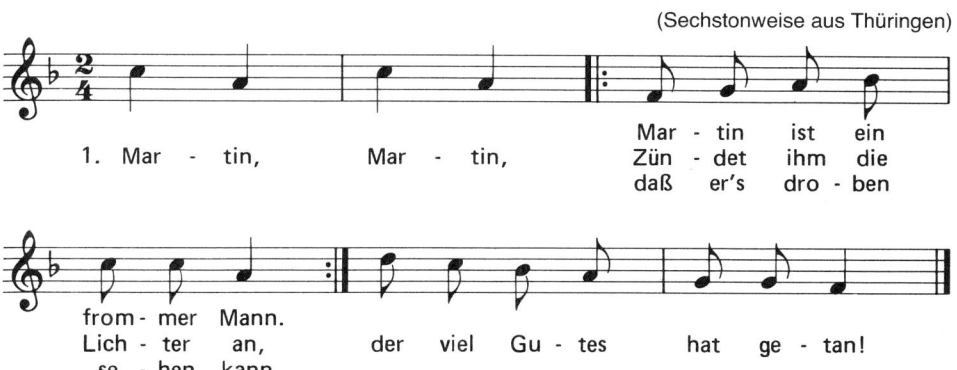

2. Martin, Martin, Martin ist ein lieber Mann. Stimmet ihm die Lieder an, daß er's droben hören kann, der viel Gutes hat getan!

LATERNCHEN

(mündlich überliefert)

 ST. MARTIN · Lieder 226

STERNE ZÄHLEN
(mündlich überliefert)

Ster - ne zäh - len, Ster - ne zäh - len, ei - a,
da - mit tun wir uns nicht quä - len, ei - a!
Ha - ben sel - ber uns - re hel - len Ster - ne,
und die leuch - ten wun - der - schön, sind ge - fan - gen in der
Mond - la - ter - ne, müs - sen mit uns gehn.

ICH HAB EINE FEINE LATERNE
(T. u. M.: Horst Weber)

1. Ich hab ei - ne fei - ne La - ter - ne, die
leuch - tet so hell in die Nacht. Am Him - mel al - le
Ster - ne sind auch schon auf - ge - wacht.
La - ter - nen-licht, ver - lösch noch nicht, La - tern-chen, leuch - te hell!

2. Ich trag meine feine Laterne ganz ruhig vor mir her;
   ich hab sie ja so gerne, sie wird mir nicht zu schwer.

(Aus: Fidula-Kassette 27 „Martinslieder und Laternentänze", Fidula-Verlag, Boppard/Rhein und Salzburg)

DURCH DIE STRASSEN AUF UND NIEDER

(Text: Lieselotte Holzmeister/
Melodie: Richard Rudolf Klein)

1. Durch die Stra-ßen auf und nie-der leuch-ten die La-ter-nen wie-der:
2. Wie die Blu-men in dem Gar-ten blüh La-ter-nen al-ler Ar-ten:
3. Und wir ge-hen lan-ge Strek-ken mit La-ter-nen an den Stek-ken:

Refrain

ro-te, gel-be, grü-ne, blau-e, lie-ber Mar-tin, komm und schau-e!

(Aus: Fidula-Kassette 27 „Martinslieder und Laternentänze", Fidula-Verlag, Boppard/Rhein und Salzburg)

LICHT IN DER LATERNE

(T. u. M.: Eduard Döring)

1. Licht in der La-ter-ne, ich geh mit dir so ger-ne!

1.-4. Ro-tes, grü-nes, gold-nes Haus, Licht-lein, Licht-lein, geh nicht aus.

2. Alle Leut' es sehen, wenn wir Laterne gehen. Rotes . . .

3. Und wir Kinder singen, daß alle Straßen klingen. Rotes . . .

4. Laßt von uns euch sagen: du sollst ein Lichtlein tragen. Rotes . . .

(Aus: Fidula-Kassette 27 „Martinslieder und Laternentänze", Fidula-Verlag, Boppard/Rhein und Salzburg)

Rezepte

GANS AUS HEFETEIG

Hefeteigrezept → Kindergeburtstag – Drachenkuchen *

Zutaten
500 g Mehl, ein Päckchen Trockenhefe, ⅛ l Milch, 100 g Zucker, 100 g Butter oder Margarine, Eiweiß als Klebematerial, Rosinen.

Material für die Schablone
Butterbrotpapier, Bleistift, Pappe, Schere, Blaupapier.

ST. MARTIN · Rezepte

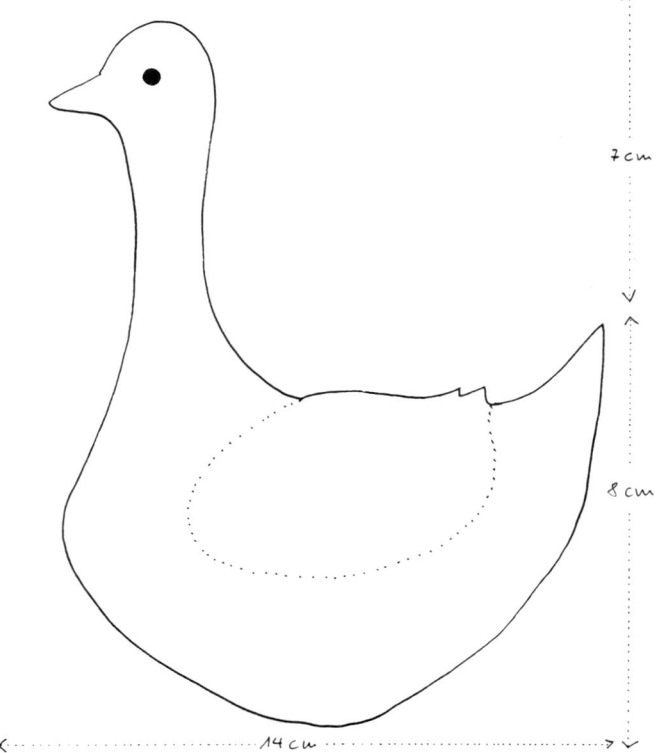

Material und Geräte für den Hefeteig
Elektrisches Rührgerät mit Knethaken, Messer, Backpinsel, Backtrennpapier, Teigroller.

Zubereitung
Schablone herstellen:
- Form der Gans und des Flügels gesondert auf das Butterbrotpapier übertragen; diese Zeichnungen mit Blaupapier auf die Pappe übertragen; Formen ausschneiden.
Teig herstellen:
- Mehl, Trockenhefe und Zucker vermischen, lauwarme Milch, zimmerwarme Butter und Zucker dazugeben. Teig mit dem Rührgerät verkneten, bis er eine gleichmäßige glatte Beschaffenheit hat.
- Teig an warmem Ort 30 Min. gehen lassen.
- Teig mit dem Teigroller etwa 2 cm dick ausrollen.
- Form der Gans und des Flügels auf den Teig legen, mit dem Messer ausschneiden.
- Gans auf das Backtrennpapier legen, Flügel auf der Unterseite mit Eiweiß bestreichen und auf den Ganskörper legen. Als Auge eine Rosine eindrücken. Als weitere Verzierung können mit dem Messer oder einem Holzstäbchen Verzierungen am Flügel eingedrückt werden.
- Teig noch einmal 20 Min. gehen lassen.
- Im Backofen bei mittlerer Hitze ca. 30 Min. backen.

KÜRBISKOMPOTT

Zutaten
¾ kg Kürbisfleisch; zum Sud: ¾ l Wasser, 250–300 g Zucker, 6–8 El Zitronensaft, Schale von einer Zitrone, ein Stück Stangenzimt, einige Ingwerstücke.

Geräte
Waage, Meßbecher, Messer, Schneidebrett, Topf, Deckel, Zitruspresse, Eßlöffel, Schüssel.

Zubereitung
- Kürbis schälen, Kerne und weiches Mark entfernen.
- Fruchtfleisch in etwa kleinfingergroße, gleichmäßige Stücke schneiden.
- Sud mit Geschmackszutaten kochen, abschmecken.
- Portionsweise Kürbisstücke in kochenden Sud geben, aufkochen lassen, bei schwacher Hitze zugedeckt ziehen lassen, bis Kürbisstücke glasig sind.
- Aus Sud nehmen, in Schüssel legen.
- Sind alle Kürbisstücke gekocht, Sud etwas einkochen, Gewürze entfernen, über Kürbisstücke geben, erkalten lassen.

Nikolaus

NIKOLAUS – BISCHOF, WOHLTÄTER UND MENSCHENFREUND

Nikolaus wurde um das Jahr 270 im lykischen Patras geboren (Kleinasien, in der heutigen Türkei). Er wurde zum Bischof von Myra gewählt.
Der 6. Dezember 324 oder 327 wird als Todestag des Heiligen angenommen.
In der Überlieferung der Wunder und guten Taten vermischen sich die Legenden um die Person des Nikolaus von Myra und die des Abtes Nikolaus von Sion, Bischof von Pinara, aus dem 6. Jahrhundert. Beide wirkten in Lykien und wurden wegen ihrer Tugend und Mildtätigkeit verehrt.

NIKOLAUS – HOCHVEREHRTER HEILIGER

Die Nikolausverehrung nahm entsprechend der Herkunft des Heiligen ihren Ausgang von der Ostkirche. 1087 raubten Seeleute die Gebeine des Nikolaus aus dem Sarkophag in der Kirche von Myra. Sie brachten sie nach Bari (Italien), wo eine Grabeskirche errichtet wurde. Viele Kirchen, Kapellen und Brücken sind dem heiligen Nikolaus geweiht. Kinder werden auf seinen Namen getauft. Nikolaus wird als universaler Helfer verehrt, der niemanden im Stich läßt.

NIKOLAUS – KINDERFEST AM 6. DEZEMBER

In manchen Gegenden kommt der Nikolaus persönlich am Abend des 5. Dezember, in anderen erst am 6. Dezember. Oft legt er auch in der Nacht vom 5. auf den 6. Dezember Gaben in die dafür bereitgestellten Teller, Stiefel, Schuhe oder auch Strümpfe.
Es ist auch Brauch, daß der heilige Nikolaus Kindergruppen in Tagesstätten, Schulen, Freizeitstätten besucht.
Die Kinder denken an diesem Tag an den heiligen Mann, der ohne Unterschied allen Menschen Gutes getan hat, am meisten den Notleidenden und Kindern.

Brauchtum

FEST DES KINDERBISCHOFS

Das mittelalterliche Bischofsspiel war vom 10. bis 18. Jahrhundert verbreitet. Einmal im Jahr durfte ein Klosterschüler die Rolle des Bischofs übernehmen. Ursprünglich fand das Fest am 28. Dezember statt, dem Fest der Unschuldigen Kinder. Im 13. Jahrhundert wurde es auf den 6. Dezember verlegt. Der Kinderbischof verschmolz so mit der Nikolausgestalt. Der als Nikolaus verkleidete Schüler bestrafte die Mitschüler oder belohnte sie mit Geschenken. Später stellte der Lehrer, Pfarrer oder Kaplan oft selbst den Nikolaus dar. Daraus entwickelte sich der heutige Brauch, die Kinder zu bestrafen bzw. zu belohnen.

NIKOLAUS · Brauchtum

NIKOLAUS UND SEINE BEGLEITER

Nicht immer ist Nikolaus in bischöflichen Gewändern anzutreffen. Aber selbst wenn er äußerlich kaum mit dem Bischof verwandt scheint, wird er doch als der kinderfreundliche Heilige empfunden, von dem die Legende erzählt.
An den gütigen, gabenbringenden Nikolaus haben sich finstere Gesellen angeschlossen, die wohl heidnischen Ursprungs sind.
Der bekannteste Begleiter ist Knecht Ruprecht. Forscher nehmen an, daß er ursprünglich „Rauher Percht" hieß. Das Christentum verwies ihn in die Rolle des dienenden Knechtes, der mit Sack, Rute und rasselnder Kette den heiligen Nikolaus begleitet. Meist teilen sich die beiden die Aufgaben. Der Heilige beschenkt, sein Begleiter bestraft und tadelt die Kinder. Knecht Ruprecht schwingt die Rute und droht im schlimmsten Fall den Kindern, sie in den Sack zu stecken.
Die Rute diente ursprünglich nicht zur Bestrafung, sondern hatte kultische Bedeutung. Rutenschläge waren mit Wünschen für Gesundheit und langes Leben verbunden.

Je nach Region unterscheiden sich die Begleiter des Nikolaus in Namen und Aussehen:
– Hans Muff im Rheinland,
– Hans Trapp im Elsaß,
– Klaubauf in Bayern und Österreich,
– Krampus in Österreich,
– Pelzbock oder Pelzmärtel an der Mosel.

Neben der Vermummung mit Pelz und Maske gibt es auch die Verkleidung mit Stroh bei den
– Buttenmännern in Berchtesgaden.
In den Alpenländern wird der Nikolaus auch von weiblichen Gestalten begleitet (sie weisen auf Frau Holle hin).
Auffällig sind die vielen Tierbegleiter, z. B.
– Habergeiß in Passau,
– Esel in Baden,
– Schimmel in Norddeutschland.
In unserer Zeit wird Nikolaus auch oft von einem oder mehreren Engeln begleitet.

VERZERRUNGEN IN DER DARSTELLUNG DES HEILIGEN

– Nikolaus kommt vom Wald, vom Himmel herab.
– Nikolaus als Schreckgespenst, Angstmacher mit Larve, Kette, Rute, Sack zum Abtransport schlimmer Kinder.
– Nikolaus als Erziehungsmittel.
– Nikolaus als Werbeträger in Kaufhäusern und Supermärkten.
– Nikolaus tritt in der Gestalt des Weihnachtsmannes mit Kutte, weißem Bart und Stiefeln als Gabenbringer auf.

Religiöse Dimension/Planung · NIKOLAUS

Religiöse Dimension

Der heilige Nikolaus gibt durch seine Güte, Menschenfreundlichkeit und Hilfsbereitschaft Zeugnis von der Liebe Gottes und ist damit Vorbild für viele Menschen. Wir gedenken seiner, indem wir alljährlich von seinen guten Taten berichten und diese im Spiel nacherleben. Nur so ist St. Nikolaus als Gabenbringer den Kindern verständlich. Entsprechend der christlichen Aussage des Festes bekleidet sich der Nikolaus-Darsteller mit dem Gewand eines Bischofs.

Gewand und Insignien eines Bischofs
– Liturgische Gewänder sind Albe, Stola, Chormantel.
– Mitra: Kopfbedeckung und Würdezeichen.
– Bischofsstab: Der Krummstab ist Zeichen für bischöfliche Vollmacht.
– Siegelring: Mit dem Siegel wurden Dokumente versiegelt oder beglaubigt.
– Brustkreuz: Die in ihm enthaltenen Reliquien stellen den Bischof unter den besonderen Schutz des betr. Heiligen.
– Goldenes Buch: Evangelienbuch, Bibel.

Planung

Das Nikolausfest kann auf verschiedene Weise gestaltet werden. Das Alter und die Wünsche der Kinder sind hier zu berücksichtigen.
– Fest mit Nikolausdarsteller
  Besonders jüngere Kinder möchten auf den Besuch des hl. Nikolaus nicht verzichten. Das Fest sollte jedoch frei von Angst sein; niemand wird bloßgestellt oder beschämt! Im Vordergrund steht die Freude über den Besuch des Heiligen.
  Bei älteren Kindern kann auch ein Kind den hl. Nikolaus spielen, das vom Gruppenleiter oder der Gruppe gewählt wird.
– Fest ohne Nikolausdarsteller
  Höhepunkt des Festes ist das Erzählen und Spielen einer Legende oder die Betrachtung von Bildern (Dias), die das Leben und Wirken des hl. Nikolaus veranschaulichen.
Die zu treffenden Vorbereitungen sind abhängig von der inhaltlichen Gestaltung und vom Rahmen des Festes.
– Gruppengespräch über Erfahrungen mit dem Einkehrbrauch des Nikolaus. Erwartungen, Ängste, Befürchtungen werden abgeklärt. Eventuell wird mit der Gruppe gemeinsam beraten, ob ein Nikolaus beim Fest anwesend sein soll.
– Die Gruppe befaßt sich mit dem Leben und Wirken des Heiligen:
  Abbildungen des Heiligen auf Altarbildern, Kunstpostkarten, -drucken, Ikonen und in Bildbänden, Bilderbüchern.
  Auf einer Landkarte der Türkei wird sein Wohnort bestimmt. Das antike Myra ist nur in einigen Ruinen (Nikolausbasilika) erhalten und liegt nahe der Ortschaft Demre an

der türkischen Riviera. Evtl. kann anhand von Fotos die Landschaft gezeigt werden. Legenden, die von seinen guten Taten berichten. Besonders geeignet sind die Legenden vom Getreideschiff und den drei goldenen Kugeln.
Gespräch: „Wie können wir Nikolaus nacheifern?" „Was können wir Gutes tun?"
– Mit dem Nikolaus-Darsteller werden Inhalte und Reihenfolge des Festes abgesprochen. Er sollte den Kindern vertraut sein und sich pädagogisch einfühlsam verhalten.
– Besorgen bzw. Anfertigen der bischöflichen Gewänder und Insignien.
– Betrachten der Kleider und Insignien des hl. Mannes und Gespräch über die Symbolik.
– Einstudieren von Versen, Liedern, Rollenspiel.
– Eintragungen ins Heilige Buch (Text in großen, deutlichen Buchstaben schreiben, da Nikolaus bei Kerzenlicht lesen muß).
– Anfertigen bzw. Besorgen von Nikolaustellern, -strümpfen, -schiffen, -säckchen.
– Einkaufen und Aufteilen der Gaben.
– Information über Tag, Uhrzeit und Dauer der Feier an Eltern und Lehrer.
– Gegebenenfalls Einladung von Gästen.

Feier: St. Nikolaus kommt

RAUMGESTALTUNG

Der Gruppenraum ist adventlich geschmückt. Die Kinder gruppieren sich mit ihren Stühlen um den Adventskranz, der in der Mitte des Kreises steht bzw. hängt.
Der Stuhlkreis sollte an einer Seite offen sein und dem Nikolaus die Möglichkeit geben, innerhalb des Kreises herumzugehen. Sein späterer Standort ist die Kreisöffnung.
Die Kleidung und der Bischofsstab werden für den Nikolaus-Darsteller bereitgelegt. Gemeinsam mit den Kindern werden Tische zu einer langen Tafel zusammengeschoben und für das abschließende gemütliche Beisammensein bei Tee und Plätzchen festlich gedeckt.

FESTGESTALTUNG

● Lied: „Wir sagen euch an den lieben Advent".
● Kerze des Adventskranzes wird angezündet.
● Der Gruppenleiter begrüßt den Nikolaus-Darsteller und berichtet den Kindern aus dem Leben des Heiligen (der Nikolaus-Darsteller sitzt noch mit seiner gewöhnlichen Kleidung bei den Kindern):
„Wir feiern heute den Namenstag des Bischofs von Myra. Nikolaus lebte vor langer Zeit in Kleinasien, der heutigen Türkei. Er hat vielen Menschen in ihrer Not geholfen. Seine Liebe galt vor allem den Armen und den Kindern. Nikolaus wurde nach seinem Tode von der Kirche heiliggesprochen. Er wird heute auf der ganzen Welt verehrt. Viele Kirchen sind nach ihm benannt. Aber auch Kindern wird sein

Name gegeben. Auch bei uns ist ein Klaus (falls ein Kind dieses Namens in der Gruppe ist) . . . Da wir gute Menschen wie den heiligen Nikolaus nicht vergessen wollen, wird Herr . . . (Name des Nikolaus-Darstellers) heute den Nikolaus bei uns spielen."

- *Der Nikolaus-Darsteller legt die Kleider an.* Dies macht er möglichst ruhig und gemessen. Kinder dürfen ihm dabei assistieren. Nikolaus verläßt den Raum.

- *Lied:* Sankt Nikolaus hat Namenstag. ✶

- Nach Beendigung des Liedes klopft Nikolaus an die Tür. Der Gruppenleiter öffnet ihm. Nikolaus geht gemessenen Schrittes einmal um den Stuhlkreis herum und bleibt bei der Kreisöffnung stehen. Er begrüßt alle Anwesenden.

- *Gedicht:* Nun ist es wieder an der Zeit. ✶

- *Erzählen einer Legende.* Es eignet sich die Legende vom Getreideschiff und den drei Goldklumpen. ✶

- *Adventliche Musik.* Die Kinder sollen Gelegenheit haben, die Geschichte auf sich wirken zu lassen.

- *Nikolaus liest aus dem Goldenen Buch.* Sein Lob gilt einzelnen Kindern und der ganzen Gruppe. Er bringt auch Verbesserungsvorschläge an. Auch die Erwachsenen sollten einbezogen werden. Wichtig ist, daß sich niemand bloßgestellt oder beschämt fühlt.

- *Lied:* St. Niklaus ist ein guter Mann. ✶

- *Verteilen der Gaben*
  Hier bieten sich verschiedene Möglichkeiten an:
  – Der Gruppenleiter hat die Gaben zusammengestellt. Die Kinder erhalten sie vom Nikolaus als Überraschung in selbstgebastelten Nikolausstrümpfen, -säckchen, -schiffen, -tellern.
  – Jedes Kind und alle Mitarbeiter haben ein Päckchen vorbereitet und dem Nikolaus übergeben (Preis begrenzen, möglichst Selbstgemachtes).
  Die Verteilung kann wie folgt geschehen:
  Die Namen der Kinder, die beschenkt werden, wurden Tage zuvor verlost. Jedes Päckchen ist mit Namen gekennzeichnet.
  Nikolaus verteilt wahllos ein Päckchen nach dem anderen. Erhält zufällig ein Kind sein eigenes Päckchen, tauscht es dieses aus. Nikolaus verlost die Päckchen.

- Die Kinder haben für Bedürftige gesammelt (Geld, Kleider, Lebensmittel) und überreichen dies dem Nikolaus.

- *Gemütliches Beisammensein* bei Tee und Plätzchen. Nikolaus hat inzwischen seine bischöflichen Kleider ausgezogen und ist Gast der Gruppe.

Feier: Legende vom Getreideschiff

Schwerpunkt dieser Feier ist die Erzählung der Legende vom Getreideschiff mit Diabetrachtung und Musikuntermalung.
Die Sprecherrollen werden von Festteilnehmern (Gruppenleiter, Eltern, Kinder) übernommen und eingeübt. Die Kinder malen zum Text entsprechende Szenen auf Dias.✲
Zur Musikuntermalung eignen sich Improvisationen auf Orff-Instrumenten.

RAUMGESTALTUNG

Der Raum ist adventlich geschmückt. Die Kinder sitzen links und rechts vom Diaprojektor, möglichst im Halbkreis. Der Erzähler und die weiteren Sprecher nehmen nebeneinander Platz.
Die Orff-Instrumente werden bereitgelegt.
Gemeinsam mit den Kindern werden Tische zu einer langen Tafel zusammengeschoben und festlich gedeckt.
Wenn alle versammelt sind, wird der Raum verdunkelt.

FESTGESTALTUNG

● *Einstimmung auf die nachfolgende Legende*
  Erzähler: Nikolaus lebte vor langer Zeit in Myra in der heutigen Türkei. Er hat zu seinen Lebzeiten viel Gutes getan. Er half vielen Notleidenden, indem er sich mutig für sie einsetzte. Nikolaus wurde zum Bischof gewählt.
  Nach seinem Tode wurden über viele Jahrzehnte hinweg Begebenheiten über Nikolaus erzählt. Erst viel später wurden die Geschichten aufgeschrieben und phantasievoll ausgeschmückt. Diese Legenden haben aber einen wahren Kern.
  Eine Geschichte von Nikolaus wollen wir heute erzählen:

● *Die Legende vom Getreideschiff*
  Erzähler: In Myra hatte es monatelang nicht mehr geregnet, die Erde war ausgetrocknet. Das Getreide verdorrte auf den Feldern. Die Brunnen vertrockneten. Viele Tiere mußten sterben. Die Menschen hatten nicht genug zu essen und litten großen Hunger.
  Musik: Dunkle Töne auf dem Xylophon.
  Dia: Stadtbild von Myra im gleißenden Sonnenlicht.
  Erzähler: Da es kein Getreide gab, konnten die Menschen kein Brot backen. Besonders die Kinder weinten vor Hunger. In ihrer Not schickten die Bürger der Stadt einen Abgeordneten zum Bischof Nikolaus.
  Musik: Klangstäbe aneinanderschlagen.
  Dia: Abgesandter der Stadt spricht mit Nikolaus.
  Abgesandter: „Viele Bewohner der Stadt, besonders die Kinder, Alten und Kranken sterben vor Hunger, wenn ihnen nicht geholfen wird. Wir flehen euch an, Bischof Nikolaus, helft uns aus unserer Not."

Erzähler: Schon tags darauf legte ein Schiff im Hafen an.
Dia: Segelschiff.
Erzähler: Es war mit Getreidesäcken für den römischen Kaiser in Konstantinopel beladen. Nikolaus suchte den Kapitän auf, um ihn um Hilfe zu bitten.
Musik: Helle Töne auf dem Xylophon.
Dia: Nikolaus spricht mit dem Kapitän.
Kapitän: „Was wollt ihr von mir?"
Nikolaus: „Bitte gebt uns einige Säcke Getreide. Die Menschen hier haben großen Hunger und werden ohne eure Hilfe sterben. Verkauft uns einen Teil der Ladung!"
Kapitän: „Das kann ich nicht, mir gehört dieses Getreide nicht. Es ist für den Kaiser bestimmt. Wenn nur ein Sack fehlt, glaubt er, ich hätte ihn bestohlen. Wenn ich euch also etwas gebe, werde ich hart bestraft."
Nikolaus: „Ich flehe euch an, Kapitän, helft den armen Menschen!"
Kapitän: „Ich habe euch bereits gesagt, daß ich das nicht kann."
Nikolaus: „Vertraut mir! Wenn ihr das Korn dem Kaiser abliefert, wird euch kein einziger Sack fehlen. Gott wird euch eure Hilfsbereitschaft lohnen."
Kapitän: „Gut, ihr habt mich überzeugt, daß diese Menschen unsere Hilfe brauchen. Da ihr uns versprecht, daß kein Kornsack beim Löschen des Schiffes in Konstantinopel fehlt, sollen die Matrosen Säcke hinaustragen."
Musik: Dumpfe Schläge auf der Pauke.
Dia: Getreidesäcke.
Erzähler: Die Getreidesäcke wurden an die Bevölkerung gerecht verteilt. Aus Mehl wurde Brot gebacken, und niemand mußte mehr hungern. Das Korn reichte auch noch zum Säen im Frühjahr. Alle lobten ihren Retter Nikolaus. Das Schiff verließ Myra und erreichte Konstantinopel.
Dia: Segelschiff.
Erzähler: Als die Seeleute das Schiff löschten, fehlte tatsächlich kein Sack. Das Wunder war vollbracht.
Musik: Adventliche Musik, z. B. Instrumentalmusik.
Den Kindern soll Gelegenheit gegeben werden, die Geschichte auf sich wirken zu lassen.

Lied: St. Niklaus ist ein guter Mann. ✶

- *Verteilen der Gaben*
  Als Überraschung wird ein großes Schiff (aus Karton), mit Teelichtern versehen, in den Raum geschoben. Im Schiff befinden sich die Geschenke. Diese werden nun an die Kinder verteilt (siehe dazu auch Vorschläge bei der Feier mit St. Nikolaus).

- *Gemütliches Beisammensein* bei Tee und Plätzchen.

Weitere Darstellungsmöglichkeiten der Legende
– Auf Folien mit Folienstiften zeichnen und mit Overhead-Projektor an die Wand (Leinwand) projizieren.
– Figurenschattenspiel ✶ (→ St. Martin).
– Rollenspiel.

Legende von den drei Goldklumpen

Es lebte einmal ein Mann, dem war seine Frau gestorben. Er hatte drei schöne Töchter. Da er keine Arbeit fand, war er in großer Not.
Um sich und seine Töchter zu versorgen, machte er viele Schulden. Da er das geborgte Geld und die hohen Zinsen nicht zurückzahlen konnte, kam er auf die Idee, seine Töchter an einen reichen Mann zu verkaufen. Obwohl der Mann seine Töchter liebte und sie bei sich behalten wollte, wußte er sich keinen anderen Rat. Trauer erfüllte sein Herz.
Zufällig erfuhr Bischof Nikolaus von dem armen Mann und seinem Schicksal und beschloß, ihm zu helfen. Nikolaus ging in der Nacht zur Wohnung des Mannes, stieß ganz vorsichtig ein Fenster der Schlafkammer auf und warf einen Klumpen pures Gold auf den Boden.
Dasselbe geschah auch in der nächsten Nacht. In der dritten Nacht wollten der Mann und seine Töchter das Geheimnis ergründen. Sie versteckten sich hinter dem Fenster und hielten Wache. Wieder wurde ein Goldklumpen in die Kammer geworfen. Sie erkannten Bischof Nikolaus, der sich rasch davonmachte.
So konnte der Mann all seine Schulden tilgen und brauchte seine Töchter nicht zu verkaufen.

Gedichte

AN DEN NIKOLAUS

Lieber heil'ger Nikolaus,
sei willkommen hier im Haus.
Mach nicht lange Federlesen,
ob wir auch recht brav gewesen!
Teile aus mit vollen Händen
und laß Gut und Bös bewenden.
Was uns nicht gelungen ist,
dafür gib ein Jahr uns Frist.
Kehrst im nächsten Jahr du ein,
wirst du sehr zufrieden sein.

(Alexander Carelius, aus: Bruno Horst Bull (Hrsg.), Verse zum Feiern. Glückwünsche im Lebens- und Jahreslauf, © Don Bosco Verlag, München 1986[2], S. 76)

NIKOLAUSGEDICHT

Nun ist es wieder an der Zeit, es kommt der Nikolaustag,
wir sagen allen, groß und klein, was er bedeuten mag.
St. Nikolaus war ein guter Mann, half vielen aus der Not.
Er ging als Bischof durch das Land und schenkte Geld und Brot.
Er half den armen Leuten gern, als er noch lebte hier,
gab hin mit Liebe all sein Gut, nahm keinen Dank dafür.
Einst hat der Bischof Nikolaus die Menschen sehr erfreut,
drum lieben wir ihn allezeit und ehren ihn noch heut.

Werken und Gestalten

NIKOLAUSGEWAND

Material
Weißer Baumwollstoff (Bettlaken oder altes Nachthemd), dunkelroter Vorhangstoff, Plakatkarton, Goldpapier, einseitig rot gefärbt, weiße Spitze, Goldborten, gelber Futterstoff, Schere, Nähzeug, Textilkleber, Kleber, goldene Kordel und Schließe zum Ankleiden.

Nähanleitung für den Mantel
Aus dem roten und dem gelben Stoff einen Halbkreis nach dem Schnittmuster zuschneiden. Beide Teile zusammennähen, wenden, Nähte ausbügeln, schmalkantig absteppen. Als Verzierung Goldborte annähen.

Für die Albe (das Unterkleid)
Aus dem weißen Stoff ein Kleid zuschneiden und nähen (Schnittmuster → Gewänder der Hl. Drei Könige). An Ärmel- und Rocksaum Spitze annähen.

Für die Mitra (Bischofshut)
Aus Plakatkarton die Hutform zuschneiden, außen mit weißem Stoff überziehen, nach innen schlagen, mit Textilkleber ankleben, Hutform 1,5 cm kleiner aus Goldpapier zuschneiden, mit der roten Seite innen auskleben. Aus Goldpapier ein Kreuz zuschneiden, außen auf die Mitra kleben.

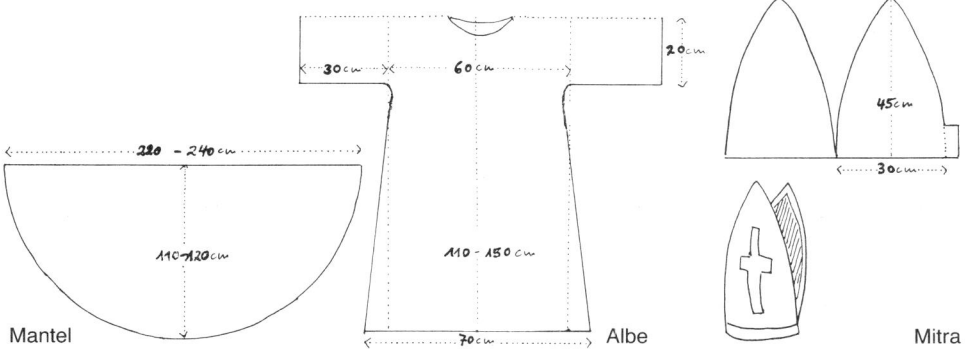

Mantel   Albe   Mitra

SZENEN AUF DIAS MALEN

Diese Gestaltungsmöglichkeit eignet sich für ältere Kinder, da die zu bemalende Fläche klein ist. Für jüngere Kinder empfiehlt sich das Bemalen von Folien für den Overhead-Projektor.

Material
Dia-Gläser ohne Rahmen (Format 5 × 5 cm), farbige Stifte für Overhead-Folien (wasserlöslich), evtl. Papier für Skizzen, Bleistifte, Diaprojektor (Handbetrieb).

Bemalen der Dias
- Auswahl von Szenen aus der Geschichte, die sich bildlich auf das Dia übertragen lassen. Es kann nur Wesentliches dargestellt werden!
- Evtl. Skizze anfertigen.
- Diagläser mit Folienstiften bemalen. Um die Konturen gut sichtbar zu machen, wird weißes Papier unterlegt. Die Kinder sind auf sorgfältiges Ausmalen hinzuweisen. Zur Kontrolle können die Dias an die Wand projiziert werden.

NIKOLAUSSTIEFEL

Größe: 30 × 40 cm.

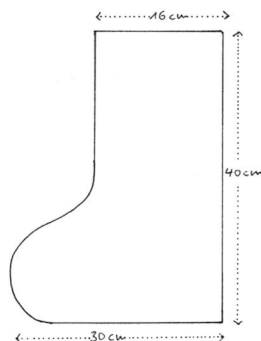

Material
Pro Stiefel ca. 45 × 90 cm Filz, Filzreste, Borten (50 cm), evtl. Pailletten, Stoffkleber, Nähseide, Stecknadeln, Zackenschere.

Für den Schnitt: dünnes Packpapier, Lineal, Bleistift, Schere.

Geräte
Bügeleisen, Nähmaschine.

Zuschnitt
- Stiefelform ausschneiden und an der rückwärtigen Mitte im Stoffbruch anlegen, mit Stecknadeln befestigen.
- Mit 1 cm Nahtzugabe an allen Kanten mit der Zackenschere zuschneiden.

Applikation
- Applikationsmotive, z. B. Herz, Stern, Mond, Tannenbaum, auf Packpapier aufzeichnen, ausschneiden und auf Filzrest mit Stecknadeln befestigen.
- Motiv mit Zackenschere ausschneiden, evtl. mit Pailletten verzieren und mit Stoffkleber am Stiefel anbringen.

Nähanleitung
- Einschlag nach außen bügeln und Borte (36 cm lang) zur Hälfte unterschieben.
- Einschlag feststeppen, dabei Borte (14 cm lang) als Aufhänger mitnähen.
- Stiefel 1 cm von den Kanten entfernt zusammennähen (offenkantig).

Lieder

BIMMELT WAS DIE STRASS' ENTLANG

(Text: Volksgut/ Melodie: Richard Rudolf Klein)

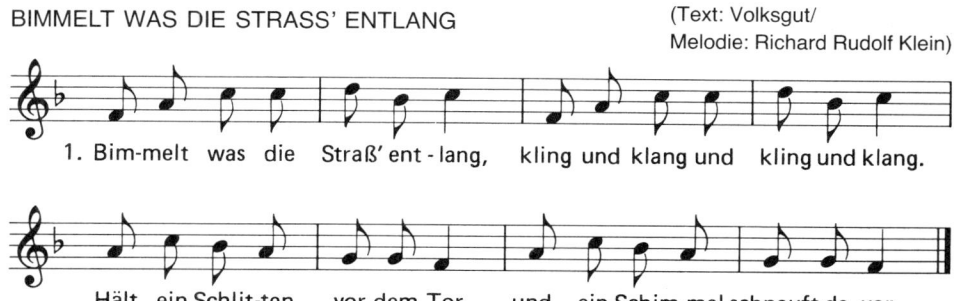

1. Bim-melt was die Straß' ent-lang, kling und klang und kling und klang.
Hält ein Schlit-ten vor dem Tor und ein Schim-mel schnauft da-vor.

2. Aus dem Schlitten vor dem Haus
steigt der Nikolaus heraus.
Durch den Schnee stapft er daher
und trägt einen Sack gar schwer.

3. Guten Kindern hier im Haus
leert er seinen Sack wohl aus.
Kling und klang und kling und klang,
weiter geht's die Straß' entlang.

(Aus: „DAS LIEDERNEST", Fidula-Verlag, Boppard/Rhein und Salzburg)

ST. NIKLAUS IST EIN GUTER MANN

Sankt Nik-laus ist ein gu-ter Mann.
Er hilft den Men-schen, wo er kann.
Er tut's, weil er die Men-schen liebt. Durch
Nik-laus Gott uns Freu-de gibt. Tra-la-la-la-la,
tra-la-la-la-la, tra-la-la-la-la, la-la-la-la.

(T. und M.: Franz Kett, Religionspäd. Praxis 1980/4, S. 34, RPA-Verlag, Landshut)

NIKOLAUS · Lieder

242

SANKT NIKOLAUS

2. Er brachte vielen Menschen Freud,
   half jedem, groß und klein,
   drum soll an seinem Namenstag
   bei uns auch Freude sein.

S = Schlaginstrument / F = Flöte / G = Glockenspiel / X = Xylophon / T = Triangel / K = Kadenzharfe oder Gitarre.

(T.: Rosemarie Hetzner/M.: Wolfram Menschick, aus Hetzner/Menschick: Seht, ein großer Regenbogen. Neue Lieder im Jahreskreis mit Begleitung für Vor- und Grundschule, © Don Bosco Verlag, München 1985[4], S. 54)

WAS RUMPELT DA IN UNSERM HAUS?

2. Schon klopft es draußen an der Tür:
rumpeldi-pum, rumpeldi-pum,
gleich tritt der heil'ge Mann herfür:
rumpeldi-pum, rumpeldi-pum.
O Niklaus, komm zu uns herein,
rumpeldi-pum, rumpeldi-pum,
wir woll'n auch immer artig sein!
Rumpeldi-pum, rumpeldi-pum.
Wir woll'n auch immer artig sein.
Komm herein!

(T. und M.: Karl Foltz, aus: Karl Foltz, „Sing doch fröhlich mit", Möseler Verlag Wolfenbüttel und Zürich)

Rezepte

LEBKUCHEN-NIKOLAUS

Zutaten

200 g Margarine, 500 g Bienenhonig, 250 g Zucker, ein Päckchen Pfefferkuchengewürz, 30 g Kakao, 1 kg Mehl, ½ Päckchen Backpulver, eine Prise Salz, 2 Eier, 3 Eiweiß, ca. 500 g Puderzucker; Gebäckschmuck, Mandeln zum Verzieren.

NIKOLAUS · Rezepte

Geräte und Material
Waage, Topf, Rührlöffel, Schüssel, Teigroller, Backblech, spitzes Messer, Spritztüte, elektr. Handrührgerät, Rührschüssel, Nikolaus-Schablone, Backtrennpapier.

Zubereitung
- Margarine, Honig, Zucker, Pfefferkuchengewürz und Kakao in einem Topf unter Rühren erhitzen, bis sich der Zucker gelöst hat,
- abkühlen lassen,
- Mehl, Backpulver und Salz in einer Schüssel vermengen,
- Eier mit Honigmasse verrühren und in das Mehlgemisch geben,
- alles zu einem glatten Teig verkneten,
- eine Stunde kalt stellen.
- Teig gut ½ cm dick ausrollen,
- Pappschablone auflegen und mit einem spitzen Küchenmesser am Rand entlang ausschneiden.
- Nikoläuse auf das Backblech legen
- und im vorgeheizten Backofen ca. 10 Minuten backen bei 200–225° C.
- Gebäck noch heiß vom Blech nehmen und abkühlen lassen.

Glasur und Verzierung
- Eiweiß steif schlagen und Puderzucker unterrühren.
- Für den Guß kleine Mengen Spritzmasse in Spritztüte geben und Nikolaus verzieren.
- Nikoläuse mit Gebäckschmuck bzw. Mandeln verzieren.

Hinweis
Die Nikolausschablonen sollten von den Kindern nach eigenen Entwürfen hergestellt werden. Da der Nikolaus von den Kindern verziert wird, empfiehlt sich eine Höhe von ca. 20 cm.

Advent und Weihnachten

ADVENT UND WEIHNACHTEN · Religiöse Dimension

ADVENT – ANKUNFT
Die christlichen Kirchen verstehen die Wochen vor Weihnachten als eine Zeit der Vorbereitung auf die Ankunft Christi. Ursprünglich war der Advent eine Zeit der Buße und des Fastens mit dem Ziel, die Menschen zu Umkehr und neuer Orientierung zu bewegen.

ADVENT – ZEIT DER VORBEREITUNG IN DER FAMILIE
In der Familie beginnt mit dem 1. Adventssonntag eine Zeit der Vorbereitung auf ein großes Fest: es wird gebacken, gebastelt, musiziert, Geschenke werden liebevoll verpackt. Bis in unsere Zeit bestimmt vielfältiges Brauchtum die Gestaltung der Adventszeit.

WEIHNACHTEN – FEST DER GEBURT CHRISTI
Seit dem 4. Jahrhundert feiern die christlichen Kirchen am 25. Dezember das Fest der Geburt Christi. Es ist neben Ostern das zweite wichtige Fest im Kirchenjahr. Richtig populär wurde das Fest jedoch erst ab dem 14. Jahrhundert.

WEIHNACHTEN – URSPRÜNGE IN VORCHRISTLICHER ZEIT
Der 25. Dezember wurde im europäischen, westasiatischen und nordafrikanischen Raum seit jeher als Tag der Sonnenwende mit Fruchtbarkeitsritualen, Verehrung des Lichtgottes und der Sonne gefeiert.
Altes germanisches Brauchtum, wie z. B. das Mittwinterfest, das Julfest, der Wotanskult, verschmolz nach und nach mit christlichem Gedankengut.

Religiöse Dimension

Kinder erleben neben ihrem eigenen Geburtstag die Advents- und Weihnachtszeit als den großen Höhepunkt im Jahresablauf. Kein anderes Fest wird so lange und intensiv vorbereitet. Die Symbole dieser Zeit sprechen das Kind ganzheitlich an: Kerzenschein und Plätzchenduft erzeugen eine Atmosphäre, die bis ins Erwachsenenalter ihre Wirkung nicht verfehlt. Doch gerade die auf das Gemüt wirkende Stimmung erzeugt bei älteren Kindern und Jugendlichen zunehmend eine Bereitschaft, sich kritisch mit dem Hintergrund der Weihnachtsbotschaft auseinanderzusetzen. In der Vermischung christlicher Inhalte, vorweihnachtlichen Geschäfts- und Reklamerummels und gefühlvoller Familientraditionen wird es für die Heranwachsenden zunehmend schwer, den richtigen Sinngehalt zu finden.

DIE WEIHNACHTSBOTSCHAFT (Mt 1,1–25; Lk 1,26–2,24)

– Geschichtlicher Hintergrund: Kaiser Augustus regierte das römische Weltreich.
– Jesus, das Ziel der Geschichte Israels; Jesu Stammbaum.
– Verkündigung der Geburt Jesu durch den Engel Gabriel an Maria.

– Geburt Jesu.
– Verkündigung der Geburt Jesu durch Engel an Hirten.
– Aufbruch und Suche der Sterndeuter aus dem Morgenland.
– Flucht nach Ägypten und Rückkehr nach Nazareth.
– Taufe Jesu im Tempel von Jerusalem.

Zunächst schildern die Evangelien sachlich und nüchtern den geschichtlichen und gesellschaftlichen Hintergrund:
Kaiser Augustus regierte von 30 vor Chr. bis 14 nach Chr. das römische Weltreich. Unter seiner Herrschaft herrschten 40 Jahre lang Ordnung und Frieden; Wohlstand und Zufriedenheit breiteten sich unter der Bevölkerung aus. Viele sahen deshalb in ihm den verheißenen Friedensfürst. Lukas geht auf diesen historischen Hintergrund deshalb ein, um anzudeuten, daß nicht ein politischer Herrscher den endgültigen Frieden bringen kann (gegen Ende des 1. Jh. nach Chr. zerbrach das Reich des Kaisers Augustus), sondern ein ganz anderer: Jesus Christus.
Auch heute ist diese Aussage noch aktuell: Folgen wir politischen Utopien und Leitbildern oder vertrauen wir auf die verändernde Kraft der Botschaft Gottes?

Jesus ist als Mensch geboren
Er ist einer von uns, von Anfang an menschlichem Handeln und Denken verbunden. Daß Maria als Jungfrau schwanger wird, zeigt das Unvorstellbare, das mit der Ankunft Jesu in die Welt verbunden ist.
Die Geburt in der Krippe ist ein Zeichen dafür, daß wir Jesus nicht bei den Reichen und Mächtigen dieser Welt finden. Hirten – sie bildeten damals mit Zöllnern und Kranken die Randgruppen der Gesellschaft – verstanden die Botschaft als erste.
Auch in seinem späteren Leben zog Jesus besonders die Armen, Kranken und Schwachen an; sie, die nicht in den wichtigen Positionen der Gesellschaft zu finden waren, konnten seiner Botschaft eher vertrauen als die einflußreichen und wichtigen Amtspersonen.
Die Huldigung der Weisen aus dem Morgenland soll aussagen, daß auch Menschen anderer Kulturen, Wissenschaftler und Intellektuelle nach dem Sinn der christlichen Botschaft suchen.

Brauchtum und Symbole

Keine andere Zeit hat so vielfältiges Brauchtum hervorgebracht wie die Advents- und Weihnachtszeit. Wie bei anderen christlichen Festen liegen die Wurzeln häufig in altgermanischen Bräuchen. Eine eindeutige Trennung von heidnischem und christlichem Gedankengut ist nicht immer möglich.
Die Germanen sahen in den langen dunklen Winternächten und den mit großer Angst erlebten Naturgewalten böse Geister am Werk, die sie mit rituellen Handlungen und Beschwörungen abwehren wollten, damit die guten Mächte das weitere Geschick des Lebens lenken konnten.

ADVENT UND WEIHNACHTEN · Brauchtum und Symbole

Bis heute haben sich vor allem im süddeutschen Raum Bräuche erhalten, deren Wurzeln aus vorchristlicher Zeit noch erkennbar sind: Kettenrasselnde Unholde mit dämonischen Masken laufen durch das Dorf: der Pelzmärtl in Schwaben, die Buttenmandl im Berchtesgadener Land, die Perchten im Salzburger Land. In manchen Gegenden wird auch der hl. Nikolaus von diesen furchterregenden Gestalten begleitet.

DAS LICHT

Das Christentum gab dem Sonnwendfest einen neuen Sinn: Nicht die Sonne und der Lichtgott werden verehrt, sondern die Geburt Christi ist der Beginn der endgültigen Heilsbotschaft, die uns Erleuchtung und Erkenntnis bringt.
Ausdruck dieser Lichtsymbolik sind:
– Kerzen am Adventskranz und am Christbaum, Kerzen in Adventsgestecken.
– Luziafest, besonders in Schweden.
– Advents- und Weihnachtssterne.
– Adventslaternen, Transparentbilder.

GRÜNE UND BLÜHENDE ZWEIGE

Schon in früher Zeit holten die Menschen Tannengrün in ihre Wohnstuben als Zeichen des auch in der dunklen Jahreszeit nicht versiegenden Lebens und der Fruchtbarkeit. Im christlichen Gedankengut wurde das Grün der Zweige zu einem Symbol der Hoffnung auf Heil und Erlösung des Menschen. Viele Weihnachtslieder beschreiben das Blühen im Winter als Bild für das Wunder der Christnacht.
Grüne und blühende Zweige werden in vielerlei Formen als Tisch- oder Raumschmuck verwendet:
– Tannengrün in Vasen.
– Adventsgestecke, Adventsgebinde, Adventskranz.∗
– Knospende Zweige am Barbaratag.∗
– Lichterpyramide, Paradeiser und Adventsbogen.∗
Der Adventskranz als Brauch entstand gegen Ende des 19. Jahrhunderts. Heinrich von Wichern, Begründer eines Heimes für obdachlose Jugendliche in Hamburg, soll ihn eingeführt haben.

ÄPFEL UND NÜSSE

Der Apfel als Symbol der Fruchtbarkeit und als Bild für das verlorengegangene Paradies hat bis heute seine Beziehung zur Weihnachtszeit behalten:
– Äpfel und Nüsse als Schmuck in Verbindung mit Tannengrün.
– Äpfel und Nüsse im Nikolaussack und auf dem bunten Teller.
– Äpfel als Kerzenhalter.

– Apfelmännchen.
– Bratäpfel.
In der leuchtenden Christbaumkugel findet sich das Apfelmotiv wieder.
Nüsse sind ein Sinnbild für Gottes unerforschlichen Ratschluß; im dunklen Innern ist der Kern verborgen.

KOCHEN UND BACKEN

Zu keiner anderen Zeit des Jahres hat sich eine solche Fülle an Back- und Kochrezepten entwickelt wie in den Wochen vor dem Weihnachtsfest. Namen und Bezeichnungen des Backwerks geben Zeugnis von einer reichen, häufig regionalen Kulturgeschichte. Ursprünglich wetteiferten die Klöster mit den Erfindungen ihrer Küche; Backrezepte wurden streng geheimgehalten. Honig und Gewürze galten als erlesene Kostbarkeiten, die die besondere Bedeutung des Weihnachtsgebäckes als lebensspendende Nahrung (Lebkuchen) zum Ausdruck bringen sollten.
Bis heute wird in den Familien und Kindergruppen in der Zeit vor Weihnachten die Tradition des Plätzchenbackens beibehalten. Traditionelles Weihnachtsgebäck ist z. B.:
– Braune Kuchen, Printen, Stutenkerle, Klausenmänner, Pfefferkuchen, Spekulatius.
– Springerle, Lebkuchen, Honigkuchen, Kletzenbrot, Hutzelbrot.
– Dresdner Stollen (Symbol für das in Windeln gewickelte Christkind).
– Marzipan.

SCHENKEN UND BESCHENKT WERDEN

Mit dem Geben und Entgegennehmen von Geschenken am Weihnachtsfest hat sich bis heute eine Besonderheit zwischenmenschlicher Umgangsformen erhalten. Geben und Nehmen sind eins. Es ist ungeschriebenes Gesetz, die Auswahl der Geschenke mit Bedacht zu überlegen. Der ideelle Wert eines Geschenkes wird auch heute noch häufig höher eingeschätzt als der materielle.
Kinder werden dazu angehalten, Geschenke selbst zu basteln. In der Mühe, die damit verbunden ist, liegt ihr besonderer Wert.
Am Hl. Abend gibt es in jeder Familie einen festen, traditionellen Ablauf der Bescherung.

ADVENTSKALENDER

Wer den Adventskalender erfunden hat, ist nicht belegt. Die erzieherischen Absichten des Adventskalenders sind gut erkennbar: Das jüngere Kind hat mit dem täglichen Öffnen eines Türchens auf dem Kalender die Möglichkeit, Zeiteinteilungen zu erfahren. In Kindergruppen hat das tägliche Ritual um den meist selbstgebastelten Advents-

ADVENT UND WEIHNACHTEN · Planung

kalender auch gruppenpädagogische Ziele: Täglich darf ein anderes Kind die Handlung vornehmen; jeder ist irgendwann einmal dran und steht damit im Mittelpunkt des Geschehens.

KRIPPE

Neben verschiedenen, bis ins 4. Jh. zurückreichenden Wurzeln und der lebenden Krippe des hl. Franziskus in Greccio haben sich Weihnachtskrippen erst im 16./17. Jh. richtig eingebürgert. In dieser Zeit konnte sich die ganze Pracht des Barock in der Ausgestaltung der Krippen entfalten. Neben lebenden Krippen und Krippenspielen wurde es üblich, in Kirchen und Häusern Krippenfiguren aufzustellen. Klöster und Kirchen wetteiferten miteinander und überboten sich in der kunstvollen Ausgestaltung ihrer Krippen. Das Weihnachtsgeschehen wurde häufig mit Marktszenen, Bauernhäusern und Dorfgassen erweitert.

Planung

VORÜBERLEGUNGEN

Der Gruppenleiter hat in der Advents- und Weihnachtszeit die Aufgabe, den Kindern den Zugang zur Weihnachtsgeschichte zu vermitteln. Er wird dabei immer wieder auf kindliche Phantasievorstellungen stoßen, die das Weihnachtsgeschehen in die Nähe von Märchen und geheimnisvoller Zauberei rücken: Das Christkind geht in den Wochen vor Weihnachten über die Erde und verliert dabei silbernes Haar oder etwas golden Glitzerndes; Engel – meist in der verniedlichten Sprachform: Englein – fliegen durch den Raum oder backen bei Sonnenuntergang Weihnachtsplätzchen im Himmel; Nikolaus oder der Weihnachtsmann kommen mit einem Schlitten oder auf einem Schimmel geritten direkt vom Himmel . . .
Es ist häufig sehr schwer für den Gruppenleiter, die Kinder von diesen magischen Vorstellungen weg auf das reale Geschehen hinzulenken. Werden Eltern in die Vorbereitung mit einbezogen, so ist bereits hier oft deutlicher Widerstand zu spüren. In dem Glauben, ihrem Kind fehle etwas Wichtiges, bestehen sie gern auf rührseligen Deutungen und Geschichten.
So hat der Gruppenleiter die Aufgabe, sowohl der Gruppe behutsam und auf kindgemäße Art die Weihnachtsbotschaft nahezubringen als auch den Eltern gegenüber beharrlich darauf zu bestehen, daß auf Sentimentalitäten bewußt verzichtet werden soll. Der Hinweis, daß märchenhafte Geschichten den Blick für das Wesentliche verstellen, könnte als Argument in die Diskussion um das Für und Wider eingebracht werden. Irgendwann erkennen Heranwachsende die Hintergründe und reagieren auf falsche, kindische Vorstellungen mit Enttäuschung und Ablehnung.

Planung · ADVENT UND WEIHNACHTEN

THEMATISCHE SCHWERPUNKTE

All dies setzt voraus, daß der Gruppenleiter sich selbst mit dem Weihnachtsgeschehen auseinandersetzt, um eine klare und eindeutige Haltung zu finden. Die vielen Aktivitäten in dieser Zeit verleiten ebenfalls dazu, die Besinnung auf das Wesentliche aus den Augen zu verlieren. Der Gruppenleiter sollte hier bewußt gegen allzuviel Betriebsamkeit und Hektik jährlich einen anderen Schwerpunkt setzen, z. B.:
Licht – Stern – Kerze – Engel ∗ – Tannengrün als Zeichen der Hoffnung – Kranz- und Kreismotiv – Kugel – Weihnachtsglocken, Weihnachtsschiff – Schenken und Beschenkt-Werden – Hören und Weitererzählen – Türen und Tore öffnen . . .

HÖHEPUNKTE

Die Fülle der Aktivitäten in der Advents- und Weihnachtszeit sollte den Gruppenleiter nicht dazu verleiten, die Kinder in ständige Hochstimmung zu versetzen. Höhepunkte werden nur erfahrbar, wenn im Alltag wieder ein normales Maß und Ruhe einkehren. Höhepunkte sind:
– Nikolausfest am 6. Dezember. ∗
– Eine Advents- oder Weihnachtsfeier in den letzten Tagen der vierten Adventswoche. ∗
– Ein Weihnachtsmarkt oder -basar. ∗
– Adventswerkstatt. ∗
– Besuch eines Weihnachtsmarktes, einer Krippenausstellung oder eines Museums.
– Soziale Aktionen wie z. B. Unterstützung von Hilfswerken (Adveniat/Brot für die Welt) oder Kontakte zu einem Altersheim, Krankenhaus und dgl.

GESPRÄCHE

Beginnend mit der ersten Adventswoche versammeln sich die Kinder und der Gruppenleiter täglich um den Adventskranz. Es werden Gespräche geführt, Geschichten vorgelesen, Lieder gesungen, eine Schallplatte gehört, der Adventskalender wird geöffnet usw. Der Gruppenleiter sollte diese Zeit nicht streng nach Plan gestalten, sondern offen bleiben für situative Anlässe. Es sollte Raum bleiben für spontane Gespräche der Kinder untereinander.
Wird eine Weihnachtslandschaft ∗ aufgebaut, so kann täglich ein neues Teil hinzugefügt werden.

MEDITATIVE BETRACHTUNGEN

Neben den täglichen Gesprächsrunden wird der Gruppenleiter hin und wieder eine Betrachtung mit meditativem Charakter durchführen, um den Kindern den tieferen Sinn der Weihnachtsbotschaft nahezubringen.
Beispiele: Bildbetrachtung ∗, Lichtermeditation ∗.

ADVENT UND WEIHNACHTEN · Planung

RAUMGESTALTUNG

Die Raumgestaltung orientiert sich am gewählten thematischen Schwerpunkt. Dem Sinn der Zeit entsprechend sollte das Zimmer zunächst nur wenig geschmückt werden; in jeder Adventswoche kommen neue Dinge hinzu, bis der Raum für die Adventsfeier festlich geschmückt erscheint.

Beispiele: Tannengrün, Barbarazweige * – Adventskranz * – Adventskalender * – Weihnachtslandschaft *, Krippengärtchen * – Fensterbilder – Tischlaternen * (→ Martin) – Sterne – Kunstdrucke vom Weihnachtsgeschehen . . .

GESCHENKE

Der Gruppenleiter sollte verschiedene Vorschläge anbieten, aus denen die Kinder ihren Möglichkeiten und Vorstellungen gemäß wählen können. Eine Übersicht von praktischen Geschenken findet sich unter dem Thema Muttertag.

Weihnachtliche Geschenke können sein: Krippengärtchen *, Krippenfiguren * – Christbaumschmuck – Tischlaternen * – Geschenkpapier drucken – Weihnachtskarten * – Geschenke phantasievoll verpacken – Kerzen gießen oder ziehen – Kerzenständer – Weihnachtsdecke oder -sets . . .

ADVENTSKALENDER

Der Gruppenleiter gestaltet mit den Kindern einen Adventskalender. Dieser hilft den Kindern, die Zeit bis zum Weihnachtsfest mit Spannung und Erwartung auszufüllen. Der Adventskalender kann unter verschiedenen Gesichtspunkten angelegt werden:
– Adventsuhr zur optischen Verdeutlichung des Zeitverlaufs.
– Überraschungen, die in Schachteln, Briefen, Tüten, Nußschalen oder Säckchen verpackt werden. Solche Überraschungen können sein: Süßigkeiten – nützliche und lustige Gegenstände wie Bleistift, Buntstift, Briefmarke, Anziehpuppen aus Karton, Christbaumschmuck, Filzstift, Glitzerstern, bunte Feder, Geduldspiel, Kunstpostkarten, kleiner Notizblock, Knicker, Murmel, Miniauto, Minispielkarte, Minikalender, Puzzle, Püppchen, Puppenkleidung, etwas zum Basteln (Perlen, goldene Borten, Spitzen), Lackstift, lustiger Radiergummi, Schnittmuster für ein einfaches Puppenkleid, Tischtennisball, Zubehör für die Puppenküche – Spruchsterne * – Geschichtenkalender * . . .
Das tägliche Hinzufügen von Dingen, die zu Weihnachten ein gemeinsames Ganzes ergeben, läßt in besonderer Weise den Gedanken der Erwartung auf ein großes Ereignis erkennen:
Aufbau einer Weihnachtslandschaft * – Sternenbaum * – Sternenkalender * – Weihnachtsdorf * – Ausmalen eines großen Wandbildes mit einem weihnachtlichen Motiv – Weihnachtssonne * . . .

Themenschwerpunkt Engel

Die Advents- und Weihnachtszeit läßt immer wieder das Motiv „Engel" anklingen: in der verniedlichten Form als Englein mit Flügelchen und weißem Kleidchen in Form von Tannenbaumschmuck, in Krippenspielen, als Rauschgoldengel im festlich geschmückten Raum; Engel als Motiv für Lebkuchen und Weihnachtskarten; Engel in Texten der Weihnachtslieder . . .
Durch die heute häufig anzutreffenden verkitschten Formen in der Darstellung der Engel fällt dem Gruppenleiter die Aufgabe zu, Kindern das Thema „Engel" unverfälscht nahezubringen und Hilfen für eine ernsthafte Auseinandersetzung zu geben.
Engel – aus dem Griechischen angelos, d. h. Bote – übermitteln den Menschen Botschaften von Gott:

– Der Engel Gabriel brachte Maria die Botschaft, daß sie ein Kind zur Welt bringen werde, Gottes Sohn.
– Engel verkünden die Nachricht über die Geburt Jesu.
– Josef folgt einem Engel im Traum und flieht nach Ägypten, um das neugeborene Kind vor dem Zugriff des Herodes zu schützen.
– Engel begleiten den gesamten Lebensweg Jesu bis zu seinem Tod.

Das Wesen der Engel wird in der Bibel nicht näher beschrieben. Ihre Aufgabe ist wichtiger als ihr Aussehen. Ihre Erscheinung in bestimmten Situationen läßt jedoch eine Deutung über ihre Existenz zu. Sie repräsentieren die andere Welt, das Reich Gottes. Frühere Generationen hatten die Vorstellung von Engeln als großen Heerscharen, als einer Art himmlischer Hofstaat im Dienste Gottes.
In unserer Zeit könnte der Begriff „Engel" vielleicht so erklärt werden:
Sie stehen als Zeichen für die Verbindung Gottes mit den Menschen, indem sie Botschaften übermitteln und den Menschen Hinweise geben in wichtigen Lebenssituationen. Da, wo der Mensch bereit ist zum Hören und Annehmen dieser Botschaften, bahnt sich eine richtige Entscheidung an, die zum Guten führt. Die Reaktion des Menschen auf das Eintreten von Engeln in sein Leben ist häufig Angst, Erschrecken, Ablehnung. Erst später erkennt er das Gute, das er im Befolgen der Hinweise des Engels erfahren hat.
Künstler aller Zeiten haben versucht, Engel in besonderer Weise bildhaft darzustellen. Sie wurden häufig in einer festgelegten Art gemalt, die Ausdruck für bestimmte Eigenschaften ist.

Flügel: Sie deuten darauf hin, daß Engel Wesen einer anderen Welt sind, die nicht den Naturgesetzen unterworfen ist. Sie vertreten Gottes Welt. Ihr Erscheinen in der Welt des Menschen läßt deutlich werden, daß sie Begrenzungen, Mauern und Schranken überwinden können.

Weißes Gewand: Es ist Zeichen für das Gute, Vollkommene, den Frieden, den Engel in ihrer Botschaft an den Menschen verkünden. Die Darstellung des Engels Gabriel mit einem Palmzweig (= Zeichen des Friedens) und einer Taube (= vom Geist Gottes erfüllt) ergänzt diese Aussage.

Musikinstrumente: Posaune, Trompete ... Sie stehen als Zeichen dafür, den Menschen zum Hinhören zu bewegen.
In der Zeit des Barock wurden Engel häufig als Putte in Verbindung mit Wolken dargestellt. Dies weist hin auf den „Ort", an dem Engel wirken: den Himmel.

ANREGUNGEN ZUR GESTALTUNG IN DER GRUPPE

In der Gruppenarbeit mit Kindern bieten sich zu diesem Thema an: Gespräch über Engel – Bildbetrachtung über eine Engeldarstellung ✻ – Besuch einer Kirche, Betrachten der Engeldarstellungen – Basteln eines Engels aus Tortendeckchen ✻ – Formen eines Engels aus Ton.

Lieder zur Engelthematik
Haben Engel wir vernommen – Vom Himmel hoch, da komm ich her – Vom Himmel hoch, o Engel, kommt – O Freude über Freude – Ehre sei Gott. ✻

BILDBETRACHTUNG – ENGEL

Material für die Bildbetrachtung
Kunstdruck mit einer Engeldarstellung, z. B. Verkündigungsszene von Fra Angelico, Darstellung des Weihnachtsgeschehens alter Meister oder Engeldarstellung moderner Kunst, z. B. von Emil Nolde oder Ernst Barlach.

Material für die Weiterführung
Feuchte Baumwollfäden verschiedener Länge und Farbe: 10 cm lang in Dunkelblau, 15 cm lang in Hellblau, 20 cm lang in Gelb, 25 cm lang in Orange, 30 cm lang in Weiß.

Einstimmung
Die Gruppe bildet einen Halbkreis. Der Gruppenleiter legt das Bild „Verkündigung" von Fra Angelico auf den Boden und fordert die Kinder auf, es in Ruhe zu betrachten. Nach ausreichender Zeit zum Anschauen beginnt er mit den Fragen.

Gesprächsimpulse
Wir sehen vor uns ein Bild des Malers Fra Angelico. Es trägt den Namen „Verkündigung". Fra Angelico lebte vor etwa 500 Jahren in Italien; auf einigen seiner Bilder ist die Weihnachtsgeschichte dargestellt.

Wir wollen den Engel näher betrachten:
Die Flügel: Woran erkennen wir, daß es ein Engel ist? Welche Farben sehen wir in seinen Flügeln? Warum hat der Künstler den Engel wohl mit Flügeln dargestellt?
Die Haltung: Der Engel steht mit leicht vorgeneigtem Körper. Ob er wohl gerade erst in den Raum durch die offene Seite hereingekommen ist? Wem wendet er sich zu? Wohin schaut er? Was könnten die verschränkten Hände aussagen? Um seinen Kopf sehen wir einen goldenen Glanz; der Engel ist ganz von Licht umgeben. Wo können wir auf dem Bild noch Licht und Helligkeit erkennen? Alles, was um den Engel herum

ist, ist heller gemalt: ein Teil seiner Flügel, der Boden, die Wand; das Licht strahlt auf die andere Person, die auch auf dem Bild gemalt ist: Maria.

Wir wollen Maria näher betrachten:
Ihre Kleidung: Welche Farbe hat ihr Gewand?
Ihre Haltung: Sie sitzt auf einem Schemel; sie ist ganz ruhig. Der Körper ist leicht nach vorne gebeugt. Was könnte die Körperhaltung aussagen? Wohin schaut sie? Auch Maria trägt einen goldenen Kranz um ihren Kopf.
Der Engel will Maria etwas erzählen: Woran können wir das erkennen? Was will er Maria erzählen?

Abschluß
In der Bibel wird erzählt, daß der Engel Maria wieder verließ, nachdem er ihr seine Botschaft verkündet hatte. Er hatte seinen Auftrag erfüllt.
Der Gruppenleiter entfernt das Bild und leitet über zur weiterführenden und vertiefenden Beschäftigung:
– Wie könnte der Engel den Raum wohl wieder verlassen haben?
– Warum haben Künstler aller Zeiten Engel mit Flügeln dargestellt?
– Wie sahen die Flügel auf unserem Bild aus?

Weiterführung und Vertiefung
Der Gruppenleiter legt die feuchten Baumwollfäden seitlich von der Gruppe nach Länge und Farbe geordnet auf den Boden.
Er beginnt, mit einem weißen Faden eine Linie auf dem Boden zu legen. Er fordert die Kinder auf, ein großes Flügelpaar zu legen. Die langen weißen Fäden eignen sich für die Umrisse, die kürzeren zur Ausgestaltung der Flügel. Hierbei können die Kinder viel Phantasie einbringen; sie können Kreise, Halbkreise, Spiralen, gerade und gebogene Linien legen.
Die Übung soll einen ruhigen, meditativen Charakter haben. Es ist wichtig, daß immer nur ein Kind etwas legt; erst wenn es wieder Platz genommen hat, folgt das nächste. Die Reihenfolge sollte nicht durch den Gruppenleiter festgelegt werden. Wenn alle Fäden verbraucht sind oder wenn die Gruppe gemeinsam überlegt, ob die Flügel fertig sind, wird das Bild noch einmal betrachtet.

Barbaratag

LEGENDE

Barbara wurde Ende des 3. Jh. geboren. Sie war Tochter eines griechischen Kaufmanns aus fürstlichem Geschlecht. Ihr Vater war Heide. Es wird berichtet, daß der Vater eines Tages zu einer weiten Reise aufbrechen mußte. Da er befürchtete, seine schöne Tochter könne von einem Unwürdigen umworben werden, sperrte er sie zusammen mit einer Dienerin in einen Turm.

Diese Frau bekehrte Barbara zum Christentum. Barbara ließ sich taufen. Als es dem Vater nach seiner Rückkehr nicht gelang, seine Tochter vom christlichen Glauben abzubringen, drohte er ihr mit dem Tod. Er ließ sie ins Gefängnis bringen. Auf dem Wege zum Kerker blieb Barbara an einem Kirschzweig hängen. Diesen nahm sie mit in die Zelle und stellte ihn in einen Krug voll Wasser. Am Tag ihres Todesurteils erblühte der Zweig. Im Jahre 306 wurde Barbara enthauptet.
Später wurde sie heiliggesprochen und zählt in der katholischen Kirche zu den 14 Nothelfern. Die heilige Barbara gilt u. a. als Schutzherrin der Bergleute.

BARBARAZWEIGE

Am 4. Dezember wird der heiligen Barbara gedacht. Aus der Legende hat sich der Brauch entwickelt, an diesem Tag Barbarazweige abzuschneiden, damit sie an Weihnachten erblühen. Die (weißen) Blüten sind Symbol für den Glauben, der stark genug ist, um Kerker und Tod zu überwinden.
Für Barbarazweige eignen sich alle Frühblüher, z. B. Kirsche, Apfel, Pfirsich, Mandel, Schlehe, Forsythie.

Pflege der Barbarazweige
– Zweigenden schräg zuschneiden und Rinde abkratzen.
– Zweige über Nacht in lauwarmes Wasser legen.
– Zweige in Krug stellen, etwas Blumendünger zugeben und das Wasser ca. alle drei Tage wechseln.
– Knospen von Zeit zu Zeit besprühen, trockene, zu warme Luft vermeiden.

AM 4. DEZEMBER

Geh in den Garten
am Barbaratag.
Gehe zum kahlen
Kirschbaum und sag:

Kurz ist der Tag,
grau ist die Zeit.
Der Winter beginnt,
der Frühling ist weit.

Doch in drei Wochen,
da wird es geschehn:

wir feiern ein Fest,
wie der Frühling so schön.

Baum, einen Zweig
gib du mir von dir.
Ist er auch kahl,
ich nehm ihn mit mir.

Und er wird blühen
in seliger Pracht
mitten im Winter
in der heiligen Nacht.

Adventswerkstatt

Ziel einer Adventswerkstatt ist es, Gästen und Besuchern die Einrichtung bekanntzumachen sowie Bastel- und Werkarbeiten anzubieten. Diese können dann auf einem Weihnachtsmarkt zum Verkauf angeboten oder mit nach Hause genommen werden.

ZEIT

Geeignet ist meist ein Freitag- oder Samstagnachmittag oder ein Abend an einem anderen Wochentag. Die gesamte Zeitdauer erstreckt sich über ca. 3–4 Stunden.

ORGANISATION

In verschiedenen Räumen bieten 2–3 Helfer bestimmte Aktivitäten an. Entsprechend der Werktechnik werden Tische und Stühle hergerichtet sowie das Material und die Werkzeuge bereitgestellt.
Für die Kosten, die durch den Einkauf entstehen, kann ein kleiner Unkostenbeitrag erhoben werden, oder sie werden mit dem Erlös des Weihnachtsmarktes verrechnet.

AKTIVITÄTEN

– Plätzchen backen, Konfekt herstellen ∗ (→ Muttertag).
– Christbaumschmuck anfertigen.
– Weihnachtskarten drucken.
– Lichterschiffchen ∗ (→ Sommerfest).
– Tischlaternen. ∗
– Einüben eines kleinen Musikstücks mit Flöten und/oder Orff-Instrumenten.
– Vorbereitung des Märchenspiels „Der goldene Schlüssel". ∗

INFORMATION

In der Eingangshalle bietet eine große Tafel oder ein Plakat die Übersicht über die im Haus stattfindenden Aktivitäten. Hinweisschilder erleichtern die Suche nach den entsprechenden Räumlichkeiten. Vor jedem Raum ist an der Tür eine Information angebracht, in der das Angebot näher beschrieben und mit einigen fertigen Beispielen veranschaulicht wird.

RAUMGESTALTUNG

Die Gestaltung des Raumes sollte in erster Linie erkennen lassen, welches Angebot vorbereitet wird; der Besucher soll schnell entscheiden können, was er gerne mitmachen möchte. Der Duft von erhitztem Bienenwachs oder von frischgebackenen Plätzchen wird einen zusätzlichen Aufforderungscharakter haben. Auf Wunsch der Teilnehmer kann leise Musik eine entspannte Atmosphäre schaffen.

EINLADUNG

Eingeladen werden alle, die mit der Einrichtung in Verbindung stehen: Eltern, Geschwister, Großeltern, Nachbarn, Freunde, Lehrer, Trägervertreter usw. Werden auch Gäste erwartet, die nicht aktiv etwas basteln wollen, so wird ein Raum als Café hergerichtet, in dem man sich zum Gespräch bei Kaffee und Kuchen treffen kann.

Weihnachtsbasar

In den letzten Jahren sind Weihnachtsbasare immer beliebter geworden. Sie bieten die Möglichkeit, viele Gäste und Besucher anzusprechen und sie zum Kauf von kleinen, selbstgebastelten Gegenständen anzuregen. Der Erlös kann für einen guten Zweck zur Verfügung gestellt werden.

ZEITLICHE PLANUNG

Ein Weihnachtsbasar wird in der ersten oder zweiten Adventswoche an einem Freitag- oder Samstagnachmittag veranstaltet. Der Termin sollte in Absprache mit Elternbeirat, Träger und evtl. Vertretern anderer Personengruppen festgelegt werden. Die Dauer des Weihnachtsbasars erstreckt sich auf ca. drei bis vier Stunden. Beginn und Ende des Basars werden bekanntgegeben. Innerhalb dieses zeitlichen Rahmens können die Gäste selbst entscheiden, wann sie kommen und gehen.

EINLADUNG

Eine rechtzeitige Information über den Zeitpunkt des Weihnachtsbasars ist Voraussetzung für eine zahlreiche Teilnahme.
– Ca. vier Wochen vor dem Fest Anschläge im Haus und evtl. in anderen Einrichtungen (Schule, Seniorenheim, Jugendheim . . .).
– Ca. zwei Wochen vorher werden von den Kindern gestaltete Einladungskarten verteilt (Programmablauf beilegen).
– Einige Tage vor dem Fest werden die Eltern nochmals persönlich auf das Fest hin angesprochen.

GÄSTE

Der Kreis der Gäste kann sich auf Eltern, Geschwister und Großeltern beschränken. Es ist aber durchaus möglich, den Weihnachtsbasar einem größeren Personenkreis zugänglich zu machen: Lehrer, Pfarrer, Vertreter des Trägers, Nachbarn, benachbarte Einrichtungen (Kindergarten, Seniorenheim, Schule, Freizeitheim etc.).

HELFER

Ein Weihnachtsbasar erfordert Helfer. Gedacht ist hier vor allem an die Mithilfe der Eltern.
Sie übernehmen folgende Aufgaben:
– Mithilfe beim Basteln der Verkaufsangebote.
– Mithilfe bei der Dekoration.
– Aufbau der Stände.
– Zubereiten der Speisen und Getränke.
– Verkauf an den Ständen und im Café oder in der Teestube.
Die Eltern tragen sich frühzeitig in eine Liste ein, die diese Aufgaben aufführt (siehe auch Checkliste Sommerfest).

RÄUMLICHKEITEN

Für den Aufbau der Verkaufsstände und als Treffpunkt für das gemeinsame Singen bieten sich an:
– Eingangshalle, Flur, Mehrzweckraum der Einrichtung.
– Gemeindesaal.
Für das Café, die Teestube, Aufführungen und Bastelangebote werden Gruppenräume mit einbezogen.

STÄNDE

Diese werden weihnachtlich mit Tannengrün, Buchs, Sternen, Engeln, Lebkuchen und anderem dekoriert. Einige davon laden zum Einkaufen ein, andere locken mit dem Duft von frischgebackenen Waffeln, Bratäpfeln, Punsch, Wiener Würstchen.

Verkaufsangebote
Krippen, Krippenfiguren, Zubehör – Kerzen, Kerzenleuchter – Christbaumschmuck (Sterne, bemalte Glaskugeln) – Weihnachtskarten, Geschenkanhänger – Adventsgestecke – Räuchermännchen – Weihnachtsteller aus Pappmaché (→ Ostern) mit weihnachtlichen Motiven und Jahreszahl – Tischlaternen ∗ – Schachteln aus Kunstpostkarten – Rauschgoldengel – Geschenke ∗ (→ Muttertag) – Weihnachtsplätzchen und Konfekt ∗ – verziertes Lebkuchengebäck zum Aufhängen und anderes mehr.

ADVENT UND WEIHNACHTEN · Weihnachtsbasar

ESSEN UND TRINKEN

Verkauf an den Ständen: Waffeln mit verschiedenen Füllungen – Lebkuchen, Plätzchen – Brote mit Griebenschmalz oder Kräuterquark – Bratäpfel * – Wiener Würstchen – Punsch *, Glühwein, Früchtetee.
In einem separaten Raum kann ein Café oder eine Teestube eingerichtet werden.
In Thermoskannen wird Kaffee oder Tee bereitgehalten. An einem Buffet werden Kuchen und Gebäck zum Verkauf angeboten. Der Raum und die Tische sind weihnachtlich geschmückt und laden zum gemütlichen Beisammensein ein.
An Material wird benötigt: Partybecher, -tassen, -teller, -besteck; Servietten; Papiertischdecken; Thermoskannen; Kuchenmesser und Tortenheber; Waffeleisen; große Töpfe für die Getränke.

MUSIK

Als Hintergrundmusik wird weihnachtliche Musik auf Band aufgenommen und während des Basars gespielt.

PROGRAMMGESTALTUNG

Neben dem offenen, zeitlich auf drei bis vier Stunden begrenzten Verkauf können zu festgelegten Zeiten kleine Programmpunkte angeboten werden:
Offenes Singen und Musizieren – Aufführung: Schattenspiel * (→ St. Martin) – Puppentheater – Lichtertanz * – Bastelstube: Kerzen gießen, Weihnachtskarten herstellen * oder Sterne basteln . . .
Um den Gästen einen Überblick und eine ausreichende Orientierung zu verschaffen, empfiehlt es sich, die Programmpunkte unter Angabe von Zeit und Ort in großer Schrift auf ein Plakat zu schreiben und dieses an einem gut sichtbaren Platz aufzuhängen. Hinweisschilder (Café, Teestube, Bastelraum, Toilette, Telefon, Küche) erleichtern das Zurechtfinden.

Ideen für das Programm
Das Fest ist von 14–17 Uhr geplant.
14 Uhr: Die ersten Gäste treffen ein. Jeder erwachsene Besucher erhält einen Spruch-
   Stern * zur Begrüßung.
   Die Gäste haben die Gelegenheit, die Verkaufsstände zu sichten und einzukaufen
   oder aber das Café, die Teestube, zu besuchen.
14–15 Uhr: Bastelstube.
   In Gruppenräumen laufen offene Angebote:
   Kerzen gießen,
   Weihnachtskarten herstellen. *
15–15.15 Uhr: Gemeinsames Singen von Weihnachtsliedern. An die Gäste werden
   Texte verteilt.

Adventsfeier · ADVENT UND WEIHNACHTEN

15.15–15.30 Uhr: Aufführung: Ballett mit Tüchermarionetten. ∗ Eine besondere Attraktion wäre es, wenn es sich um eine Einstudierung und Aufführung von Eltern handeln würde.
15.30–16.30 Uhr: Bastelstube, Café (Teestube); Verkauf an den Ständen.
16.30–16.45 Uhr: Wiederholung der Aufführung.
16.45–17.00 Uhr: Gemeinsames Singen als Abschluß.

Adventsfeier

IDEEN FÜR DIE GESTALTUNG VON ADVENTSFEIERN

Weihnachtslieder – weihnachtliche Musik (Cassette, Schallplatte) – Musizieren mit Orff-Instrumenten.
Erzählen der Weihnachtsbotschaft; sie wird veranschaulicht durch:
Bilder alter Meister – Dias – bemalte Overheadfolien ∗ (→ Nikolaus) – Schattenspiel ∗ (→ St. Martin) – Theaterspiel – Gestaltung der Weihnachtslandschaft ∗.
Lichtertanz ∗ – Lichtermeditation ∗.
Bescherung der Kinder mit Spielmaterial für die Gruppe.
Gemütliches Beisammensein bei Waffeln, Bratäpfeln ∗, Plätzchen ∗ und Punsch ∗.

ERZÄHLUNG UND GESTALTUNG DER WEIHNACHTSBOTSCHAFT

Die weihnachtliche Botschaft ist Höhepunkt einer adventlichen Feier. Die Landschaft um die Krippe wurde mit den Kindern nach und nach in den vergangenen Wochen aufgebaut. Noch fehlen Krippenfiguren (Maria, Josef, Jesuskind, Engel) und der Stern über dem Stall. Etwas weiter weg von der Krippe haben Hirten und Schafe ihren Platz gefunden.
Nun sollen die Kinder teilhaben am weiteren Aufbau der Krippe.

Material
Krippenfiguren: Maria, Josef, Jesuskind, Engel.
Großer Stern (Strohstern), Kerze, dunkle Tücher.
Orff-Instrumente: Handtrommel und Schlägel, Glockenspiel, Triangel, Holzblocktrommel, evtl. Flöte.

Organisation
Die Kinder sitzen im Halbkreis vor der Weihnachtslandschaft. Sie übernehmen verschiedene Aufgaben. Einige spielen die Herbergsleute und legen vor sich ein dunkles Tuch, das sie zu einem Haus falten. Andere übernehmen die Untermalung der Geschichte mit Orff-Instrumenten oder führen die Figuren zur Krippe.

ADVENT UND WEIHNACHTEN · Adventsfeier

DIE WEIHNACHTSBOTSCHAFT NACH LUKAS

Erzähler: Maria und Josef wohnen in Nazareth.
    Maria wird bald ihr Kind bekommen.
    Sie weiß: Es ist Gottes Sohn.
    Da kommen Boten des Kaisers Augustus.
    Sie rufen: „Der Kaiser will wissen, wie viele Menschen in seinem Land leben. Hört auf den Befehl des Kaisers Augustus! Jeder muß dorthin gehen, wo er geboren wurde, und seinen Namen aufschreiben lassen!"
Musik: Trommelwirbel.
Erzähler: Josef ist in der Stadt Bethlehem geboren.
    Er muß mit Maria dorthin gehen, um sich eintragen zu lassen.
    Es ist ein langer, mühevoller Weg.
Spiel: Zwei Kinder tragen die Krippenfiguren Maria und Josef langsam im Kreis herum.
Musik: Xylophon – dunkle Töne: C–F im Wechsel.
Erzähler: Endlich haben sie die Stadt erreicht.
    Maria und Josef suchen eine Unterkunft.
Spiel: Die beiden Kinder (Josef und Maria) klopfen bei den „Herbergsleuten" an (auf Stuhl klopfen). Diese weisen die Bittenden ab, indem sie mit den Händen eine abweisende Geste zeigen.
Musik: Holzblocktrommel – langsame Schläge.
Erzähler: Alle Häuser und Herbergen sind überfüllt.
    Es ist kein Zimmer frei.
    Maria spürt, daß sie bald ihr Kind bekommen wird.
    Maria und Josef verlassen die Stadt.
    Sie finden einen Stall mit einer Futterkrippe.
    Im Stall ist es warm. Hier wollen sie bleiben.
Spieler: Die Krippenfiguren werden in den Stall gestellt.
Erzähler: In der Nacht wird von Maria das Kind geboren – Gottes Sohn.
    Maria wickelt es in Windeln und legt es in die Krippe.
Spieler: Das Jesuskind wird in die Krippe gelegt.
Eine Kerze wird entzündet und zur Krippe gestellt.
Lied: „Es liegt auf Heu und warmem Stroh . . ." ✶
Erzähler: Über dem Stall leuchtet ein heller Stern.
Spieler: Stern wird am Stall befestigt.
Musik: Glockenspiel (Glissando) und Triangel.
Erzähler: Draußen auf den Feldern vor der Stadt bewachen Hirten ihre Schafe.
    Plötzlich wird es hell.
Spieler: Engel zu den Hirten stellen.
Erzähler: Ein Engel spricht zu den Hirten:
    „Fürchtet euch nicht! Ich verkünde euch große Freude. Euch ist heute der Heiland geboren, es ist Christus, der Herr.
    Ihr findet ihn in Windeln gewickelt und in einer Krippe liegend."
    Immer mehr Engel kommen herbei. Sie singen: „Ehre sei Gott in der Höhe und Friede den Menschen, die guten Willens sind."
Musik: Improvisation auf allen Instrumenten.

Erzähler: Die Hirten freuen sich über das, was die Engel verkündet haben.
   Sie eilen nach Bethlehem und finden den Stall.
   Sie knien nieder und beten das Kind an.
Spieler: Hirten und Schafe werden zur Krippe gestellt.
Lied: „Kommet ihr Hirten" oder anderes Hirtenlied, Flötenspiel.

Gedichte und Geschichten

WEIHNACHT IN DER GROSSEN STADT

Seltsam schaut die Stadt heut aus:
Alle Fenster sind verdunkelt!
Und es flüstert und es munkelt
sonderbar in jedem Haus.

Straßenbahnen läuten nicht.
Einsam leuchten die Laternen.
Und von oben aus den Sternen
fällt der Schnee so weich und dicht.

Wie ein Riese schläft die Stadt,
die der Himmel mit dem feinen
weißen Schnee wie unter Leinen
zärtlich eingemummelt hat.

In den Türmen hängen stumm
große Klöppel im Gehäuse.
Nur der Wind weckt manchmal leise
in den Glocken ein Gebrumm.

Seltsam ruhig ist es heut
in den Straßen und den Gassen.

Selbst der Marktplatz ist verlassen
und wie tot um diese Zeit.

Aber da mit einemmal
wehen in das Spiel der Flocken
von den Türmen, von den Glocken
Silbertöne ohne Zahl.

Und die Kirchen, groß und schwer,
öffnen mächtig die Portale.
Und da gehn mit einem Male
wieder Menschen hin und her.

Stimmen lachen, Türen gehen,
und in schmalen Fensterritzen
kann ich etwas golden blitzen
und verwirrend blinken sehn.

Plötzlich scheint die Stadt erwacht.
Auch die Kinder hör ich wieder,
und es tönen Weihnachtslieder
fröhlich in die weiße Nacht.

(James Krüss)

KASCHUBISCHES WEIHNACHTSLIED*

Wärst du, Kindchen, im Kaschubenlande,
wärst du, Kindchen, doch bei uns geboren!
Sieh, du hättest nicht auf Heu gelegen,
wärst auf Daunen weich gebettet worden.

Nimmer wärst du in den Stall gekommen,
dicht am Ofen stünde warm dein Bettchen;
der Herr Pfarrer käme selbst gelaufen,
dich und deine Mutter zu verehren.

*Kaschubei, Landstrich zwischen Pommern und Westpreußen

Kindchen, wie wir dich gekleidet hätten!
Müßtest eine Schaffellmütze tragen,
blauen Mantel von kaschubischem Tuche,
pelzgefüttert und mit Bänderschleifen.

Hätten dir den eignen Gurt gegeben,
rote Schuhchen für die kleinen Füße,
fest und blank mit Nägelchen beschlagen!
Kindchen, wie wir dich gekleidet hätten!

Kindchen, wie wir dich gefüttert hätten!
Früh am Morgen weißes Brot mit Honig,
frische Butter, wunderweiches Schmorfleisch,
mittags Gerstengrütze, gelbe Tunke,

Gänsefleisch und Kuttelfleck mit Ingwer,
fette Wurst und goldnen Eierkuchen,
Krug um Krug das starke Bier aus Putzig!
Kindchen, wie wir dich gefüttert hätten!

Und wie wir das Herz dir schenken wollten!
Sieh, wir wären alle fromm geworden,
alle Knie würden sich dir beugen,
alle Füße Himmelswege gehen.

Niemals würde eine Scheune brennen,
sonntags nie ein trunkner Schädel bluten, –
wärst du, Kindchen, im Kaschubenlande,
wärst du, Kindchen, doch bei uns geboren!

(Aus: Werner Bergengruen: Leben eines Mannes. Neunzig Gedichte. © 1982 Verlags AG Die Arche, Zürich)

DER TANNENBAUM

Draußen im Wald stand ein niedlicher kleiner Tannenbaum. Er hatte einen guten Platz. Die Sonnenstrahlen liebkosten ihn, und der Wind strich durch seine Zweige. Im nächsten Jahr war der Baum schon um einen bedeutenden Ansatz größer und das Jahr darauf noch um einen.
„Ach, wenn ich doch so groß wie die anderen Bäume wäre", seufzte das Bäumchen, „dann könnte ich meine Zweige weit ausstrecken und mit meinem Wipfel in die weite Welt hinausblicken." Aber zwei Winter vergingen, und im dritten war das Bäumchen so groß, daß die Hasen darum herumlaufen mußten. „Nur wachsen, wachsen, groß und alt werden! Das ist doch das einzig Schöne auf der Welt!" dachte der Tännling bei sich. Im Spätherbst kamen Holzhauer in den Wald und fällten die größten Bäume wie in jedem Jahr. Ihre Äste wurden abgehauen, nackt, lang und schmal wurden sie auf ein Fuhrwerk gehoben und in die Welt hinausgeführt. Als mit dem Frühling Storch und Schwalbe wiederkehrten, fragte der Tannenbaum: „Wißt ihr, wohin die großen Stämme geführt werden?"

Der Storch nickte mit dem Kopf und sagte: „Viele neue Schiffe sind mir begegnet, als ich in Ägypten war, auf den Schiffen waren gewaltige Mastbäume, und ich vermute, das waren die Tannen aus diesem Wald." „Ach, wäre ich doch auch schon so groß, um über das Meer fahren zu können!" „Freu dich deiner Jugend!" sagten die Sonnenstrahlen, „freue dich deines fröhlichen Wachstums und des frischen Lebens in dir!"

Um die Weihnachtszeit wurden ganz junge Bäume gefällt. „Wohin sollen sie?" fragte der Tannenbaum. „Sie sind nicht größer als ich." „Wir wissen es", piepsten die Spatzen, „sie werden mitten in der Stube aufgepflanzt und mit den herrlichsten Sachen, vergoldeten Äpfeln, Honigkuchen, Spielzeug und vielen bunten Lichtern geziert." „Ob es wohl auch mir beschieden ist, diesen strahlenden Weg zu gehen?" fragte der Tannenbaum. „Das ist doch viel schöner als über das fremde Meer zu fahren."

„Freue dich unser", raunten die Luft und der Sonnenschein, „freue dich deiner frischen Jugend und deiner Freiheit." Aber der Tannenbaum freute sich gar nicht. Er wuchs und wuchs. Wieder kam Weihnachten und er wurde als erster gefällt. Ein großer Schmerz durchfuhr ihn, so daß er in Ohnmacht fiel. Er kam erst wieder zu sich, als er in einem Hof mit den anderen Bäumen abgeladen wurde und einen Mann sagen hörte: „Der ist prächtig! Den nehmen wir!" Zwei Diener kamen und trugen den Tannenbaum in einen großen herrlichen Saal. An den Wänden hingen prachtvolle Bilder, und neben dem großen Kachelofen standen kostbare chinesische Vasen mit Löwen auf den Deckeln. Da waren Schaukelstühle, seidene Ruhebetten, lange Tische mit Bilderbüchern. – Der Tannenbaum wurde in ein mit Sand gefülltes Faß gestellt. Diener und Fräulein gingen umher und schmückten ihn mit kleinen Netzen aus buntem Papier, jedes gefüllt mit Zuckerwerk; vergoldete Nüsse und Äpfel hingen herab, und über hundert blaue, rote und weiße Kerzen wurden auf die Zweige gesteckt. Kleine Puppen schwebten im Grünen, und hoch oben auf der Spitze glänzte ein Stern aus Flittergold. Es war ganz unvergleichlich prächtig!

Oh, dachte der Baum, wäre es doch schon Abend, und was dann wohl geschehen würde! Am Abend wurden die Lichter angezündet. Oh, welcher Glanz! Welche Pracht! Plötzlich öffneten sich die großen Flügeltüren weit, und viele Kinder stürzten herein, die Kleinen standen ganz stumm, aber nur einen Augenblick, dann jubelten und schrien sie, daß es nur so schallte. Sie tanzten um den Baum herum und nahmen ein Geschenk nach dem anderen von den Zweigen.

Was machen sie, dachte der Baum, was soll das? Und die Lichter brannten herunter bis auf die Zweige und wurden dann ausgelöscht. Und die Kinder durften den Baum plündern, daß es in allen Zweigen knackte. Niemand sah mehr auf den Baum. „Eine Geschichte, bitte eine Geschichte!" riefen die Kinder und zerrten einen kleinen Mann zum Baum, und er setzte sich unter die Zweige. „Denn so sitzen wir im Grünen", sagte er, „wollt ihr die von Ivede-Avede oder die von Klumpe-Dumpe hören?"

„Ivede-Avede!" schrien die einen, „Klumpe-Dumpe!" verlangten die andern. Und der Mann erzählte von Klumpe-Dumpe, der die Treppe hinunterfiel und doch erhöht wurde und die Prinzessin erhielt. Der Tannenbaum stand ganz still und in tiefe Gedanken versunken. Niemals hatten die Waldvögel solche Geschichten gewußt. Klumpe-Dumpe fiel die Treppe hinunter und bekam doch die Prinzessin zur Frau. Ja, ja, so geht es auf dieser Welt zu. Und er freute sich schon, am nächsten Morgen wieder mit Lichtern und Spielzeug geputzt zu werden. Am Morgen kamen der Knecht und die

Magd herein. Doch sie schleppten ihn aus dem Saal hinaus auf den Boden. Dort stellten sie ihn in einen dunklen Winkel. Was soll das bedeuten, grübelte der Baum, was soll ich hier machen? Jetzt ist draußen Winter, deshalb können mich die Menschen nicht einpflanzen, darum soll ich wohl bis zum Frühjahr hier in sicherer Obhut stehen.

„Piep, piep", machte da eine kleine Maus und huschte hervor. Hinter ihr kam noch eine zweite. „Woher kommst du?" fragten die Mäuse. „Und was weißt du?" Sie waren schrecklich neugierig. „Erzähl uns doch von den schönsten Orten der Erde. Bist du dort gewesen? Bist du in der Speisekammer gewesen, wo der Käse auf den Brettern liegt und die Schinken unter der Decke hängen?" „Nein, den Ort kenne ich nicht", antwortete der Tannenbaum, „aber ich kenne den Wald, wo die Sonne scheint und die Vögel singen." Er erzählte nun alles aus seiner Kindheit.

„Wieviel du gesehen hast, wie glücklich du gewesen bist!" sagten die kleinen Mäuse. Dann berichtete er vom Weihnachtsabend, als er mit Kuchen und Lichtern geschmückt worden war. „Wie schön du erzählst!" sagten die Mäuschen, und am nächsten Abend kamen sie mit vier anderen Mäuschen, damit auch sie den Baum erzählen hören sollten. Und am Sonntag erschienen sogar zwei Ratten; diese aber sagten, die Geschichte sei gar nicht hübsch, und das betrübte die Mäuschen, denn nun hielten sie auch weniger davon.

„Das ist ja eine höchst jämmerliche Geschichte", sagten die Ratten. „Kennst du keine von Talglicht und Speck? Keine Speisekammergeschichte?" „Nein", sagte der Baum. „Dann danken wir dafür!" erwiderten die Ratten und gingen heim zu ihren Familien. Zuletzt blieben auch die Mäuse fort. Da wurde der Baum sehr traurig.

Und eines Tages kamen Leute auf den Speicher, und ein Diener trug den alten Tannenbaum auf den Hof. „Nun werde ich leben", jubelte der Baum und breitete seine Zweige aus. Aber die waren alle vertrocknet und gelb. Nur der Stern aus Goldpapier saß noch oben an der Spitze und glänzte im hellen Sonnenschein. Die Kinder, die am Weihnachtsabend den Baum umtanzt hatten, kamen herbei und riefen: „Seht, was da noch an dem häßlichen alten Tannenbaum sitzt!" Und sie traten auf die Zweige, daß es krachte und knickte.

Und der Baum sah auf all die Blumenpracht und die leuchtende Schönheit im Garten. „Vorbei, vorbei!", seufzte er. „Hätte ich mich doch gefreut, als ich es noch konnte! Vorbei! Vorbei!"

Der Hausknecht kam und hieb den Baum in kleine Stücke. Ein ganzes Bündel lag da und flackerte hell auf unter dem großen Braukessel. Das Holz knisterte, und es schien, als seufze der Baum, und er dachte nochmal an einen Sommertag im Wald oder an eine Winternacht da draußen, wenn die Sterne funkelten. Er dachte an den Weihnachtsabend und an Klumpe-Dumpe, das einzige Märchen, das er gehört hatte und zu erzählen verstand. Und dann war der Tannenbaum verbrannt.

Die Knaben spielten im Garten, und der kleinste trug den Goldstern, der den Baum an seinem glücklichsten Abend geschmückt hatte, auf seiner Brust. Nun war die Weihnachtszeit vorbei, und mit dem Tannenbaum war es vorbei und mit der Geschichte auch; vorbei, vorbei, und so geht es mit allen Geschichten!

(Hans Christian Andersen)

DER GOLDENE SCHLÜSSEL

Zur Winterszeit, als einmal ein tiefer Schnee lag, mußte ein armer Junge hinausgehen in den Wald und Holz auf einem Schlitten holen. Wie er es nun zusammengesucht und aufgeladen hatte, wollte er, weil er so erfroren war, noch nicht nach Hause gehen, sondern erst Feuer anmachen und sich ein bißchen wärmen. Da scharrte er den Schnee weg, und wie er so den Erdboden aufräumte, fand er einen kleinen goldenen Schlüssel. Nun glaubte er, wo der Schlüssel wäre, müßte auch das Schloß dazu sein, grub in der Erde und fand ein eisernes Kästchen. Wenn der Schlüssel nur paßt! dachte er, es sind gewiß kostbare Sachen in dem Kästchen. Er suchte, aber es war kein Schlüsselloch da; endlich entdeckte er eins, aber so klein, daß man es kaum sehen konnte. Er probierte, und der Schlüssel paßte glücklich. Da drehte er einmal herum, und nun müssen wir warten, bis er vollends aufgeschlossen und den Deckel aufgemacht hat, dann werden wir erfahren, was für wunderbare Sachen in dem Kästchen lagen.

(Gebrüder Grimm)

Gestaltung mit Orff-Instrumenten
Handtrommel oder Becken und Besen, Holzblocktrommel, Klangstäbe, Glockenspiel, Pauke oder Handtrommel mit Schlägel, Cymbeln, Xylophon, Butterbrotpapier.

Durchführung

. . . als einmal tiefer Schnee lag . . .	flache Hand streicht über die Handtrommel, oder: Besen streicht über das Becken
. . . Junge hinausgehen . . .	langsame Schritte auf der Holzblocktrommel
. . . Holz auf einem Schlitten . . .	Klangstäbe, kurze Klänge
. . . zusammengesucht und aufgeladen . . .	Klangstäbe aneinanderreiben
. . . Feuer anmachen . . .	Papier zusammenknüllen, kurzes Glissando auf dem Glockenspiel
. . . scharrte er den Schnee . . .	Kratzen auf der Handtrommel
. . . fand er einen Schlüssel . . .	Triangel
. . . grub in der Erde . . .	langsame Paukenschläge, oder: mit dem Schlägel auf die Handtrommel schlagen
. . . fand er ein Kästchen . . .	Cymbeln zusammenschlagen
. . . sind gewiß kostbare Sachen . . .	Glockenspiel: F – A – C
. . . endlich entdeckte er . . .	Paukenschlag
. . . er probierte . . .	Glockenspiel pianissimo
. . . Schlüssel paßte endlich . . .	Triangel (1×)
. . . drehte einmal herum . . .	Xylophon C – E – G
. . . müssen wir warten . . .	ein Schlag auf die Handtrommel
. . . bis er vollends aufgeschlossen . . .	Xylophon C – E – G – C
. . . und den Deckel aufgemacht . . .	Klangstäbe aneinanderreiben
. . . in dem Kästchen lagen . . .	Tonleiter auf dem Glockenspiel, langsam ausklingen lassen

Hinweise zur Methodik
Das Märchen wird in vier Schritten erarbeitet:
1. Schritt: Der Gruppenleiter liest das Märchen vor oder erzählt es.
2. Schritt: Der Gruppenleiter nimmt die Instrumente hinzu und überlegt mit den Kindern, wie sie den Text ausgestalten könnten.
3. Schritt: Nach der Verteilung und genauen Anweisung, wann und wie welches Instrument zum Einsatz kommen soll, wird ein Probedurchgang durchgeführt.
4. Schritt: Das Märchen wird ohne weitere Anweisungen durchgespielt und kann auf Cassette aufgenommen werden.

Variationen
Eine Steigerung ergibt sich beim letzten Durchgang, indem am Schluß des Märchens nach dem letzten Wort alle Instrumente gemeinsam zum Einsatz kommen.

DINIS WEIHNACHTSWUNSCH

Dini hat alles, was sie sich wünscht: drei Schränke voll Kleider und Pullover. Einen eigenen Farbfernseher, einen Heimcomputer und ein Videogerät. Sie besitzt 27 Puppen, drei Teddybären und über 300 Langspielplatten.
„Was soll ich dir zum Weihnachtsfest schenken?" seufzt der Vater. „Du hast doch schon alles, was man sich nur wünschen kann. Das beste wird sein, ich schenke dir einen goldenen Zweihundertmarkschein." Dinis Eltern sind reich. Geld spielt bei ihnen keine Rolle. Die Mutter sagt: „Ich schenke dir einen selbsttätig fahrenden Puppenwagen mit Elektromotor."
„Von mir bekommst du einen leuchtenden Bernsteinring mit eingebauter Taschenlampe", schmunzelt der Opa.
Die Oma meint: „Ich stricke dir eine Schutzhülle für Zahncremetuben – aus allerfeinster Angorawolle."
Bruder Ricky tut sehr geheimnisvoll: „Von mir bekommst du eine vollautomatische Bleistift-Spitzmaschine aus Silber."
Dini murrt: „Ich will keine vollautomatische Bleistift-Spitzmaschine geschenkt haben. Ich will keine Schonhülle für Zahncremetuben, keinen Puppenwagen mit Elektromotor, keinen in der Nacht leuchtenden Taschenlampenring und auch keinen goldenen Zweihundertmarkschein. Das sind doch alles unnütze Sachen."
„Ja, was möchtest du dann geschenkt bekommen?" fragt die Mutter erstaunt.
„Eure Liebe und Zuneigung", antwortet Dini. Der Vater überlegt lange. Dann schüttelt er bedenklich sein Haupt. „Aber Dini", spricht er. „Was du für ausgefallene Wünsche hast. Liebe und Zuneigung kann man doch nirgends kaufen." „Ja, darum!" sagt Dini.
(Bruno Horst Bull, aus: Bruno Horst Bull (Hrsg.), Wir freuen uns auf Weihnachten. Geschichten für Kinder von 3–8, Don Bosco Verlag, München 1988[2], S. 71 f.)

Werken und Gestalten

ADVENTSKRANZ/ADVENTSBOGEN

Material
Tannengrün oder Buchs, Peddigrohr oder Gymnastikreifen, Blumendraht, Klebeband.

Adventskranz
- Tannengrün oder Buchs in ca. 12–15 cm lange Zweige brechen.
- 3–5 gleich lange Stangen Peddigrohr zu einem Reifen verbinden, mit Klebeband die Ansatzstelle zusammenhalten.
  Der Gymnastikreifen eignet sich nur für einen sehr großen Adventskranz.
- Kranz binden:
  1–3 Zweiglein von dem Tannengrün zusammenfassen, auf den Reifen legen, mit Blumendraht zwei- bis dreimal umwickeln.
  Wieder einige Zweiglein von dem Tannengrün zusammenfassen, so anlegen, daß der Blumendraht gut verdeckt wird, und so fortfahren, bis der ganze Reifen umwickelt ist.

Adventsbogen
- 3–5 Stangen Peddigrohr so zuschneiden, daß ein Halbkreis entsteht.
- Tannengrün links und rechts unten beginnend binden, wie beim Adventskranz beschrieben. In der Mitte anstoßen lassen.
- In ein Holzbrett zwei Löcher bohren. Adventsbogen mit Holzkleber darin befestigen.
- Der Bogen kann mit Baumschmuck behängt werden.

Adventskalender

GESCHICHTENKALENDER

Material
Tonpapier in verschiedenen Farben (DIN A 4), selbstklebende Sterne, Schere, Lineal, Bleistift, Kleber, eine Weihnachtsgeschichte oder eine andere Erzählung (sehr gut geeignet: „Der aufgegessene Heilige Abend" von Bruno Horst Bull, aus dto. (Hrsg.): Wir freuen uns auf Weihnachten, Don Bosco Verlag, München).

ADVENT UND WEIHNACHTEN · Adventskalender

Durchführung
- Die Geschichte fotokopieren, in 24 Teile teilen und zerschneiden.
- An den beiden Längsseiten des Tonpapiers 1,5 cm umfalten.
- An der oberen Seite die Mitte markieren, linke und rechte Ecke nach unten falten.
- Untere Seite des Tonpapiers nach oben bis zur Anschlußlinie falten, seitlich mit Kleber bestreichen, zusammenkleben.
- In jeden Umschlag einen Teil der Fotokopien zusammengefaltet einlegen.
- Briefumschlag falten, mit dem Stern an der Spitze schließen.
- Alle Briefumschläge an einen großen Strauß Tannengrün hängen. Täglich wird ein Umschlag geöffnet und die darin enthaltene Geschichte vorgelesen.

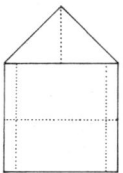

STERNENBAUM

Der Sternenbaum wird vor dem ersten Advent mit den Kindern vorbereitet.

Material
Tannenbäumchen oder Strauß mit Tannengrün, Tannenzweige, 24 goldene Sterne zum Aufhängen.

Durchführung
Das Tannenbäumchen oder der Strauß mit Tannengrün bilden den Mittelpunkt. Um ihn wird eine Spirale aus Tannenzweigen gelegt. Diese wird in gleichmäßigen Abständen mit Sternen geschmückt. Von außen beginnend, wird jeden Tag ein Stern weggenommen und an den Sternenbaum gehängt.

STERNENKALENDER

Material
Weißer Zeichenkarton DIN A 2, weißer Zeichenkarton DIN A 4, Bleistift, Lineal, Schere, scharfes Schneidemesser, Plakafarben, Kleber, Rest Goldfolie.

Durchführung
- Auf den großen Zeichenkarton (Hochformat) wird unten ein Tor gemalt. Die Linien werden mit dem Schneidemesser so eingeschnitten, daß die beiden Torflügel später geöffnet werden können.

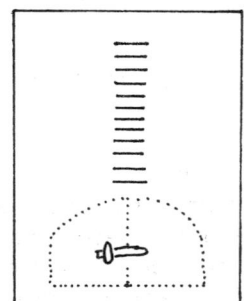

- An den linken Torflügel eine Lasche anbringen, an den rechten Torflügel einen Riegel kleben, der zum Verschließen des Tores durch die Lasche gesteckt wird.
- Oberhalb des Tores in gleichen Abständen 23 kleine Einschnitte mit dem Schneidemesser anbringen.
- Auf den kleineren Zeichenkarton in der Größe des Tores die Weihnachtsszene malen und hinter das Tor kleben.
- Über dem Tor den Himmel ausmalen.
- Aus der Goldfolie mehrere kleine Sterne schneiden, diese auf den Himmel verteilt ankleben.
- Aus Goldfolie einen größeren Weihnachtsstern mit Schweif schneiden. An der Rückseite aus Zeichenkarton einen kleinen Riegel so ankleben, daß dieser in die Einschnitte des Kalenders gesteckt werden kann.

Der Stern wird nun, beginnend am ersten Einschnitt am oberen Rand des Adventskalenders, täglich ein kleines Stück weitergeführt, bis er am Tag vor Weihnachten auf dem Tor angekommen ist, das am 24. Dezember geöffnet wird.

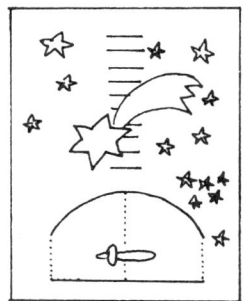

WEIHNACHTSDORF

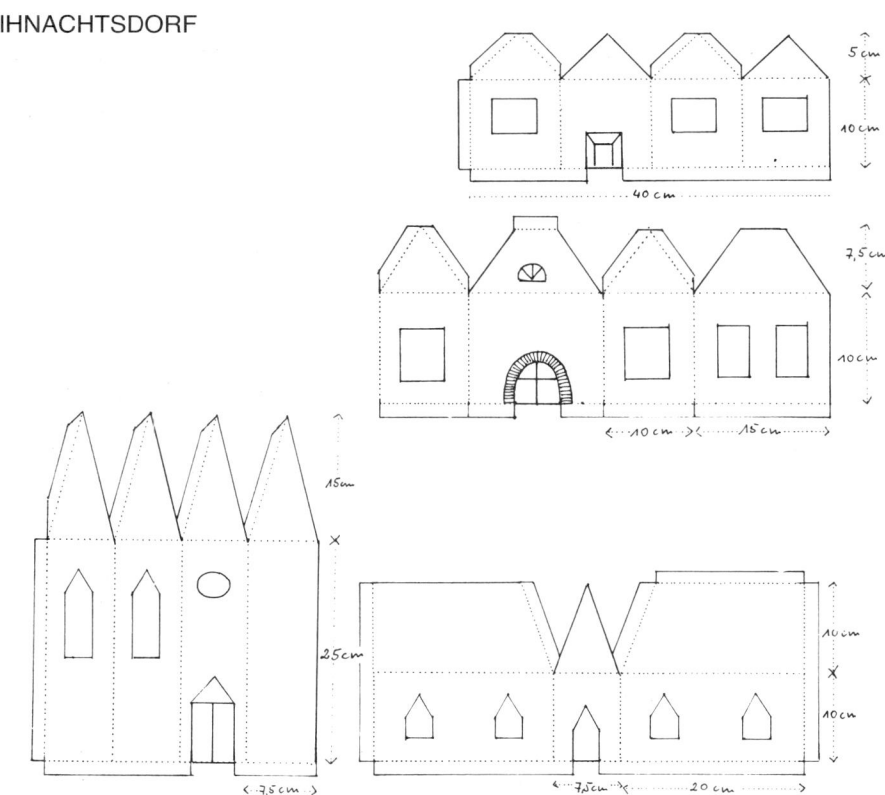

ADVENT UND WEIHNACHTEN · Adventskalender

Material
Verschiedenfarbiges Tonpapier, Transparentpapier, scharfes Schneidemesser, Bleistift, Schere, Lineal, Kleber, 24 Teelichter (es sollen 24 Häuser entstehen).

Durchführung
– Schnittmuster in verschiedenen Größen auf den Karton übertragen.
– Form ausschneiden.
– Fenster mit dem Schneidemesser sauber ausschneiden, mit Transparentpapier hinterkleben.
– Alle gestrichelten Linien falzen, mit Kleber bestreichen und das Haus zusammenkleben.
Alle Häuser werden auf einem Tisch oder der Fensterbank zu einem kleinen Dorf gruppiert.
Täglich wird in ein Haus ein Teelicht gestellt und angezündet.

Hinweis: Das 24. Haus kann auch als Stall dargestellt werden, mit einem großen Tor. Hinter diesem werden auf weißes Transparentpapier Maria, Josef und das Jesuskind mit Filzstiften aufgemalt. Das Tor wird dann am letzten Tag geöffnet.

WEIHNACHTSSONNE

An der anfangs geschlossenen Form wird täglich ein Zacken nach außen gebogen. So entsteht langsam eine große Sonne mit goldenen Strahlen. Am Weihnachtstag oder am letzten Tag in der Kindergruppe wird das Türchen in der Mitte geöffnet, das Weihnachtsbild wird sichtbar.

Material
Ein fester Karton, Goldpapier (die andere Seite blau), 25 kleine, selbstklebende Sterne, Karte mit Weihnachtsmotiv, Schneidemesser, Schere, Baumwollfaden, Bleistift, Stecknadel, Kleber.

Vorbereitung
Baumwollfaden fest an den Bleistift binden, 25 cm abmessen und das andere Ende des Fadens mit der Stecknadel verbinden. So erhält man einen „Zirkel"; die Länge des Fadens ergibt den Radius des Kreises. Die Stecknadel wird mit einer Hand gehalten, die andere zeichnet mit dem straffgespannten Bleistift den Kreis auf das Papier.

Durchführung
– Drei Kreise zuschneiden mit dem Radius 25 cm:
  1. und 2. Kreis aus Goldpapier, 3. Kreis aus Karton.
– Dem 1. Kreis 3 konzentrische Innenkreise einzeichnen mit den Radien 8 cm, 10 cm und 23 cm.
– Den kleinen Innenkreis in vier Teile teilen (2 aufeinander senkrecht stehende Durchmesser).
– Diese Linien über den Innenrand hinaus auf den großen Außenkreis übertragen. (Innen- und Außen-

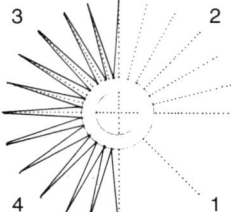

rand – je 2 cm breit – müssen jedoch von Linien und Einschnitten freibleiben!)
- Die entstandenen Viertel des Außenkreises zu Achteln halbieren, jedes Achtel wieder in drei gleiche Teile teilen;
  Linien so miteinander verbinden, daß 24 gleich große Zacken auf dem Außenkreis entstehen.
- Die Kreuzlinien im Innenkreis und die Zackenlinien des Außenkreises mit dem Schneidemesser sauber einschneiden.
- Kreisformen zusammenkleben:
  den 2. Kreis auf der blauen Seite mit Kleber bestreichen und auf den Karton kleben.
- In die Kreismitte des 2. Kreises die Weihnachtskarte kleben.
  Beim 1. Kreis auf der goldenen Seite *nur* den Innen- und Außen*rand* mit Kleber bestreichen;
  1. Kreis auf den 2. Kreis kleben (die eingeschnittenen Linien dürfen nicht mit geklebt werden!).

Fertigstellen der Weihnachtssonne
Auf die Mitte der Kreuzlinien des Innenkreises sowie auf jede Zackenspitze zum Innenrand hin selbstklebende Sterne anbringen.
Täglich wird nun das Sternchen eines Zackens entfernt und dieser nach außen gebogen. Je näher das Weihnachtsfest rückt, desto mehr wird eine goldene Sonne erkennbar. Am letzten Tag erscheint zusätzlich das Weihnachtsmotiv in der Mitte der Sonne.

Tischfiguren

Material
Sisaldraht oder Pfeifenputzer, ungesponnene Schafwolle, Batikseide, Filz, Fellreste, Wolle, Lederreste, Nähzeug, Kneifzange, Stoffkleber.

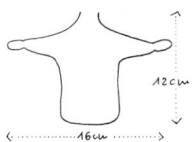

Vorbereitung
Batikseide einfärben – rosa für die Gesichter, blau für das Gewand und den Schleier der Maria.
Bekleidung nach dem Schnittmuster zuschneiden.

Durchführung
- Grundform des Körpers aus Sisaldraht formen.
- Für den Kopf ungesponnene Schafwolle um den Halsansatz zu einer Kugel formen.
- Rosa Batikseide umlegen, am Hals abbinden.
- Grundbekleidung um die Sisalform legen, offener Schlitz bleibt am Rücken.

ADVENT UND WEIHNACHTEN · Tischfiguren

- Oberbekleidung anlegen:
  Mäntel, Jacken, Tücher, Seitennähte nähen oder kleben.
- Ausgestaltung des Kopfes:
  Gesicht nur sehr sparsam aufmalen!
  Haare, Hüte, Schleier als Kopfbedeckung.

Schnittmuster
Grundbekleidung (mit 2 Schlitzen für die Arme):

Oberbekleidung:

Material für die Hände:
Stab, kleines Körbchen, Walnußschale, Teller mit Äpfeln aus Knete, Geburtstagskerze usw.

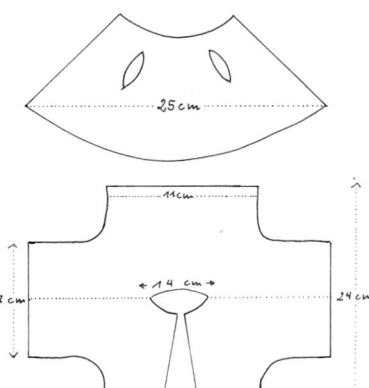

SCHAFE

Material
Ungesponnene Schafwolle, Streichhölzer, Lederreste oder helles Tonpapier, Nähzeug.

Durchführung
- Schafwolle zurechtzupfen, Kopf und Schwanz leicht abbinden.
- Zwei Ohren aus Lederresten oder Tonpapier zuschneiden, ankleben.
- Bei stehenden Schafen:
  vier Streichhölzer mit Schafwolle umwickeln, am Körper mit Kleber anbringen.

CHRISTKIND

Material
Ungesponnene Schafwolle, rosa und weiße Batikseide, gelbes schmales Samt- oder Satinband, Nähzeug.

275 Krippengärtchen/Weihnachtslandschaft · ADVENT UND WEIHNACHTEN

Durchführung
– Schafwolle zu einem Körper zurechtzupfen.
– Kopf mit einem Faden etwas abbinden.
– Kopf mit rosa Batikseide überziehen.
– Körper mit weißer Batikseide zu einem Wickelkind ausgestalten.
– Band umlegen.

KRIPPENGÄRTCHEN

Ist der Aufbau einer großen Weihnachtslandschaft (s. unten) zu aufwendig, so läßt sich ohne große Vorbereitung ein kleines Krippengärtchen anlegen. Die Materialangaben beziehen sich auf eine Einzelarbeit, die auch als Geschenk für Eltern oder Geschwister Verwendung finden kann.

Material
Blumenuntersetzer (15 cm), Blumenerde, kleine Kieselsteine, Knete. Naturmaterial: Moos, Efeu, Buchs, Tannengrün, Hagebutten, Eicheln . . .

Durchführung
– Blumenuntersetzer mit Erde füllen.
– Tannengrün, Efeu, Buchs in etwa 12–15 cm lange Zweige zuschneiden.
– Moos und Zweige in dem Blumenuntersetzer so anordnen, daß die Hälfte frei bleibt. Kieselsteine zur Unterstützung der kleinen Zweige hinzufügen.
– Maria, Josef und das Kind aus Knete formen.
– Figuren auf der freien Fläche anordnen.

WEIHNACHTSLANDSCHAFT

Material
Steine (evtl. auch Bausteine), Zweige, Rinde, Wurzeln, Moos, Efeu, Wildfrüchte, Tücher, Unterlage aus grünem Rupfen, große Tischplatte, Fensterbank o. ä., Tischfiguren.

Aufbau
– Tischplatte mit dem Rupfen abdecken.
– In Verbindung mit dem täglichen Gesprächskreis wird die Weihnachtslandschaft aufgebaut:

– 1. Adventswoche:
  Steine und Tücher deuten die Landschaft grob an: Hügel, Häuser, Wege, der Stall von Bethlehem (aus Rinde, eine große Wurzel o. ä.).

2. Adventswoche:
Pflanzen: Wurzeln, Rinde, Moos, Efeu, Wildfrüchte ergänzen die Landschaft.

3. Adventswoche:
Belebung der Landschaft mit Tieren: Schafe, Vögel u. dgl.

4. Adventswoche:
Aufstellen der Tischfiguren: Hirten, Bauern; Maria und Josef beginnen ihren Weg und ziehen täglich ein Stück auf dem Weg zum Stall nach Bethlehem weiter. Während der Weihnachtsfeier erreichen sie den Stall, in die Krippe wird das Jesuskind gelegt.

Hinweise
– Das Material für den Aufbau kann in einzelnen kleinen Päckchen verpackt werden, die an Tannenzweigen oder einer Schnur hängend täglich von einem Kind geöffnet und der Landschaft hinzugefügt werden; oder ein Kind findet im Adventskalender in einem kleinen Briefchen die Aufgabe, ein bestimmtes Teil der Landschaft hinzuzufügen. Das Material befindet sich dann in Körben.
– Statt Naturmaterial können auch ausschließlich Tücher (Rhythmiktücher oder selbstgefärbte Seidentücher) Verwendung finden.
– Kleinere Kinder können dazu angeregt werden, ihr Lieblingsspieltier mitzubringen und es in die Landschaft mit einzubeziehen.
– Die Weihnachtslandschaft kann sowohl in jedem Gruppenraum als auch für alle gemeinsam in der Diele der Einrichtung ihren Platz finden. Jede Gruppe steuert immer wieder etwas zum Aufbau bei, vielleicht können einige Kinder auch ein elektrisches Hirtenfeuer anlegen, mit Glassteinen einen Bach oder einen Teich andeuten usw. . . .
– Wenn die Zeit oder der Platz für eine Weihnachtslandschaft dieser Art nicht reicht, so kann auf einen großen Wandfries eine Landschaft mit Weg gemalt werden. Bäume, Tiere und Figuren werden ebenfalls aus Papier gefertigt und mit Hafties an dem Wandfries befestigt.

Engel · ADVENT UND WEIHNACHTEN

Engel

ALS CHRISTBAUMSCHMUCK

Material
Goldfolie, Butterbrotpapier, Stricknadeln, stumpfe Nähnadeln, Schere, dicke Lage Zeitungspapier, Faden zum Aufhängen.

Durchführung
- Form des Engels auf Butterbrotpapier übertragen und ausschneiden.
- Papierform auf die Goldfolie legen, evtl. mit Klebeband befestigen. Lage Zeitungspapier unterlegen. Umrißlinien mit einer Stricknadel umfahren. Alle anderen Linien mit einer Nähnadel durchstechen.
- Folienform ausschneiden, dabei auf die Linien an den Flügeln achten, diese ebenfalls einschneiden.
- Verzierungen mit Strick- und Nähnadeln punktieren.
- Flügel nach hinten, Arme nach vorne biegen, Engelskörper etwas rund biegen und in den beiden Einschnitten zusammenstecken.
- Am Kopf Faden anbringen, aufhängen.

ENGEL AUS TORTENDECKCHEN

Material
Eine große Papiertortendecke (24 cm ⌀), drei kleine Papiertortendeckchen (19 cm ⌀), Zeichenkarton, Schere, Kleber, Bleistift, Nadel und Faden, ein Holzstäbchen, Engelshaar, Rest Goldfolie, Knetwachs, Pinsel und Farbe.

ADVENT UND WEIHNACHTEN · Kleine Geschenke – hübsch verpackt

Durchführung
- Aus dem Zeichenkarton einen Kreis mit 24 cm ⌀ schneiden, Radius einschneiden, Schnittstellen übereinanderlegen, Karton zu einem Kegel formen, zusammenkleben.
- Große Tortendecke in 16 Teile einteilen, vier davon herausschneiden, die übrigen 12 Teile nach Art einer Ziehharmonika falten: 1× oben, 1× unten usw.
- 1. und 12. Teil übereinanderkleben.
- Kleid aus dem großen Tortendeckchen über den Kartonkegel stülpen.
- Spitze etwas abschneiden, Kleid an den Kegel kleben.
- Ein kleines Tortendeckchen zum Mittelbruch falten, kleinen Einschnitt in der Mitte anbringen, über das Kleid legen.
- Kopf aus Knetwachs formen, Hals etwa 3 cm lang anfertigen.
- Kopf in den Kegel stecken,
- Das Holzstäbchen quer durch den Hals stecken.
- Vom 3. Tortendeckchen etwas von der Spitze abschneiden, mit dem Faden einreihen, um den Hals legen und hinten zusammenkleben.
- Flügel: Rest des 3. Tortendeckchens in zwei Teile schneiden, jedes Teil nach Art der Ziehharmonika in 12 Teile falten.
- Flügel am Rücken ankleben.
- Kopf gestalten: Engelshaar, kleine Krone aus Goldfolie, Augen und Mund aufmalen.

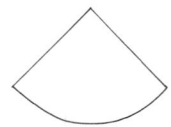
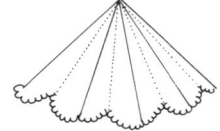
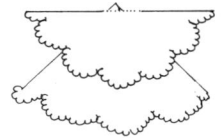

Kleine Geschenke – hübsch verpackt

SCHACHTEL FÜR KLEINE GESCHENKE

Material
Weißer Zeichenkarton, Zirkel, Lineal, Bleistift, Schere.

Durchführung
- Für den Boden mit dem Zirkel einen Kreis schlagen, 6× den Radius auf der Kreismitte markieren (Radius 7,5 cm).
- Markierungspunkte verbinden, 1,5 cm für die Klebelaschen anfügen.
- Für die Schachtel das Papier in 6 Teile teilen, an einem Rand 1,5 cm als Klebelasche hinzufügen.

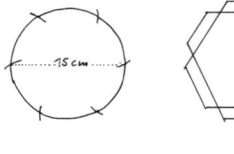
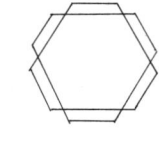
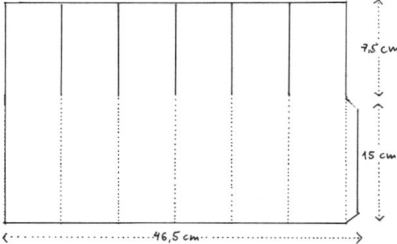

Kleine Geschenke – hübsch verpackt · ADVENT UND WEIHNACHTEN

- Für den Deckel 6 Einschnitte bis zur Markierungslinie anbringen.
- Schachtel an den gestrichelten Linien entlang falten und zusammenkleben. Boden mit ankleben.
- Deckelteile im Uhrzeigersinn ineinanderschieben.

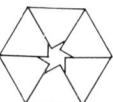

KEKSDOSE

Material
Leere Blechdosen, z. B. Kaffeedosen, farbiger Sprühlack, klarer Sprühlack, Pinsel, Bleistift, durchsichtige Klebefolie, Papierschneidemesser, mehrere Lagen Zeitungspapier.

Vorbereitung
Arbeitsplatz im Freien, z. B. auf der Terrasse, herrichten: eine große Bodenfläche mit Zeitungspapier auslegen. (Der Sprühlack erzeugt auf Entfernungen bis zu 2 m noch einen feinen Nebel! Man kann die Dose auch in einem großen Karton besprühen.)
Länge und Umfang der Dose abmessen, Folie in dieser Größe als Rechteck zuschneiden.

Durchführung
- Dose mit Spülmittel von Fettflecken reinigen.
- Einmal mit Sprühfarbe grundieren, trocknen lassen.
- Evtl. ein zweites Mal mit Sprühfarbe besprühen, trocknen lassen.
- Weihnachtliche Motive oder Phantasiemuster auf die Klebefolie malen.
- Mit dem Papierschneidemesser die Muster herausschneiden, es entsteht eine Schablone.
- Schablone um die Keksdose kleben, mit einer zweiten Kontrastfarbe besprühen, trocknen lassen.
- Klebefolie entfernen.
- Je nach Mustervorlagen mit dem Pinsel zusätzliche Linien ziehen, z. B. Augen, Haare, Gräser.
- Keksdose zum Abschluß noch einmal mit Klarlack besprühen.

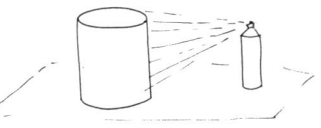

Wichtiger Hinweis
Die Dämpfe, die mit dem Sprühlack eingeatmet werden, können giftig sein. Kinder darauf hinweisen, daß sie zügig arbeiten und sich während der Zeit des Trocknens vom Arbeitsplatz kurzfristig entfernen. Nach unschädlichen Sprühlacken fragen!

ADVENT UND WEIHNACHTEN · Kleine Geschenke – hübsch verpackt

SPRUCH-STERNE

Es ist ein schöner Brauch, Sterne mit Sinnsprüchen zu versehen. Diese werden zu Beginn einer adventlichen Feier an Eltern und Gäste verschenkt. Jeder Gast nimmt einen Stern aus einem bereitgestellten Korb.

Material
Farbiges Tonpapier, Sternenschablone, Schere, Stifte.

Durchführung
– Sternform auf Tonpapier übertragen und ausschneiden.
– Sterne mit Sprüchen beschriften.

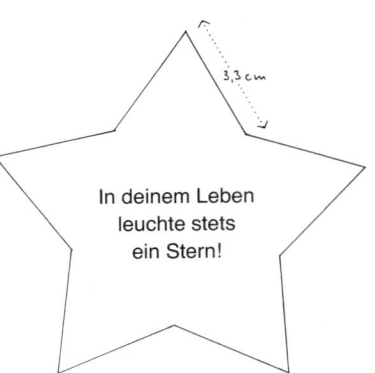

Beispiele für Sinnsprüche
Vertrauen ist Mut, und Treue ist Kraft.
Anmut ist ein Ausströmen innerer Harmonie.
Wie weise muß man sein, um immer gut zu sein!
Die meisten Menschen brauchen mehr Liebe, als sie verdienen.
Die meiste Nachsicht übt der, der die wenigste braucht.
Man muß das Gute tun, damit es in der Welt sei.
In der Jugend lernt, im Alter versteht man.
Für das Können gibt es nur einen Beweis: das Tun.
An das Gute glauben nur die wenigen, die es üben.
Wer nichts weiß, muß alles glauben.
Arme Leute schenken gern.
So manche Wahrheit ging von einem Irrtum aus.
Demut ist Unverwundbarkeit.
Wir sind für nichts so dankbar wie für Dankbarkeit.
Der Spott endet, wo das Verständnis beginnt.
Erinnere dich der Vergessenen – eine Welt geht dir auf.

(Marie von Ebner-Eschenbach)

WEIHNACHTSKARTE

Material
Zwei Bögen Tonpapier DIN A 5 in verschiedenen Farben, Plakafarben, Pinsel, Filzstifte, Lackstifte, selbstklebende Sternchen, Papierreste, Glimmer, Schere, Kleber, Rosenbildchen.

Durchführung
– Einen Bogen Tonpapier in der Mitte falten.
– Auf diesen Bogen Tonpapier eine Landschaft malen: oberhalb des Mittelbruches den Himmel, unterhalb einen Wald, ein Dorf oder ein Zimmer.

Lichter · ADVENT UND WEIHNACHTEN

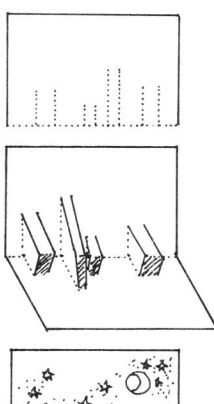

- Nach dem Trocknen Tonpapier wieder zusammenfalten. Von außen, ausgehend vom Mittelbruch, einige kleine Einschnitte verschiedener Länge und Breite anbringen.

- Tonpapierbogen öffnen und die entstandenen eingeschnittenen Streifen nach innen holen, Bruch gegenfalten.

- Kleine Rosenbildmotive oder aus Papierresten, je nach Motiv, kleine Gegenstände schneiden: Tannenbäumchen, Häuser, Möbel, Figuren. Auf jeden Streifen bis zum Bruch einen Gegenstand kleben.

- Tonpapierbogen auf den zweiten Bogen kleben, zusammenfalten.

- Beim Öffnen entsteht dann ein plastisches, mehrdimensionales Bild.

Lichter

TISCHLATERNE

Material
Vier Kunstpostkarten mit weihnachtlichen Motiven, Klebeband, Salatöl, Tuch zum Einreiben, Teelicht.

Durchführung
Vier Karten werden mit einem Klebeband so verbunden, daß eine Laterne entsteht. Die Karten werden nun mit Salatöl eingerieben. So leuchten sie besonders hell, wenn ein Teelicht hineingestellt wird.

TISCHLEUCHTE

Material
Weißes Zeichenpapier, Geodreieck, Bleistift, Kleber, Teelicht.

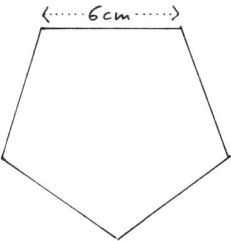

Durchführung
- 11 Fünfecke zuschneiden, Seitenlänge 6 cm, Winkel 72°.
- Alle Ecken des Fünfecks zur Mitte falten.
- Fünfecke so aneinanderkleben, daß eine Ecke jeweils in das benachbarte Fünfeck hineinragt. Durch das Übereinan-

derkleben mehrerer Fünfecke entsteht optisch ein Sternmotiv.
- Am oberen Rand die Ecken nach innen schlagen, ankleben.
- Für den Boden ein Fünfeck mit Laschen zuschneiden, an den unteren Rand kleben.
- Teelicht einsetzen.

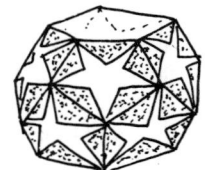

NUSSCHALENLICHTER

Material
Walnußschalen, Wachsgranulat, kurzer Docht mit Metallplättchen, Schmelztopf (Konservendose), Wasserkochtopf, Topflappen, Klebewachs, Zeitungspapier.

Durchführung
- Wachsgranulat in Schmelztopf geben.
- Wassertopf mit Wasser auf die Herdplatte stellen und Schmelztopf hineinstellen.
- Wachs schmelzen.
- Walnußschalen auf Unterlage (alte Zeitungen) stellen und in jede Schale einen Docht mit Klebewachs kleben.
- Schmelztopf mit einem Topflappen aus dem Wasserbad nehmen und die Walnußschale mit Wachs auffüllen.

In einem wasserfesten Behälter kann eine kleine Seenlandschaft mit Steinen, Wurzeln, Pflanzen angelegt werden. Die Nußschalenlichter schwimmen auf dem See, und den Kindern macht es große Freude, sie immer wieder ein wenig anzuschubsen.

Tuchmarionetten

Material
Styroporkugeln, Rundholzstäbe (6 mm ⌀), Batikseide (45 × 45 cm), hautfarbene Strumpfhose, Polyesterfaden, Nähnadel, Schere, Pailletten, dünne Metallfolie oder Geschenkband aus Plastikmaterial, Klebstoff, Murmeln oder kleine runde Steine, Batikfarben, Material zum Verzieren: Tüll, Spitze, Federn, Bänder.

Vorbereitung
Seidentücher nach Anweisung mit Batikfarben färben und bügeln.
Rundhölzer auf 30 cm und 50 cm Länge zuschneiden.

Durchführung
- Strumpf so zuschneiden, daß ein ausreichend großes Quadrat entsteht. Dieses über die Styroporkugel spannen und unten mit Faden zubinden.
- Tuch so falten, daß ein Dreieck entsteht. In die Mitte der Grundlinie des Dreiecks einen Schnitt machen, Stoff nach innen umschlagen und mit einem Kräuselfaden versehen. Loch zuziehen und Stoff am Strumpf festnähen.

- An der Oberseite des Kopfes einen 30 cm langen Faden befestigen, der an einem Ende des kurzen Rundholzes angeknotet wird.
- Die beiden Zipfel des Dreiecktuches über je eine Murmel (Stein) nach innen schlagen und mit einem Faden umwickeln.
- Beide Hände an 60 cm langen Fäden an beiden Enden des langen Rundholzes befestigen.
  Wichtig: Die Länge der Fäden sollte so gehalten werden, daß bei gebeugtem Arm die Tuchspitze den Boden berührt.
- Aus der Folie Haare schneiden, kräuseln und am Kopf mit Klebstoff befestigen.
- Für Augen und Augenbrauen können Pailletten oder Folie Verwendung finden.
- Marionette ausgestalten: Spitzenkrause um den Hals, Schleife im Haar, Federschmuck.

BALLETT MIT TUCHMARIONETTEN

Die Tuchmarionette wird mit Musik am wirkungsvollsten gespielt. Die Kinder bewegen sich und ihre Puppen mit natürlicher Anmut.
Ist eine Aufführung vor Publikum geplant, verlangt dies eine intensive Vorbereitung.

Musik
Sehr gut eignet sich klassische Musik (unter anderem Flötenkonzerte von Vivaldi op. 10, auch: „Barcarole" aus „Hoffmanns Erzählungen" von Offenbach und „Nußknackersuite" von Tschaikowski oder auch „Improvisationen auf der Panflöte und Orgel" von Gheorge Zamfir). Ebenfalls ist es reizvoll, einzelne Musikstücke zu kombinieren.

Raum
Der Raum wird verdunkelt. Strahler beleuchten die Marionetten. Eine Bühne ist nicht erforderlich. Eine Bodenmarkierung (Tesakrepp) gibt den Spielern den Standort an. Die Musik spielt vom Band. Auf ausreichende Lautstärke ist zu achten. Für die Zuschauer werden Stuhlreihen aufgestellt.

ADVENT UND WEIHNACHTEN · Lichtertanz

Spieler
Die Spieler sind schwarz gekleidet (schwarze Strumpfhose, Gymnastikanzug).

Spielhinweise
Es ist wichtig, die Bewegung der Marionetten dem Rhythmus und dem Tempo der Musik anzugleichen. Da es sich bei den Puppen um kleine, zarte Wesen handelt, sind die Schritte der Spieler entsprechend klein zu halten. Außerdem ist darauf zu achten, daß die Marionetten immer den Boden berühren, also nicht durch den Raum schweben.

Anregungen für das Ballett
Die Gruppe der Spieler sollte klein sein (ca. fünf Spieler), da nur so eine gute Verständigung möglich ist.
– Die Puppen gehen ein paar Schritte auf die Zuschauer zu und machen einen Knicks oder eine Verbeugung.
– Die Puppen bewegen sich aufeinander zu, voneinander weg.
– Die Puppen tanzen am Ort, drehen sich nach rechts und nach links.
– Jede zweite Puppe geht (tanzt) nach vorne.
– Die Puppen finden sich zu Paaren und gehen gleich einer Polonaise nach vorne und trennen sich wieder.
– Jede Puppe verabschiedet sich, indem der Spieler hervortritt, seine Puppe einen Knicks machen läßt und mit ihr dann in den dunklen Teil des Raumes geht.
– Alle Puppen versammeln sich nochmals für den Applaus des Publikums.

Lichtertanz

Material
Kompottschalen, mit rotem Transparentpapier beklebt (Technik → St. Martin), Teelichter, Streichhölzer.

Musik, z. B. von Vivaldi (Flöten-, Gitarrenkonzert).

Verkleidung: lange weiße Gewänder, Sternenkronen.

Ideen für den Lichtertanz
Der Raum ist abgedunkelt. Die Kinder halten in jeder Hand eine Schale mit einem Teelicht.
– Durcheinandergehen.
– Im Kreis laufen.
– In die Mitte gehen und durch Hochheben der Schalen eine Lichterkrone bilden.
– In den Kreis zurückgehen und Schalen abwechselnd am Körper auf und ab wandern lassen.
– Beide Arme nach vorne strecken und senkrechte Kreise ziehen, Achter ziehen.
– In die Hocke gehen und Schale nach rechts und nach links schwenken.
– In Schlangenlinien aneinander vorbei im Kreis gehen.

Lieder · ADVENT UND WEIHNACHTEN

- Zwei Tanzende, die sich im Kreis gegenüberstehen, wechseln jeweils die Plätze.
- Eine Schale an einen Zuschauer weitergeben und diesen in den Tanz einbeziehen.

LICHTERKRANZ

Material
Kleine Grablichter, lange Papierstreifen, große Kerzen, Zündhölzer.

Organisation
Der Raum wird abgedunkelt. Die Kinder sitzen im Kreis. In dessen Mitte steht die große, brennende Kerze.

Durchführung
- Der Gruppenleiter nimmt einen Papierstreifen und legt von der Kerze aus einen Weg zu einem Kind im Kreis. Nun holt er ein Lämpchen, entzündet es an der Kerze in der Mitte und stellt dieses vor das Kind.
  Dieses legt einen weiteren Weg zu einem anderen Kind. Wenn alle Wege gelegt und alle Lämpchen aufgestellt sind, ergibt sich ein Lichterkranz.
- Lied: „Wie eine Kerze leuchtet" ✶

Lieder

WIE EINE KERZE LEUCHTET

ADVENT UND WEIHNACHTEN · Lieder 286

2. Wie eine Kerze warm macht,
   so möcht ich selber sein.
   Ich möchte Wärme schenken.
   Mein Herz soll Liebe sein.

3. Wie eine Kerze aufstrahlt,
   so möcht ich selber sein.
   Ich möchte Freude schenken.
   Ich möchte fröhlich sein.

(T. und M.: Franz Kett, aus Religionspäd. Praxis 4/82, S. 64, RPA-Verlag, Landshut)

DER BRATAPFEL

2. Ihr Kinder, laufet schneller!
   Holt euch einen Teller!
   Holt euch eine Gabel!
   Sperrt auf den Schnabel
   für den Zipfel, den Zapfel,
   den Kipfel, den Kapfel,
   den goldbraunen Apfel.

3. Sie pusten und sie prusten,
   sie gucken und sie schlucken,
   schnalzen und schmecken,
   lecken und schlecken
   den Zipfel, den Zapfel,
   den Kipfel, den Kapfel,
   den knusprigen Apfel.

(Worte: Fritz und Emilie Kögel, Weise: Richard Rudolf Klein, aus „Willkommen, lieber Tag", Bd. 1, Verlag Moritz Diesterweg, Frankfurt am Main)

Lieder · ADVENT UND WEIHNACHTEN

ES LIEGT AUF HEU UND WARMEM STROH

(Krippenlied zu einem Bild von E. Nolde)

Vorsänger, dann alle

Teil 1: Es liegt auf Heu und warmem Stroh ein Kind ganz nackt und bloß. Maria sieht's mit Liebe an, die Freude ist ganz groß.

Teil 2: Und Josef, der steht auch dabei. Es blüht ein Blumenstern.

Teil 3: Das Kind ist Jesus, das ist wahr. Wir haben's alle gern.

(T. und M.: Franz Kett, aus Religionspäd. Praxis 4/79, S. 62, RPA-Verlag, Landshut)

GOLDNES BLATT VOM HIMMELSBAUM

(Tschechoslowakei/ Deutscher Text: Margarete Jehn)

1. Gold-nes Blatt vom Him-mels-baum fiel zur Er-de nie-der, lief ich schnell nach Beth-le-hem, fands im Kripp-lein wie-der.

ADVENT UND WEIHNACHTEN · Lieder

2. Unser Jesuskindelein
grüßte ich voll Freude,
grüßte auch die Eltern sein
und die andern Leute.
Hay dom tydelom, tydelom dom,
hay dom tydelom, tydelom dom.

3. Blieb ich dann der Tage drei
bei dem Kindlein hocken,
tat der Flöte, der Schalmei
süßen Klang entlocken.
Hay dom tydelom, tydelom dom,
hay dom tydelom, tydelom dom.

(Aus: „48 Kinderlieder aus aller Welt", Verlag Eres, Lilienthal-Bremen)

HIRTENLIED

2. Und die Hirten laufen schnell,
finden bald das Kind,
freuen sich und beten an,
wenn auch arm sie sind.
Refrain

3. Und wir alle wollen gehn
danken Gott, dem Herrn,
wollen singen, wollen sagen:
Gott hat uns sehr gern.
Refrain

(T. und M.: Hanni Neubauer, aus Religionspäd. Praxis 4/79, S. 50, RPA-Verlag, Landshut)

EHRE SEI GOTT

(Kanon und Ostinato von Richard Rudolf Klein, aus MOSAIK 24 „Weihnachtsgeschichte", © Fidula-Verlag, Boppard/Rhein und Salzburg)

I SAW THREE SHIPS

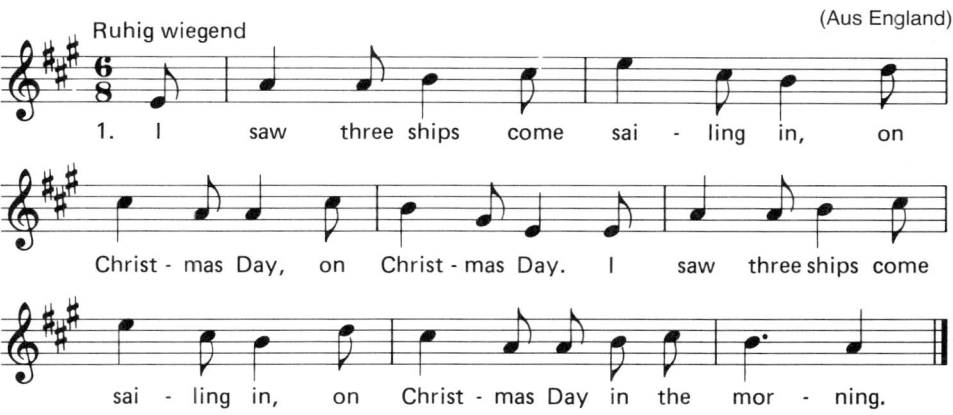

2. And what was in those ships all three,
   on Christmas Day, on Christmas Day?
   And what . . .

3. Our Saviour Christ and his lady . . .

4. Pray, whither sailed those ships all three?

5. O, they sailed into Bethlehem . . .

6. And all the bells on earth shall ring!

7. And all the angels in heaven shall sing!

8. And all the souls on earth shall sing!

9. Then let us all rejoice amain . . .

ADVENT UND WEIHNACHTEN · Lieder

HEUT IST DER HEILAND GEBOREN

2. Jeder will ihm etwas bringen, ich aber hab' nicht viel Geld;
ich kann dem Kindlein nur singen, hoffen, daß es ihm gefällt.

3. Daß sich das Kindlein erfreute, spielten die Hirten ihm vor.
Singt nun mit mir, liebe Leute, singt mit den Hirten im Chor.

(Aus Spanien. Deutscher Text: Lieselotte Holzmeister; Melodie: Richard Rudolf Klein, von der Fidula Cassette 28, © Fidula-Verlag, Boppard/Rhein und Salzburg)

GO TELL IT ON THE MOUNTAIN

(Spiritual)

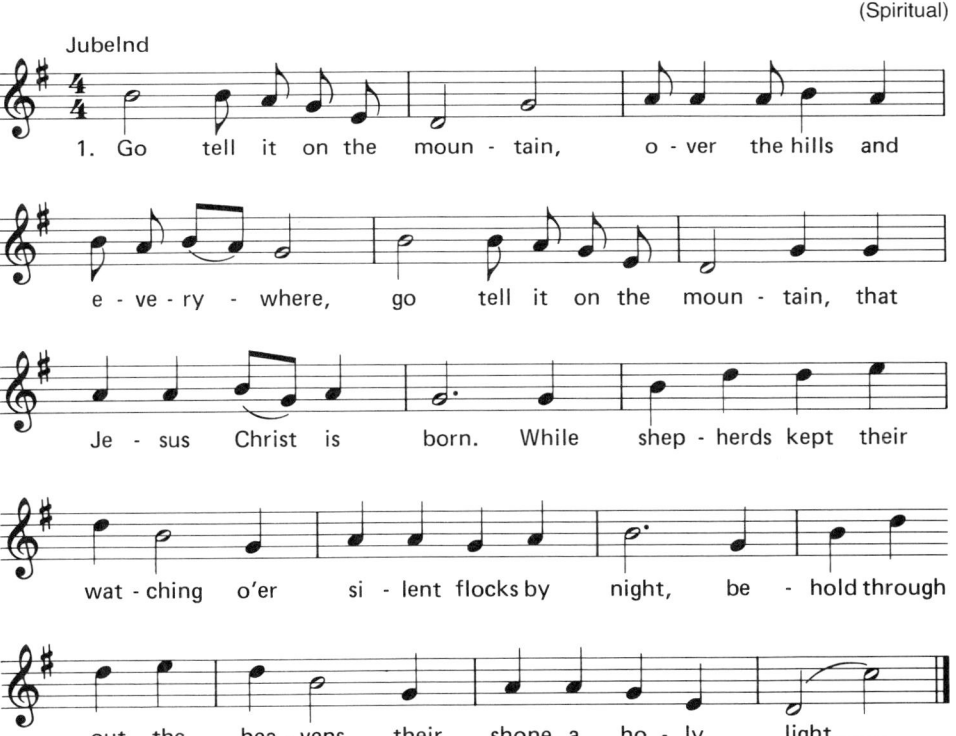

2. *(Solist)*
The shepherds feared and trembled
when lo above the earth
rang out the angel chorus
that hailed our Saviour's birth.
(Choir) Go tell it . . . *(etc.)*

3. *(Solist)*
Down in a lonely manger
the humble Christ was born,
and God sent out salvation,
that blessed Christmas morn.
(Choir) Go tell it . . . *(etc.)*

Rezepte

BRATÄPFEL

Zutaten
Ein großer Apfel (Boskop) pro Kind, gehackte Mandeln, Rosinen, Marmelade, Butter, Honig, Schlagsahne.

Geräte
Messer oder Apfelausstecher, feuerfeste Form, Teelöffel, elektrisches Handrührgerät, Rührschüssel.

Zubereitung
- Äpfel waschen und trocknen.
- Kerngehäuse ausstechen.
- Feuerfeste Form einfetten.
- Herd auf 200° Celsius vorheizen.
- In die ausgehöhlten Äpfel Mandeln und Rosinen geben, darauf einen Teelöffel Marmelade.
- Die Äpfel in die gebutterte Form setzen und etwa 20 Minuten braten.
- Die Sahne mit dem Honig steif schlagen und auf den fertigen Bratapfel je einen Löffel geben.

BUTTERKEKS

Zutaten
200 g Butter, 200 g Zucker, 3 Eier, Vanillezucker, 500 g Mehl, davon ⅓ der Menge Stärkemehl, 1½ Tl Backpulver; Backtrennpapier; zum Bestreichen: Ei oder Zitronenglasur.

Geräte
Elektrisches Handrührgerät, Rührschüssel, Plätzchenformen, Teigroller, Teelöffel, Waage, Blech, Backpinsel.

Zubereitung
- Butter schaumig rühren, Zucker und ganze Eier abwechselnd unterrühren.
- Vanillezucker zugeben.
- Mehl mit Stärkemehl und Backpulver mischen und in die Masse unterrühren.
- Teig kurz kneten und kalt stellen.
- Teig messerrückendick auswellen und mit Plätzchenformen ausstechen.
- Mit Ei bestreichen.
- Im vorgeheizten Herd bei 180–200° Celsius backen.

EISNASENPUNSCH

Zutaten für 15 Personen
1 l Wasser, 2 cm Zimtstange, 3 Gewürznelken, 3 Teebeutel Früchtetee, 2 Flaschen Apfelsaft, ausgepreßten Saft von 6 Orangen und 4 Zitronen, 4 El Zucker oder Honig.

Geräte
2 Kochtöpfe, Zitruspresse, Meßbecher, evtl. Punschgläser.

Zubereitung
- Wasser mit Zimtstange und Nelken zum Kochen bringen.
- Teebeutel hineingeben und 5 Min. ziehen lassen.
- Die Säfte in einem zweiten Topf mit dem Zucker erhitzen (nicht kochen!).
- Tee dazugießen.

SCHWARZER JOHANNISBEER-PUNSCH

Zutaten für 15 Personen
1½ l schwarzer Johannisbeersaft, 1½ l Apfelsaft, Zucker nach Geschmack, Zitronen- oder Orangenschale (ungespritzt), 4 St. Nelken, 1 Zimtstange, Saft von 2 Zitronen und 8 Orangen.

Geräte
Topf, Küchensieb, Meßbecher, Zitruspresse.

Zubereitung
- Schwarzen Johannisbeersaft und Apfelsaft mit wenig Zucker, den Gewürzen und einem Stück sehr dünn geschälter Zitronen- oder Orangenschale erhitzen, jedoch nicht kochen lassen.
- Zugedeckt etwas ziehen lassen.
- Zitronen- und Orangensaft beifügen, abschmecken, abseihen, noch heiß reichen.

ADVENT UND WEIHNACHTEN · Rezepte

WAFFELN

Zutaten
200 g zerlassene Butter, 1 Prise Salz, 50 g Zucker, 1 Päckchen Vanillinzucker, 4 Eier, getrennt, 200 g Mehl, 1/2 Teel. Backpulver, knapp 1/2 l Milch, Öl oder Butter zum Einfetten des Waffeleisens

Geräte
Rührschüssel, elektrischer Küchenquirl, großer Löffel, Backpinsel, Waffeleisen

Zubereitung
- Butter, Zucker, Vanillinzucker und Salz schaumig rühren.
- Nach und nach die Eigelb, das Mehl mit dem Backpulver und die Milch unterrühren.
- Zuletzt die zu Eischnee festgeschlagenen Eiweiß vorsichtig unterheben.
- Das Waffeleisen auf mittlerer Temperatur vorheizen.
- Ein bis zwei Löffel des Teiges auf die untere Platte geben, das Waffeleisen schließen und die Waffel hellbraun backen.

ZIMTWAFFELN

Rezept wie oben. Zusätzlich zwei Teelöffel Zimt und eine Prise Nelkengewürz zugeben.

MANDELWAFFELN

Rezept wie oben. Die Menge des Mehls auf 125 g reduzieren, zusätzlich 75 g gemahlene Mandeln zugeben.

Hinweis
Die Waffeln möglichst noch warm verzehren oder einzeln auf Kuchengittern auskühlen lassen. Waffeln sollten nicht aufeinander geschichtet werden, damit sie knusprig bleiben. Frisch gebackene Waffeln können mit Puderzucker bestreut oder mit Marmelade bestrichen serviert werden. Eine besondere Delikatesse sind auch Waffeln mit Sauerkirschen (aus dem Glas, gut abgetropft) und Sahne.

Dreikönigsfest

DREIKÖNIGSFEST · Religiöse Dimension

EPIPHANIE – ERSCHEINUNG DES HERRN

Bis ins 4. Jahrhundert feierte die Kirche am 6. Januar die Geburt Christi, das Erscheinen des Erlösers in dieser Welt. Heute noch ist dieser Tag in einigen Ländern, z. B. in Italien und Spanien, der Tag, an dem die Kinder beschenkt werden.

DIE HL. DREI KÖNIGE BRINGEN IHRE GABEN

Die Bibel berichtet von Weisen aus dem Morgenland, die dem neugeborenen Kind ihre Geschenke bringen: Gold, Weihrauch und Myrrhe. Erst später wurden aus den zahlenmäßig nicht genannten Gelehrten drei Könige mit Namen: Caspar – Melchior – Balthasar.

DREIKÖNIGSTAG – LETZTER HÖHEPUNKT DER WEIHNACHTSZEIT

Bis zum 6. Januar schmücken Weihnachtsdekoration und Christbaum das Wohnzimmer der meisten Familien. Danach wird aufgeräumt: die Geschenke kommen ins Kinderzimmer, der Tannenbaum wird geplündert und abgeholt, die Krippe und die Kerzenleuchter werden verpackt.

Religiöse Dimension

Matthäus erzählt die Geburt Jesu in wenigen Worten und beschreibt als einziger der vier Evangelisten den Weg der Weisen aus dem Morgenland nach Bethlehem (Mt 2,1–12).
– Geschichtlicher Hintergrund: Herodes regierte in Jerusalem.
– Herodes erfährt von den Weisen, daß ein neuer König geboren sei. Er bittet sie, sich nach Einzelheiten zu erkundigen und ihm davon zu berichten.
– Die Weisen folgen dem Stern nach Bethlehem.
– Der Stern bleibt über dem Haus stehen, in dem Jesus geboren wurde.
– Die Weisen übergeben ihre Geschenke: Gold, Weihrauch und Myrrhe (= bitteres Harz, Riechmittel und Räucherstoff).
– Einer Traumeingebung folgend, kehren sie nicht mehr nach Jerusalem zurück.
Die Weisen waren vermutlich Gelehrte, die sich mit Sternkunde befaßten. Wer ihnen ihre Namen gab, ist nicht bekannt. Sie stehen im Evangelium als Zeichen für die Hinwendung der Heiden zur christlichen Botschaft, die alle Menschen ansprechen soll, ohne Unterschied ihrer Rasse oder ihrer Zugehörigkeit zu einem Volke.
Seit dem 12. Jh. werden die Drei Könige auch mit verschiedenen Symbolen in Verbindung gebracht:
– Caspar: der junge Mann ist bekleidet mit Turban und Pluderhose und bringt die Myrrhe. Er verkörpert das Lebensalter der Jugend und als Mohr den Erdteil Afrika.

- Balthasar: der reife Mann in der Lebensmitte ist bekleidet mit orientalischen Gewändern in grünen Farbtönen, er bringt Weihrauch. Balthasar verkörpert den Erdteil Asien.
- Melchior: der Greis ist bekleidet mit einem hermelinbesetzten Purpurmantel, dem Zeichen der Könige Europas. Er bringt Gold als Geschenk.

Im Aufbau der Krippenfiguren werden sie meist so dargestellt: Melchior, vor der Krippe kniend, ihm folgen Balthasar und zuletzt Caspar.
Ob der Stern, dem die drei Weisen folgten, eine bestimmte Sternkonstellation war oder der Halleysche Komet, ist ungeklärt. Manche sehen ihn auch mehr als Zeichen mit symbolischer Bedeutung: Stern als Licht der Erkenntnis.
Die Legende erzählt, wie die Gebeine der Hl. Drei Könige nach Köln überführt wurden. Obwohl offiziell nie heiliggesprochen, werden die Weisen im Volksmund bis heute als die Heiligen Drei Könige bezeichnet, was die starke Verehrung im Volke erkennen läßt.

Brauchtum

Das Dreikönigsfest hat mit seinen volkstümlichen Bräuchen in den letzten Jahren wieder an Bedeutung zugenommen. Kinder ziehen, als Sternsinger verkleidet, von Haus zu Haus und erbitten eine Geldspende. Mit dem gesammelten Geld aller Sternsinger werden Projekte in der Dritten Welt unterstützt.
Der Brauch, Umzüge am Dreikönigsfest zu veranstalten, geht bis ins 15./16. Jh. zurück. Am Vorabend des Festes werden in manchen Gegenden mit Kreide die Buchstaben und die jeweilige Jahreszahl über die Haustür geschrieben:
19 C + M + B 90. Diese können sowohl die Anfangsbuchstaben der Namen der Drei Könige sein oder auch ein lateinischer Segensspruch: **C**hristus **M**ansionem **B**enedicat (Christus segne dieses Haus). Die Angabe der Jahreszahl soll auf den Segen hinweisen, der für das ganze kommende Jahr erbeten wird.
Bis heute ist eine Verbindung heidnischer Bräuche mit christlichem Gedankengut erkennbar, z.B. sollten die Zeichen C + M + B die bösen Geister vom Haus fernhalten; die Bauern besprengten ihre Ställe und das Vieh mit geweihtem Wasser, das vor Krankheiten und Seuchen schützen soll. Das ganze Haus wurde zum Dreikönigstag aufgeräumt, ausgeräuchert und gesegnet.

Planung

DAS DREIKÖNIGSFEST IN DER KINDERGRUPPE

Wenn die Kinder nach den Weihnachtsferien in die Einrichtung zurückkommen, beginnt eine Zeit, in der der Gruppenleiter ihnen viel Raum zum Spielen und Erzählen läßt. Die Gruppe versammelt sich täglich noch einmal an der Krippe/Weihnachtsland-

schaft; es werden noch einmal die Kerzen angezündet, die Weihnachtslieder gesungen und im Gespräch die Erlebnisse an den Festtagen und beim Jahreswechsel erzählt. Jeden Tag rücken die Figuren der Hl. Drei Könige etwas näher zum Stall; am 6. Januar stehen sie dann vor dem Kind in der Krippe. Der Gruppenleiter erzählt den Kindern aus der biblischen Geschichte. Zur Vertiefung bieten sich an:
- Tischpuppenspiel * (→ Advent und Weihnachten),
- Rollenspiel,
- Fensterbild der Hl. Drei Könige,
- Kronen basteln für alle Kinder.

Einem alten Brauch folgend, kann am Dreikönigstag ein Kuchen gebacken werden, in den eine Bohne eingebacken wurde und der eine Krone aus Goldpapier trägt. Derjenige, der die Bohne findet, ist Bohnenkönig. Er darf sich die Krone aufsetzen und einige Gesellschaftsspiele wünschen, die von allen mitgespielt werden. Gibt es im Haus noch einen geschmückten Weihnachtsbaum, so wird dieser zum Abschluß des Tages von allen Kindern geplündert.

UMZUG DER DREI KÖNIGE UND STERNSINGER

Ist in der Gemeinde ein Umzug der Kinder als Sternsinger geplant, so wird dieser einige Tage vor dem 6. Januar mit den Kindern vorbereitet.
Im Mittelpunkt der Aktivitäten stehen Planung und Vorbereitung zur Aussendung der Gruppe:
- Herstellen der Gewänder und Kronen, Vervollständigen der Requisiten und Schminkutensilien.
- Planung des Ablaufs / Liste mit den Adressen der Familien, die besucht werden sollen.
- Üben der Sprechtexte und Lieder.
- Verteilen der Rollen.

Der Gruppenleiter kann vielleicht etwas über das Projekt erzählen, für das gesammelt wird.
Die Aussendung der Sternsingergruppen erfolgt in vielen Kirchengemeinden in einem Kindergottesdienst. Dadurch werden den Kindern auch die Bedeutung und die Verantwortung verständlich, die sie mit ihrem Projekt für andere übernehmen.
Die Familien, die besucht werden sollen, erfahren dies meist durch die Pfarrnachrichten.

Texte zum Ansagen

>Wir sind die Drei Könige, gut bekannt,
>wir kommen daher aus dem Morgenland.
>Der Weg ist weit, unsere Heimat ist fern,
>wir suchen das Kind und folgen dem Stern.

Für Kinder in der Dritten Welt
bitten wir euch um ein wenig Geld.
Wir sagen ein herzliches Dankeschön
und wollen jetzt weiter zum Nachbarn gehn.

Ein glückliches und gesundes Jahr
wünschen Caspar, Melchior und Balthasar.

(Hanne Viehoff)

DIE HEILIGEN DREI KÖNIGE

Die Heiligen Drei Könige aus dem Morgenland,
sie fragten in jedem Städtchen:
„Wo geht der Weg nach Bethlehem,
ihr lieben Buben und Mädchen?"

Die Jungen und die Alten, sie wußten es nicht,
die Könige zogen weiter;
sie folgten einem goldenen Stern,
er leuchtete lieblich und heiter.

Der Stern blieb stehen über Josephs Haus,
da sind sie hineingegangen;
das Öchslein brüllte, das Kindlein schrie,
die Heiligen Drei Könige sangen.

(Heinrich Heine)

Wir sind die Drei Könige, wohlbekannt,
und reisen grad her aus dem Morgenland.
Die Nacht ist stockfinster, der Weg ist so lang.
Wir stehen heraußen auf euerem Gang.

Du Bauer, du Bauer, tu auf die Tür.
Du Bäurin, reich uns den Krapfen herfür.
Die Krapfen, die Krapfen, die nehmen wir mit
und singen zum Dank euch ein fröhliches Lied.

(aus Süddeutschland)

Zur Begrüßung
Nicht jeden Tag, nicht jederzeit
klopfen Weise an unser Tor.
Die Tür ist auf, die Tür ist weit,
das Ohr für euer Lied bereit.
Kommt, Caspar, Balthasar und Melchior.

Zum Abschied
Ihr habt heute gut gesungen.
Euer Lied, das hat geklungen.
Wir haben gelauscht
und wir haben gesehn.
Wir danken euch schön!

DREIKÖNIGSFEST · Werken und Gestalten

BITTE DER STERNSINGER

Wir hören den Ofen knacken,
die Kuchen sind gebacken:
Gebt uns ein Stücklein weißen,
wir wollen ihn schon beißen.
Schenkt uns ein Stücklein dicken,
wir wollen ihn schon verdrücken.

(aus dem Vogtland)

Und ist der Kuchen nicht geraten,
gebt uns ein Stückchen Schweinebraten.
Und ist der Hausherr auch zu Haus,
gibt er uns einen Kuchen raus.
Drei mal drei, um das Haus,
werft ein Stücklein Kuchen raus!

Werken und Gestalten

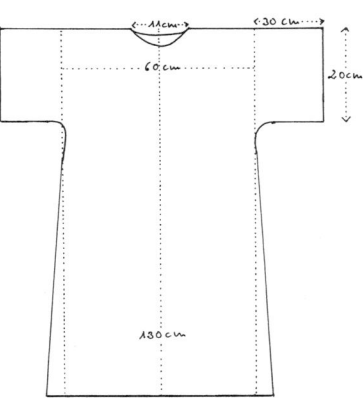

GEWÄNDER FÜR DIE KÖNIGE

Material
Baumwollstoff, alte Bettücher o. ä., Stoffarben, Material zum Nähen, alte Gürtel, Modeschmuck, Glassteine, Spitze, Perlen und dgl.

Arbeitsanleitung
– Stoff doppelt legen, die obere Kante ist der Bruch.
– Schnittmuster übertragen.
– Mit 1 cm Nahtzugabe zuschneiden.
– Ausschnittkante mit Zickzackstich umnähen, nach innen umschlagen, mit geradem Stich Kante nähen.
– Ärmel- und Seitennähte anfertigen.
– Ärmelsäume nähen, Rocksaum nähen.

Hinweis
Sämtliche Kanten können auch mit einer Zickzackschere zugeschnitten werden. Es erübrigt sich dann, die Kanten zu versäubern.

Weitere Gestaltung
– Am Ausschnitt und Rocksaum können mit Stoffmalfarben Ornamente und Verzierungen aufgemalt oder Perlen und Glassteine aufgenäht werden.

Melchior
Melchior trägt ein langes weißes Gewand, das in der Taille von einem breiten, aufwendigen Gürtel gehalten wird (oder: dicke, goldene Gardinenkordel mit Troddel o. ä.). Über seine Schultern wird ein roter Umhang, Decke o. ä. gelegt. Ein weicher, weißer Schal oder ein Fell wird mit wenigen Stichen wie ein Kragen darauf befestigt. Auf dem Kopf trägt er eine goldene Krone, in seinen Händen eine goldene Dose.

Werken und Gestalten · DREIKÖNIGSFEST

Balthasar
Balthasar, der den Orient verkörpert, wird als Araber verkleidet: langes weißes Gewand, ein weißes Tuch als Kopfbedeckung, das mit einem Stirnband oder Kordeln gehalten wird. In der Hand schwenkt er das Weihrauchfaß.

Caspar
Caspar wird als einziger im Gesicht dunkelgeschminkt. Er trägt eine bunte Pluderhose aus glänzendem Stoff. Die Oberbekleidung besteht aus einem Hemd, das nach dem Schnittmuster für kürzere Gewänder hergestellt werden kann. Sein Kopf wird von einem Turban bedeckt. Er trägt in seinen Händen ein goldenes Kästchen ∗.

GOLDENES KÄSTCHEN

Material
Ein Schuhkarton, Pappe, Schere, Lineal, Falzbein, Kleber, Plakafarben, Goldbronze, Pinsel.

Schnittmuster

Schuhkarton – Höhe: 8 cm
                  Breite: 16 cm
                  Länge: 28 cm

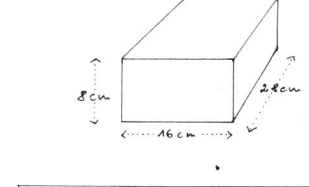

Deckel

1× zuschneiden aus Pappe, an Teil B oben und unten Zacken anfügen.

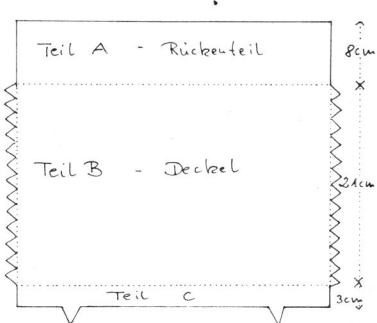

Seitenteile

2× zuschneiden aus Pappe

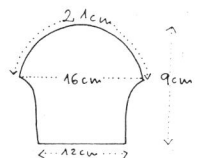

Leiste

Streifen 1× zuschneiden aus Pappe

DREIKÖNIGSFEST · Lieder 302

Verarbeitung

– Teil B (Deckel) zu einer Rundung biegen, so daß die beiden Seitenteile angepaßt werden können.
 Angeschnittene Zacken nach innen biegen, Seitenteile ankleben.

– Teil A (Rückenteil) flächig mit Kleber bestreichen, an ein Seitenteil des Schuhkartons kleben.

– An dem anderen Seitenteil des Schuhkartons die Leiste so ankleben, daß für die beiden Laschen des Deckels Platz zum Durchführen bleibt.

– Kästchen mit Plakafarben und Goldbronze bemalen.
 Soll in dem Kästchen Geld gesammelt werden, so kann auf dem Deckel ein ausreichend großer Schlitz eingeschnitten werden.

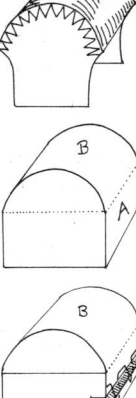

Lieder

DREI KÖNIGE FÜHRET

(Worte und Weise volkstümlich)

1. Drei Könige führet die göttliche Hand mit einem Sterne aus Morgenland.

2. Zum Christkind durch Jerusalem
 in einen Stall nach Bethlehem.

3. Sie zogen daher in gar schneller Eil'
 in dreizehn Tagen vierhundert Meil'.

4. Sie kamen wohl vor des Herodes Tür,
 Herodes, der König, trat selbst herfür.

5. *Herodes:* „Ihr lieben Herren, wo wollet ihr hin?"
 Könige: „Nach Bethlehem steht uns der Sinn.

6. Nach Bethlehem, nach Davids Stadt,
 wohin uns der Stern gezeiget hat."

7. *Herodes:* „Was schaffet ihr da, ihr lieben drei Herrn?"
   Könige: „Wir wollen das Kindelein verehrn.

8. Gold, Weihrauch und Myrrhen, das schenken wir fein.
   Das Kind soll unser König sein."

9. *Alle:* Gott, führe auch uns zu diesem Kind
   und mach uns zu seinem Hofgesind!

DREI MÄNNER, SIE GEHEN

1. Drei Männer, sie gehen, sie suchen ein Kind
   durch Wüsten bergab und bergauf.
   Bei Regen, bei Hitze, bei Schnee und bei Wind
   gehn sie ihres Weges Lauf.

2. Drei Männer, sie gehen, sie finden das Kind
   in einem Stall arm und klein.
   Sie sehen, sie staunen, sie glauben ihm blind.
   Das Kind muß der König sein.

Refrain: Ein Stern ist erschienen, geht ihnen voran.
         Ein Stern ist erschienen, geht ihnen voran.

(T.: H. Neubauer/M.: H. Neubauer und C. Sillmann, RPA-Verlag, Landshut)

DREIKÖNIGSFEST · Lieder 304

ES ZIEHN AUS WEITER FERNE

(Sternsingerlied aus der Steiermark)

1. Es ziehn aus weiter Ferne drei Könige einher. Sie kamen von drei Bergen und fuhren übers Meer. Und selig sind die Scharen, geschmückt ist das Geleit. Die Sporen glänzen heller im Sonnenlichte weit.

2. Sie bringen viel Geschenke von Myrrhen, Weihrauch, Gold.
   Wem wollen sie die bieten, wem sind die denn so hold?
   Der Stern, er stehet stille und senket nieder sich
   auf eine arme Hütte, die einem Stalle glich.

3. Ein Kind liegt in der Krippe, so wunderlieb und klein,
   das schönste Kind auf Erden, im goldnen Himmelsschein.
   Da halten nun die Könige mit ihrer ganzen Macht,
   mit ihren Dienern allen, mit ihrer ganzen Pracht.

4. Sie rufen: „Heil dem Kinde, das hier in Windeln liegt!
   Der Stern hat uns bedeutet, daß es die Welt besiegt."
   Sie haben's angebetet und Opfer dargebracht.
   Sie ziehen froh von dannen noch in derselben Nacht.

Literatur

Literaturempfehlungen

Kindergeburtstag

Bull, Bruno Horst (Hrsg.): Verse zum Feiern. Glückwünsche für jeden Anlaß, Don Bosco Verlag, München 1986.

Gaß-Gutt, Anneliese: Kinderparty, Kinderspaß. 70 leichte Tänze, Tanzspiele, Tanzideen für Kindergeburtstage, Sommerfeste, Kinderfastnacht, Fidula-Verlag, Boppard 1980.

Griesbeck, Josef: Spiele für Party und Fest, Don Bosco Verlag, München 1997.

Hennekemper, Gisela: Unvergeßliche Kindergeburtstage. Einladungskarten, Dekorationen und Spiele für drinnen und draußen, Falken Verlag, Niedernhausen 1997.

Nawrath, Birgit/Wecker, Erika: Kindergeburtstag – einmal anders. Spielaktionen für Kinder von 3-12, Matthias-Grünewald-Verlag, Mainz 1997.

Pfeiffer, Petra: Wir feiern eine Dschungelparty. (Alle machen mit, Kindergeburtstag), Falken Verlag, Niedernhausen 1996.

Pulst-Bellinghausen, Petra: Hurra, wir feiern Kindergeburtstag. Wie finde ich das richtige Thema für mein Kind, Andrea Schmitz Buchverlag, Overath 1995.

Wisser, Astrid/Thoenes, Birgit: Zeitungstanz und Wattepusten. Die schönsten Spiele für Kindergeburtstage, Carlsen Verlag, Hamburg 1993.

Tonträger:
Nieden, Eckart zur: KinderGeburtstagsGlückwunschKassette. ERF-Verlag, Wetzlar 1996.

Rosin, Volker: Der Gorilla mit der Sonnenbrille. Moon-Records, Bad Oeynhausen 1992.

Hoffmann, Klaus W./Neuhaus, Klaus: Tanz, tanz, tanz! Tanzlieder aus ganz Europa (CD/MC). Pläne, Patmos Verlag, Düsseldorf 1994.

Krenzer, Rolf/Walter, Paul G.: So tanz ich durch das Jahr. Neue Spieltänze und Tanzlieder für Kindergarten und Grundschule (MC), Musikbär Verlag, Schriesheim 1997.

Fastnacht

Aichert, Eva/Paxmann, Christine: Wir feiern Fasching, Fastnacht, Karneval, Pattloch Verlag, Augsburg 1996.

Gaß-Gutt, Anneliese: Tanzkarussel 2, Fidula-Verlag, Boppard o.J.

Gaß-Gutt, Anneliese: Kinderparty, Kinderspaß. 70 leichte Tänze, Tanzspiele, Tanzideen für Kindergeburtstage, Sommerfeste, Kinderfastnacht, Fidula-Verlag, Boppard 1980.

Literatur

Lüber, Renate: Wir feiern Fastnacht, Ernst Kaufmann Verlag, Lahr 1997.

Nadolny, Yvonne und Harald (Hrsg.): Phantasievolles Schminken. Verzauberte Gesichter für Maskeraden, Laienspiel und Kinderfeste, Falken Verlag, Niedernhausen 1996.

Schüffler, Lydia: Kunterbunter Kinderfasching. Erlebnisprojekte für die Frühpädagogik, Auer Verlag, Donauwörth 1997.

Seitz, Rudolf: Masken. Bau und Spiel, Don Bosco Verlag, München 1991[4].

Seyffert, Sabine: Dschungelfest und Ritterparty. Mit Kindern feiern, Menschenkinder-Verlag, Münster 1996.

Tonträger:
Rosin, Volker: Oldies für Kinder, Verlag Moon-Records, Bad Oeynhausen 1995.

Sarholz, Margit/Meier, Werner: Tiger-Rap & Gummi-Twist (CD/MC). Sternschnuppe-Verlag, Ottenhofen 1997.

Ostern

Bott, Irmgard u.a.: Ostereier mit Pflanzen färben und verzieren, Frech Verlag, Stuttgart o.J.

Goecke-Seischab, Margarete Luise/Harz, Frieder: Auf das Osterfest vorbereiten. 19 Gestaltungsvorschläge für 8 bis 14-Jährige, Ernst Kaufmann Verlag, Lahr 1997.

Jooß, Erich/Wolfsgruber, Linda: Mein kleines Buch von Ostern, Bernward Verlag, Hildesheim 1992.

Lüber, Renate u.a. (Hrsg.): Wir feiern Ostern: 4-8 J., Ernst Kaufmann Verlag, Lahr 1996.

Sack, Rena/Leson, Astrid: Ostern in aller Welt. Ein Osterkalender mit 22 Geschichten und einem Poster, Ernst Kaufmann Verlag, Lahr 1997.

Schmidt, Joachim (Hrsg.): Tierische Ostern: Sachgeschichten und Lachgeschichten für Kinder, Gütersloher Verlag, Gütersloh 1997.

Vries, Anne de: Die Bibel unserer Kinder. Die Worte der Heiligen Schrift für Kinder erzählt, Verlag Katholisches Bibelwerk, Stuttgart o.J.

Tonträger:
Janosch: Hasenkinder sind nicht dumm. Kleiner Hase Baldrian (CD/MC), Polygram, Hamburg 1990.

Muttertag

Täubner, Julia: Frühlingshafte Stabdekorationen kinderleicht. Stabdekorationen aus Wellpappe für Frühling, Ostern und Muttertag, Frech-Verlag, Stuttgart 1995.

Literatur

Pfingsten

Behnke, Maria-Angela u. a.: Kinder feiern mit. Lesejahre A, B und C, Bernward Verlag, Hildesheim 1993.

Behnke, Maria-Angela u. a.: Kinder feiern mit – Festzeiten, Bernward Verlag, Hildesheim 1994.

Stork, Dieter/Horn, Reinhard: Feuer, Erde, Wasser, Luft. Umwelt erleben in Kindergarten und Grundschule (dazu auch MC erhältlich), Don Bosco Verlag, München 1996^2.

Sommerfest

Bartl, Almuth und Manfred: Umweltspiele noch und noch. Tolle Spielideen für drinnen und draußen, Herder Verlag, München 1992^3.

Breucker-Rubin, Annette/Rubin, Dirk/Werdeker, Martina u.a.: Umwelt Spielekartei: Umweltspiele und Gestaltungsideen, Ökotopia Verlag, Münster o.J.

Broich, Josef: Spiele für draußen, Don Bosco Verlag, München 1997.

Grießbeck, Josef: Spiele für Party und Fest, Don Bosco Verlag, München 1997^5.

Ders.: Spiele für Gruppen. Don Bosco Verlag, München 1997^{13}.

Hoffmann, Klaus W./Müller, Hildegard: Die schönsten Kinderlieder aus aller Welt. Zum Singen, Tanzen und Spielen. Ein Unicef-Buch, Arena Verlag, Würzburg 1994.

Hoffmann, Klaus W./Neuhaus, Klaus: Heute tanzen wir. Kinderlieder zum Singen und Tanzen, Patmos Liederhefte mit Cassette, Patmos Verlag, Düsseldorf 1996.

Krombholz, Heinz: Spaß an Bewegung. Spiele mit Anleitungen für Kinder von 3-8, Don Bosco Verlag, München 1996.

Müller, Elmar: Manegenzauber. Kinder spielen Zirkus, Don Bosco Verlag, München 1995^3.

Preuß, Carola/Ruge, Klaus: Waldgeräuschespiel. Mit Spielanleitung und Cassette, Verlag an der Ruhr, Mülheim 1994.

Ulich, Michaela/Oberhuemer, Pamela (Hrsg.): Es war einmal, es war einmal ... Ein multikulturelles Lese- und Arbeitsbuch, Beltz Praxis, Weinheim 1985.

Tonträger:
Hoffmann, Klaus W.: Die schönsten Kinderlieder aus aller Welt. Zum Singen Tanzen und Spielen (CD/MC), Pläne, Patmos Verlag, Düsseldorf 1994.

Hoffmann, Klaus W./Mika, Rudi: So singt und spielt man anderswo. Kinderlieder aus Griechenland, Italien, der Türkei und Spanien (MC), Aktive Musik Verlag, Dortmund 1992.

Walter, Paul G./Cratzius, Barbara: Herbei zum großen Sommerfest. Kinderlieder, Musikbär-Verlag, Schriesheim 1989.

Erntedank

Aichert, Eva/Paxmann, Christine: Wir feiern ein Erntedankfest. Neue Geschichten, Lieder, Gedichte und Rezepte zur Erntezeit sowie lustige Obst- und Getreidespiele, Pattloch Verlag, Augsburg 1996.

Behnke, Maria-Angela u. a.: Kinder feiern mit. Lesejahre A, B und C, Bernward Verlag, Hildesheim 1993.

Behnke, Maria-Angela u. a.: Kinder feiern mit – Festzeiten, Bernward Verlag, Hildesheim 1994.

Krenzer, Rolf (Hrsg.): Wir danken für die Ernte. Werkbuch für Kindergarten, Schule und Gottesdienst (dazu auch CD), Lahn Verlag, Limburg 1994.

Lüber, Renate: Ein neues Kindergartenjahr beginnt. Hier bin ich zu Hause. Danke, Erntedank, Praxishilfen für Kindergarten und Grundschule, Herder Verlag, Freiburg 1995[4].

Schneider, Sonja: Erntedank feiern mit Kindern. Anregungen und Vorschläge für ErzieherInnen. Für Kinder von drei bis sechs Jahren, Südwest-Verlag, München 1997.

Syndikus, Henriette: Kinder singen und gestalten. Neue Lieder und Werkarbeiten im Jahreskreis, Don Bosco Verlag, München 1996[4].

St. Martin

Buchholz, Iris/Veit, Reinhard: Mein kleines Buch vom heiligen Martin. Bernward Verlag, Hildesheim 1994.

Krenzer, Rolf (Hrsg.): Martin, Martin, guter Mann! Großes Werkbuch für Kindergarten, Schule und Gottesdienst, Lahn Verlag, Limburg 1997.

Lüber, Renate/Guhe, Irmtraud: Wir feiern St. Martin, Ernst Kaufmann Verlag, Lahr 1995.

Michalski, Ute und Tilman: Lachendes Laternenlicht. Kinderleicht Lampions und Windlichter basteln, Verlag ars edition, München 1997.

Tonträger:
Bräunling, Elke/Krenzer, Rolf/Walter, Paul G.: Nun zünden wir die Kerzen an. Paul G. Walter und die Rasselband singen neue Martinslieder, Nikolauslieder, Adventslieder und Weihnachtslieder, Musikbär-Verlag, Schriesheim 1989.

Nikolaus

Bartl, Almuth und Manfred: Der Nikolaus kommt. Mit Kindern die Adventszeit erleben, Pro Juventute Verlag, Zürich 1990.

Bouctot, Elke: Wir erleben die Weihnachtszeit. Neue Geschichten und Spiele, bunte Bastelideen, Rezepte und Lieder, Don Bosco Verlag, München 1996.

Bull, Bruno Horst: Verse zum Feiern. Glückwünsche im Lebens- und Jahreslauf, Don Bosco Verlag, München 1986².

Deinhofer, Petra (Hrsg.): Weihnachtliche Zeit. Werkbuch für Familie, Kindergarten und Grundschule, Don Bosco Verlag, München 1991.

Euw, Aloys von: Sankt Nikolaus begegnen. Ein Werkbuch, Rex Verlag, Luzern 1994.

Fuchshuber, Annegert: Die Nikolausstiefel, Ernst Kaufmann Verlag, Lahr 1995.

Hochmuth, Karl/Kubelka, Margarete: Der perfekte Weihnachtsbaum. Und weitere Geschichten zur Weihnachtszeit für jung und alt, Don Bosco Verlag, München 1991.

Jooß, Erich/Holzing, Herbert: Nikolaus. Geschichten aus seinem Leben, Echter Verlag, Würzburg 1995.

König, Paul/Veit, Reinhard: Mein kleines Buch vom Nikolaus. Bernward Verlag, Hildesheim 1994.

Tonträger:
Edelkötter, Ludger (Musik)/Cratzius, Barbara/Hirsch, Josephine u.a.: Lieber Nikolaus. Lieder vom und über den heiligen Nikolaus für Eltern und Kinder, für den Kindergarten und die Schule (Cassette und Liederbuch), Impulse Musikverlag Ludger Edelkötter, Drensteinfurt 1994.

Videos:
Es weihnachtet: Knecht Ruprecht, Geschichten vom Nikolaus, Warten auf das Christkind, Der Weihnachtsbesuch. Vorweihnachtliche Erzählungen für Kinder, Zeichentrick- und Puppenfilme (Bestell-Nr. 3-89467-223-4).

Advent und Weihnachten

Bouctot, Elke: Wir erleben die Weihnachtszeit. Neue Geschichten und Spiele, bunte Bastelideen, Rezepte und Lieder, Don Bosco Verlag, München 1996.

Bull, Bruno Horst: Verse zum Feiern. Glückwünsche im Lebens- und Jahreslauf, Don Bosco Verlag, München 1986².

Deinhofer, Petra (Hrsg.): Weihnachtliche Zeit. Werkbuch für Familie, Kindergarten und Grundschule. Don Bosco Verlag, München 1991.

Fischer, Ferdy: Advent und Weihnachten feiern mit Kindern. Patmos Verlag, Düsseldorf 1996.

Hochmuth, Karl/Kubelka, Margarete: Der perfekte Weihnachtsbaum. Und weitere Geschichten zur Weihnachtszeit für jung und alt, Don Bosco Verlag, München 1991.

Jöcker, Detlev: Die gute Nachricht weitersingen. Neue Adventslieder, Weihnachtslieder und Friedenslieder, Menschenkinder Verlag, Münster o.J.

Literatur

König, Renate: Sternstunden im Advent. 24 praktische Gestaltungsvorschläge zum Feiern mit Kindern, Bernward bei Don Bosco Verlag, München 1997.

Lorentz, Maria/Mitgutsch, Otti: Mein kleines Buch von Weihnachten, Bernward Verlag, Hildesheim 1991.

Müller-Urban, Kristiane/Steinbeck, Walter: Kinderleichte Weihnachtsbäckerei für kleine Leute, Falken Verlag, Niedernhausen 1995.

Niederberger, Beat: Advent und Weihnachten mit Kindern feiern. Impulse und Modelle, Rex-Verlag, Luzern 1994.

Pabst, Ingrid/Riedl, Konny: Das große Weihnachtsbuch für die ganze Familie (mit CD: Kinder singen die schönsten Weihnachtslieder), Pattloch Verlag, Augsburg 1996.

Pomaska, Reinhold: Die Weihnachtszeit und ihre Lieder. Mit einer leichten Gitarrenspielbegleitung, Ökotopia Verlag, Münster 1997.

Wetzel-Maesmanns, Sigrid: Kinderbastelbuch für Advent und Weihnachten, Falken Verlag, Niedernhausen 1995².

Wirth, Irene: Die ersten Krippenspiele. Mit Reimen, Gedichten, Liedern, Musik und Spiel. Für Kindergarten, Förderschule und Kindergottesdienste, Auer Verlag, Donauwörth 1996.

Tonträger:
Jöcker, Detlev: Die gute Nachricht weitersingen. Neue Adventslieder, Weihnachtslieder und Friedenslieder (MC), Menschenkinder Verlag, Münster o.J.

Dreikönigsfest

Bull, Bruno Horst (Hrsg.): Die bunte Weihnachtskugel. Geschichten, Gedichte, Spielszenen, Don Bosco Verlag, München 1993.

Deinhofer, Petra (Hrsg.): Weihnachtliche Zeit. Werkbuch für Familie, Kindergarten und Grundschule, Don Bosco Verlag, München 1991.

Fährmann, Willi: Und leuchtet wie die Sonne. Geschichten für jeden Tag vom Martinsabend bis Dreikönige. Arena Verlag, Würzburg 1996.

Krenzer, Rolf: Die Weihnachtsmusikanten. 100 neue Adventslieder und Weihnachtslieder von St. Martin bis Dreikönige, Lahn Verlag, Limburg 1992.

Stichwortregister nach Sachgruppen

Festgestaltung

Adventsfeier	261
Adventswerkstatt	257
Barbaratag	255
Bei den Indianern (Fastnacht)	46
Dreikönigsfest	297
Erntedankfeier	193
Fest der Nationen (Sommerfest)	139
Gauklerfest (Sommerfest)	139
Geburtstagsfest	12
Glimmerparty (Fastnacht)	49
Gruppeninternes Fest (Fastnacht)	44
Gruppenübergreifendes Fest (Fastnacht)	45
Hexenpalast (Fastnacht)	47
Im Wilden Westen (Fastnacht)	46
Jahrmarkt (Sommerfest)	141
Karneval in Venedig	48
Kartoffelfest (Erntedank)	196
Laternenumzug (St. Martin)	209
Legende vom Getreideschiff (Nikolaus)	236
Martinsfeier	210
Muttertagsfeier	106
Ökofest (Sommerfest)	143
Osterfeier	80
Osterfrühstück	82
St. Nikolaus kommt	234
Sommerfest	138
Sommerfest-Einladung	147
Sprechtext Ostergarten	80
Waldfest (Sommerfest)	142
Weihnachtsbasar	258

Gespräche, Geschichten, Märchen, Verse, Texte

Altes Erntefestlied	197
Am 4. Dezember	256
An den Nikolaus	238
Barbaratag-Legende	255
Bedeutung des Osterfestes	83
Betrachtung der Osterkerze	84
Bildbetrachtung – Engel	254
Bitte der Sternsinger	300
Der goldene Schlüssel (Weihnachten)	267
Der Tannenbaum	264
Die Geschichte von der Laterne Lumina	213
Die Heiligen Drei Könige	299
Dinis Weihnachtswunsch	268
Fasching	50
Faschings-Rummel-Bummel	50
Feuer – Wind (Pfingsten)	127
Glückwünsche	13
Kaschubisches Weihnachtslied	263
Legende von den drei Goldklumpen	238
Martin und der Bettler	212
Martin und die Gänse	212
Mutters Hände	106
Muttertag	108
Muttertagsverse	110
Nikolausgedicht	238
Oster-ABC	87
Trauer – Freude (Ostern)	86
Vom Brot (Erntedank)	197
Vom Hergeben und Teilen (St. Martin)	210
Weihnacht in der großen Stadt	263
Wer mag die Tomate (Erntedank)	196
Wir sind die Drei Könige	298

 Spielen und Darstellen, Aktionen

Archäologenspiel (Sommerfest)	172
Ballett mit Tuchmarionetten (Weihnachten)	283
Das elektrische Gummibärchen (Kindergeburtstag)	22
Die nervöse Tante (Fastnacht)	55
Eierspiele	96
Fahrrad-Parcours (Sommerfest)	158
Feuerstelle zum Kochen (Sommerfest)	170
Figuren-Schattenspiel (St. Martin)	217
Fische angeln (Sommerfest)	151
Flüstergeschenke (Kindergeburtstag)	22
Fotorahmen (Sommerfest)	153
Fotowand (Sommerfest)	152

Stichwortregister nach Sachgruppen

Gemüsetheater	199
Geschichte von der Laterne Lumina	213
Gold waschen (Fastnacht)	58
Habenuno-Story (Fastnacht)	63
Haguh (Fastnacht)	56
Hasenohren-Geigenspiel (Fastnacht)	55
Indianer auf der Jagd (Fastnacht)	58
Kartoffelstaffel (Erntedank)	200
Kleines Zimmertheater (Fastnacht)	59
Kühe melken (Fastnacht)	57
Kuhschwanz (Fastnacht)	57
Kunterbunt (Kindergeburtstag)	22
Lagerfeuer (Sommerfest)	168
Lichterkranz (Weihnachten)	285
Lichterschiffchen (Sommerfest)	156
Lichtertanz (Weihnachten)	284
Luftballonstaffel (Fastnacht)	56
Mausrennen (Sommerfest)	149
Mehl schneiden (Kindergeburtstag)	24
Menschen-Schattenspiel (St. Martin)	215
Mohrenkopf füttern (Kindergeburtstag)	24
Mumienspiel (Fastnacht)	56
Pfeifkonzert (Fastnacht)	56
Raubtierfütterung (Fastnacht)	57
Riesenpuzzle (Sommerfest)	172
Schatzsuche (Fastnacht)	59
Schweineschwanz (Kindergeburtstag)	24
Spielestraße (Sommerfest)	156
Staffelläufe (Sommerfest)	164
Theater (Sommerfest)	162
Umweltquiz (Sommerfest)	145
Wachsamer Indianer (Fastnacht)	55
Waldgeister (Sommerfest)	166
Waldrallye (Sommerfest)	166
Waldspiele (Sommerfest)	167
Watte-Zielwerfen (Fastnacht)	59
Wer errät die Frucht? (Erntedank)	201
Wer findet den Schatz? (Kindergeburtstag)	23
Wer hat die Kaffeebohne? (Kindergeburtstag)	23
Wunderknäuel (Kindergeburtstag)	23
Wurfspiele (Sommerfest)	171
Zauberkunststücke (Sommerfest)	160
Zeitungsabschlagen (Fastnacht)	55

✂ Werken, Bildnerisches Gestalten

Adventskalender	269
Adventskranz/Adventsbogen	269
Blumenstab (Muttertag)	113
Dekoration mit Ostereiern	90
Eierbecher	94
Eierfärben	88
Eierschalen-Schwimmkerzen	95
Eierwärmer, gehäkelt	93
Eierwärmer aus Papiermaché	92
Engel	277
Erntekrone	199
Fische angeln (Sommerfest)	151
Floß (Sommerfest)	171
Fotorahmen (Sommerfest)	153
Fotowand (Sommerfest)	152
Geburtstagskalender	14
Geburtstagstischdecke	18
Gemüsetheater (Erntedank)	199
Gewänder für die Könige	300
Glaslaternen	223
Glückwünsche	13
Goldenes Kästchen (Dreikönigsfest)	301
Hasen-Platzdeckchen	95
Herzchenbrief (Muttertag)	112
Hyazinthentüten (Muttertag)	113
Jahreszeitenkalender (Kindergeburtstag)	15
Keksdose (Weihnachten)	279
Kresseigel (Muttertag)	114
Krippengärtchen	275
Kürbislaterne	223
Lebensgroße Figuren (Fastnacht)	53
Lichterschiffchen (Sommerfest)	155
Maispüppchen (Erntedank)	197
Malen (Sommerfest)	154
Martinsgans	222
Mausrennen (Sommerfest)	149
Muttertagsbuch	115
Nikolausgewand	239
Nikolausstiefel	240
Notenkalender (Kindergeburtstag)	15
Nußschalenlichter (Weihnachten)	282
Ostergarten	87
Osternester	91
Pfingstbuschen	128
Rahmen aus Streichhölzern (Kindergeburtstag)	17
Schachtel (Weihnachten)	278
Schminken (Fastnacht)	51
Segelschiffchen (Kindergeburtstag)	19
Servietten falten (Kindergeburtstag)	20
Sommerteppich	155
Spruch-Sterne	280

Stände (Sommerfest)	149	Tortendeckchen mit Teelicht	
Steckbrief (Kindergeburtstag)	16	(Kindergeburtstag)	19
Sternenbaum	270	T-Shirts bemalen (Muttertag)	114
Sternenkalender	271	Tuchmarionette (Weihnachten)	282
Streichholzschachtel (Muttertag)	114	Tulpenstrauß (Kindergeburtstag)	21
Szenen auf Dias malen (Nikolaus)	239	Vogel-Blumenfenster (Muttertag)	116
Tauben aus Salzteig (Pfingsten)	129	Vogel-Stabmaske (Fastnacht)	54
Tausendfüßler (Sommerfest)	149	Wechselrahmen (Kindergeburtstag)	17
Tierköpfe (Fastnacht)	51	Weihnachtsdorf	271
Tischdekoration (Kindergeburtstag)	19	Weihnachtskarte	280
Tischfiguren (Weihnachten)	273	Weihnachtslandschaft	275
Tischlaterne/Tischleuchte		Weihnachtssonne	272
(Weihnachten)	281	Zapfenpüppchen (Kindergeburtstag)	19

Singen, Musizieren, Tanz

Abfallsammelsong	178	Hirtenlied	288
Ach segne, Herr, mit deiner Hand	204	Ich bin das ganze Jahr vergnügt	202
Bimmelt was die Straß' entlang	241	Ich hab eine feine Laterne	226
Boogie-Woogie	68	I saw three ships	289
Christus ist nicht mehr tot	97	Komm, Hendrik aus Holland	177
Cowboy muß reiten	67	Laternchen	225
Der Bratapfel	286	Licht in der Laterne	227
Der letzte Baum der Stadt	180	Lichtertanz	213/284
Der Tausendfüßler	175	Lied vom Müll	179
Die alte Moorhexe	69	Martin ist ein frommer Mann	225
Die Riesenschlange	175	Martinslied	224
Dracula-Rock	70	Mein Apfelbaum	203
Drei Könige führt	302	Muttertags-Ständchen	116
Drei Männer, sie gehen	303	Ohne Regen können wir nicht leben	201
Durch die Straßen auf und nieder	227	Orangentanz	64
Ehre sei Gott	289	Peter hat Geburtstag	15, 25
Ein Elefant wollt bummeln gehn	176	St. Nikolaus ist ein guter Mann	241
Erntedank ist heute	202	St. Nikolaus	242
Es liegt auf Heu und warmem Stroh	287	Schlapphut	64
Es tönen die Lieder	173	Sonne geht unter	181
Es ziehn aus weiter Ferne	304	Sterne zählen	226
Für meine Mutter	117	Tanzlied um die Osterkerze	98
Geburtstagskanon	25	Was rumpelt da in unserm Haus?	243
Geburtstagsmusik	26	Wenn die Indianer reiten	64
Gefriertanz	64	Wenn mein Onkel	66
Gestern abend ging ich aus	100	Wie eine Kerze leuchtet	285
Goldnes Blatt vom Himmelsbaum	287	Wir kommen all und gratulieren	26
Go tell it on the mountain	291	Zahlen und Kreise	64
Halleluja, es ist Ostern	99	Zirkusparade	176
Heut ist der Heiland geboren	290	Zu Ostern in Jerusalem	130
Hexenküche	65	Zwischen Berg und tiefem, tiefem Tal	99

Stichwortregister nach Sachgruppen

♀ Kochen und Backen

Apfelsaftschorle	27	Kräuterquark	205
Berliner	72	Krapfen	72
Blumenbild aus Honigteig	118	Kürbiskompott	229
Blumentopf-Kuchen	118	Lebkuchen-Nikolaus	243
Bowlen für Kinder	185	Lutscher	28
Bratäpfel	292	Maskierte Mohrenköpfe	73
Bunter Obstbaum	205	Mickymaus-Pudding	71
Butterkeks	292	Naturkosmetik	122
Drachenkuchen	29	Ostergebäck aus Quarkölteig	100
Eisnasenpunsch	293	Phantasievolle Brote	32
Figuren aus Marzipan	33	Pommes frites	204
Fruchtmilch	27	Popcorn	187
Gans aus Hefeteig	227	Pudding „Spinnennetz"	73
Gebackene Kartoffeln in Alufolie	205	Rosa Limonade	27
Gebackene Osternester	102	Schmetterlingskuchen	31
Gelee-Eier	102	Schokofruchtspieße	29
Goffios	182	Schwarzer Johannisbeer-Punsch	293
Grillrezepte	184	Semmelschweinchen	31
Honigteig-Herz	119	Süßes ABC	35
Jahrmarktsherzen	183	Überraschungsspieße	28
Kalte Getränke	27	Vollkornbrötchen	182
Kartoffelpuffer	204	Vollkornbrot	182
Kölsche Mutzenmandeln	72	Wunderkugeln	181
Konfekt	120	Zuckerigelfamilie	34

Weitere Titel des erfolgreichen Autorinnen-Teams

Eva Reuys/Hanne Viehoff

Kleine Kinder kreativ

Anregungen und Spiele für Familie, Krabbelgruppe, Kindergarten

1. Aufl., 288 S., zahlreiche farbige Abbildungen und Noten, kartoniert, ISBN 3-7698-1049-X

Ein unerschöpfliches Handbuch für alle, die Babys und Kleinkinder in ihrer Entwicklung begleiten. Die Themen: *Kribbel-krabbel-Kuschelspaß, Ich und die anderen, Allerlei zum Erkunden und Erforschen, Kugelrund und Kunterbunt, Musik liegt in der Luft* und *Ich bin ein großer Künstler.*

Eva Reuys/Hanne Viehoff

Freizeit mit Kindern gestalten

2. Auflage, 272 S., zahlreiche Zeichnungen und Noten, kartoniert, ISBN 3-7698-0729-4

Das Standardwerk mit einer Fülle von Anregungen für die Freizeitgestaltung in Dorf und Stadt, in Wald, Feld und Flur, an Wasser, Strand und Meer, im Gebirge, bei Sonne, Regen und Winterwetter: Erkundungen und Naturbeobachtungen, Aktionen und Spiele, Gedichte und Lieder u.v.m. Für alle Kinder von 4 bis 14 Jahren.

Tolle Feste spielend gestalten mit den Spielebüchern von Don Bosco

Josef Griesbeck
Spiele für Party und Fest
176 S., Zeichnungen, kartoniert,
DM 19,80/ öS 145,-/sFr 19,80
ISBN 3-7698-1039-2

Josef Griesbeck
Spiele für Gruppen
12., veränd. Aufl. 176 S., kartoniert,
DM 19,80/ öS 145,-/sFr 19,80
ISBN 3-7698-0806-1

Josef Broich
Spiele für draußen
111 S., kartoniert,
DM 19,80/ öS 145,-/sFr 19,80
ISBN 3-7698-1037-6

Hans Gärtner
Ratespiele
152 S., kartoniert,
DM 19,80/ öS 145,-/sFr 19,80
ISBN 3-7698-1036-8